DACHENGTAOSHU
大成陶书

文化育人的 学科实践

—— 基于在地文化的语文综合性学习课程构建

刘伏元 · 主 编

四川大学出版社

SICHUAN UNIVERSITY PRESS

文化育人的荟萃集锦　编委会

主　编：刘伟立

副主编：王经武　君华

编　委：杨海峰　董艳霞　陈　梅　李海涛
　　　　陈雨田　于　寺　王春梅　其　魏晓丽
　　　　学术顾问：陈　魏　王三阿　刘雨年

序言
XUYAN

《义务教育语文课程标准》（2022 年版）特别强调文化传统教育，强调语文教学要让学生"认识中华文化的丰厚博大，汲取智慧，弘扬社会主义先进文化、革命文化、中华优秀传统文化，建立文化自信"。

崇州市可考文明史达 4300 余年，素有"蜀中之蜀""蜀门重镇"的美誉。这片古老的土地，润泽过杜甫、陆游等文人墨客的璀璨诗篇，保留着古建筑、民俗、金鸡风筝等物质或非物质文化遗产，传承着古风、古韵、古貌的厚重文化。这些文化，是崇州特有的符号，也是中华优秀文化的组成部分。为了弘扬中华优秀传统文化，近年来，我们依托教育科研课题，发掘地方优秀传统文化，对学生进行传统文化教育，取得了良好效果。

我们从语文学科的"价值""文化""实践""过程""综合"五个视角出发，系统地探讨了优秀传统文化教育的问题。我们以地方优秀传统文化为载体，从学科拓展、主题式学习、项目式学习等方面来开展综合性学习活动，通过活动，提高学生的语文综合性学习能力，建构推广小学语文综合性学习的基本模型，提炼出基本策略和评价标准。

三年的科研探索，引领了崇州市小学语文改革的深入推进。这项科研探索不仅提升了教师的多学科融合、多途径课程开发能力，促进了专业发展；而且改变了崇州市小学语文综合性学习仅仅基于教材，受限于语文课堂，缺乏跨学科实践和与生活脱节的现状，让崇州市地方优秀传统文化最大限度得以传承、理解，在社会产生广泛影响。研究团队还联合崇州市社区教育学院、崇州市罨画池公园，举行了"'罨画中秋月，木犀音乐诗'中秋亲子诗会"。研究成果在成都市、马尔康等地进行推广，扩大了崇州地方文化的影响，收到了良好的社会效果。

陆游在了解崇州文化后有言："江湖四十余年梦，岂信人间有蜀州。"我们相信，随着崇州地方文化研究的深入，会有更多的成果呈现。典雅、厚重的古蜀传统文化，一定会飞入寻常百姓家，被越来越多的人喜爱；崇州学子语文综合能力的提升，也会指日可待。

崇州市教育局局长 伍建光

2022 年 9 月 10 日

目录

拓展语文学科育人的五个视角

学科属于一个独立系统的知识体系，是世界近代教育的产物，体现了文明进步的高度。系统的学科学习能让学习者的认识与实践明显高于非系统学科学习的学习者，从而让学习者有更长远的发展。学科育人要基于学生立场，面向所有学生，服务于学生的终身发展。它不仅包括学科知识教学，而且包括帮助学生构建正确的世界观、培养看待事物的独特视角、培养学科思维和综合实践能力。由此可见，学科教学要以育人为本，让学生成为真正的学习主体，这也是每个学科教育教学者应该遵循的原则。

语文学科中的育人价值需要贯穿语文教学实践始终。语文学科应坚持以人为本的教育理念，主张工具性与人文性的有机统一，从而提高学生的语文素养。而语文素养强调学生通过自主学习，发展出来最基础的、相对稳定的、适应时代文化发展要求的能力。因此，语文学科的育人，可以从价值育人、文化育人、实践育人、过程育人、综合育人五个视角做多层次的深度理解。

一、价值育人

语文学科因具有人文性、思想性、审美性，为教师价值育人提供了丰富的文本材料和较大的教学空间；语文学科教学对学生价值观和审美观的形成起着积极且至关重要的作用。小学阶段的学生，正处于价值观、审美观的养成时期。价值观深刻影响着学生的价值选择与价值判断，审美观影响着学生对优秀作品的感受、理解、选择与判断。教师通过语文教学，能培养学生正确的价值观和审美观。

（一）正确价值观的引领

"文以载道。"在语文学科中，很多教学内容都蕴含着正确的价值观，语文教师需要选择、整合语文教学内容中的价值观，结合具体材料引导学生理解并最终形成正确的价值观。

语文教材中的作品往往反映了作家对世界、对人生的情感和态度，这些都是对学生进行价值观熏陶的材料。四年级下册《千年梦圆在今朝》一课，介绍飞天梦的实现以及我国在航天领域的最新成就。通过对这篇课文的学习，学生不仅了解到封建迷信鬼神之类是无稽之谈，还能提高学生对航天科学技术的兴趣。《囊萤夜读》《铁杵成针》这类小古文，学生通过阅读，感悟到车胤不因家贫而放弃勤奋学习的执着和李白看老媪磨针的坚持。除此之外，语文课本中还引入了《论语》《左传》等经典作品，这类文本也蕴含着丰富的价值观。如《论语》中"君子喻于义，小人喻于利"的义利观、"恻隐之心，仁之端也"的仁爱观、"己所不欲，勿施于人"的忠恕观等。语文教学要关注教材文本中的价值取向，一篇篇文本的价值取向对学生形成正确的价值观具有举足轻重的作用。短小精悍、语言凝练的《囊萤夜读》一文，从文本表达特点来说不是独一无二的，但是从价值取向的视角去看，却是其他文本无法取代的。在小学语文教材中，具有此类价值取向的文本还有很多，它们都具有不可替代的教育意义。这种价值是学生在对文本内容深入理解的基础上实现的，对这种文本的教学完善了学生对世界、对人生、对价值的认识和追求。因此，语文学科教学的本质文本价值在学生心灵内化的过程。

（二）高雅审美观的培养

语文学科审美观的培养是在语文教学过程中实现的，具体地讲，师生通过对语文学习内容中的审美元素进行挖掘，从而让学生认识美、欣赏美和创造美。这种高雅审美观的培养，是实现学生全面发展的重要教育活动之一。因为高雅的审美观可以培养学生高尚的道德情操、陶冶他们的心灵，促进他们诗意人生的形成。

语文教师培养学生高雅的审美观，要根据语文教学内容的特点采取合适的方法。语文教材中的文本，有的表现了情感之美，有的表现了人物形象之美，有的表现了语言之美，有的表现了篇章结构之美……如《月是故乡明》一文中，学生通过阅读文本，不仅可以欣赏各地美妙绝伦的月色之美，还会体会到文本背后作者思念家乡的情感之美；《军神》一文中，学生学习人物描写手法、感受刘伯承坚韧的人物形象之美；《乡下人家》一文中，学生可以感受作者语言文字的恬静之美；《繁星》一诗中，学生抓住诗歌特点，既能感受文本的内涵之美，还能感受到诗歌之美。

语文学科中高雅审美观的培养，既要建立在学生对语文内容的学习上，又要遵循学生的认知规律，用文本激发学生的情感共鸣，进而领悟文本中的审美观。因此，教师需要带领学生走进文本、品味文本。在此基础上，学生对文本中的审美对象产生由浅入深、由表及里、由点及面的感受，从而与审美对象产生情感共鸣。如在《军神》一文中，学生从刘伯承干净利落的语言、"紧紧抓住"等动作、"微微一笑"等神态，由表及里、由点及面去感受刘伯承坚强的人物形象，从而体悟高雅之美，感受中国共产党伟大的革命精神。

二、文化育人

语文学科中的文化育人，是指语文教学中对学生以"文"化"人"的过程，在此过程中培养学生的文化自信尤为重要。文化自信是指一个民族、一个国家以及一个政党对自身文化价值的充分肯定和积极践行。小学语文统编教材在选文时，增加了中华优秀传统文化、革命文化、社会主义先进文化等文化育人篇目，促使学生对文化的认同与尊崇。

语文学科中的文化育人通过文化浸润的方式来实现的。文化育人首先是在对文化深刻理解的基础之上，其次是长期的潜移默化的结果；是文化在人的成长中逐步积累的过程和结果的体现。它不是矫揉造作的外表，也不是刻意的追求，而是人对于文化的热爱和深刻的理解，以及对于这种理解的体现。这种体现既表现为素质（即内在的心理素质），也表现在行为（即运用文化的指导行动的外在表现）。

（一）中华优秀传统文化

中华优秀传统文化源远流长，底蕴深厚，值得世代传承。因此，语文教材选编了135篇古诗文，其中有表现孙膑机智的《田忌赛马》，有体现车胤勤奋的《囊萤夜读》，有展现杨氏子聪慧的《杨氏之子》等历史名人故事；还涵盖了体现孔子政治主张以及伦理思想等的《论语》，记录东周重要事件及人物的《左传》，发扬孔子儒家思想的《孟子》等具有教育意义的四书五经选文。此外，教材还选编了传统启蒙文化，如涵盖文学、历史、哲学等内容的《三字经》，关于中国姓氏的传统读物《百家姓》，充满韵律美的《千字文》等。同时，教材还将具有教育意义的名言警句、民间谚语、门槛对联放在教材中"日积月累""单元导语"等不同的地方。而在文化艺术方面，教材中有《我爱你，汉字》《书法鉴赏》等一些展示文字书法美的艺术作品。这些内容让学生感受到了中华优秀传统文化的艺术魅力，提高了学生对中国古代璀璨文化的认知，增强了学生的民族自信和文化自信。

（二）革命文化

语文学科还注重培养学生对革命文化的理解与认识。如统编小学语文教材遴选了34篇有关革命文化的课文，占比高达10.67%，足见语文学科教学对小学生进行革命文化教育的重视。这些入选课文书写了中国共产党领导全国人民艰苦奋斗，创立和建设新中国的辉煌历史，学生阅读这些文学作品能理解和传承革命精神。如学生通过学习《十六年前的回忆》《军神》《朱德的扁担》这些篇目，可以了解革命伟人崇高的品质；通过学习《灯光》《金色的鱼钩》《雷锋叔叔，你在哪里》等篇目，能体会革命先辈的伟大精神。类似的作品还有《七律·长征》《延安，我把你追寻》《为人民服务》《开国大典》《为中华之崛起而读书》等。此外，语文教材内容还安排了有关革命传统类文化的阅读链接，借此拓展学生的革命文化视野，为学生理解革命传统文化提供了学习资源。在小学中年级和高年级的教材中，还安排了制作英雄名册、重温革命影片等多种语文综合性学习实践活动，这种安排旨在让学生通过实践感受我国的优良革命传统。

（三）社会主义先进文化

社会主义先进文化在继承优秀传统文化和革命传统文化的基础上，丰富人们的精神世界，培育社会主义核心价值观，是具有创新性的现代文化。社会主义先进文化的渗透主要集中在初高中教材，但在小学语文教材中也有所体现。如小学六年级上册《青山不老》一文，就讲述了一位山野老农在晋西北地区奇迹般地创造了一片绿洲，实现了自己的人生价值，造福后代，贡献国家的故事。

值得注意的是，文化育人是一种渗透性的文化教育。语文学科教学中，教师不应忽视学生的学习能力和身心发展特点。而应联系学生的生活实际，顺应学生的认知规律，将优秀的传统文化、革命传统文化和社会主义先进文化渗透到学生的语文学习中。在语文学科教学中，教师要关注学生对文化内容的情感体验，引导学生将自己的情感与语言文字中传递的情感有机融合，甚至在师生对话中默默地影响和感染学生，做到"润物无声"。

中华优秀传统文化、革命文化和社会主义先进文化是我们文化育人的根源，是学生实现文化自信的基石。

三、实践育人

语文学科学习的最终目的，是引导学生能够更正确地运用祖国的语言文字提升自己的语文素养。语文知识的获得，除了书本知识的学习，还有一条最根本的有效途径——语文实践。

语文学科实践育人的主体是学生。学生在听、说、读、写的过程中获得语文知识、方法、思维等，并逐步形成语文实践能力。在教学活动中，教师必须遵循学生对语文知识认知的规律。教师的教是为了让学生对知识能有更好的理解、吸收、建构、相融，而不是单纯机械地记忆；学生的学是对所学知识的理解、吸收、建构、相融的过程。因此，教师应该创设不同的学习情境，通过师生之间"教"与"学"的互动，促进学生习得语文知识、掌握语文学习方法、提高语文综合应用能力，并能将其运用到生活实践中去解决问题。

（一）生活体验丰富感性认知

小学语文实践育人价值主要体现在生活化和实践性，教师在进行教学时要将生活和教学相结合。如在统编小学语文教材中，有很多课文内容是与学生生活息息相关的，展现了语文教材生活化的特点，有助于教师将课本教学内容进行延伸和拓展。如在《三月桃花水》一文的教学中，教师如果只是单纯地安排学生通过阅读文本去感知三月桃花水的沉醉，而没有引导学生结合生活经验，学生就看不到实景，就感受不到真实的环境，就对文本的理解不够深入。学生学习《三月桃花水》一文时，正是阳春三月，教师可以提前安排学生利用周末到大自然中去感受春水之美，感受春天动植物的变化，增加其生活体验。在学习《三月桃花水》一文时，学生就能将这种生活体验带入文本，对文本的理解与感受就会更多、更丰富、更贴切。此外，学完《三月桃花水》之后，教师还可随即安排学生进行关于春天的习作，将直接经验和间接经验置于写作中。但教师需要注意的是，虽然生活中的语文教学资源十分丰富，但在选取时也要注意符合学生年龄特点、认知规律、生活环境等，且选取的生活化资源还应与语文教学内容高度相关。

（二）综合实践活动促进全面发展

小学语文实践育人价值，还体现在教材专门编排了小学语文综合性学习内容。该内容要求以学生为主体，在教师有效教学影响下发挥自身的主观能动性，积极进行自主学习或以学习小组为单位开展探究式学习。可见语文学科除了关注听、说、读、写等基础能力外，还提出了"语文综合性学习能力"的要求。即语文学科的学习需要注重与社会生活的联系，在回归生活的过程中，培养学生发现并解决问题的能力、组织策划能力、合作能力、语言表达能力、信息收集能力、创新能力。这种综合实践活动是对学生听、说、读、写综合能力的迁移与升华，以促进学生语文素养全面协调发展。

如在小学高段，教师以"'非遗'文化——'金鸡风筝'"为载体，组织学生开展的语文综合性学习活动中，教师引导学生分享风筝的起源，了解风筝的制作，观看学生放飞风筝的快乐场景（视频）之后，学生提出了诸如"风筝为什么会衰败？"等问题，教师进一步组织学生开展社会调查并进行汇报，启发学生针对以上问题提出许多建设性的意见。最后，在教师的帮助下，学生撰写了一封建议信投向了市长信箱，以反映自己的意见。在这个综合性学习实践过程中，提升了学生发现问题、解决问题的能力，以及组织策划能力、合作能力、语言表达能力、信息收集能力和创新能力，突出了语文学科实践育人的价值。

四、过程育人

语文学科的过程育人是指语文教学不是短期的，而是一种持续推进的行为，其内涵包含三个方面：一是语文知识的渗透，二是师生的语文活动，三是学生的语文评价。三者都强调了学生语文核心素养发展与生长的循序渐进。

（一）语文知识的渗透

语文知识的渗透遵循了学生年龄和心理特点以及学生认知规律，分层次体现了各学段的语文内容中。如一年级阅读教学重在指导学生把课文读正确、读流利，通过朗读培养语感。二年级的阅读教学重在培养学生朗读时语调自然，不做作，注重朗读形式的多样。三年级的阅读教学着眼于提高学生的阅读理解能力，促进语言积累与运用，启迪思维，培养语文实践能力；还安排了"预测"阅读策略的学习和一系列阅读活动。四年级的阅读教学安排了"提问"阅读策略的学习。五年级的阅读教学安排了"提高阅读的速度"阅读策略的学习，体会作者表达的思想感情。六年级阅读教学则整体提高了要求，安排了"有目的阅读"阅读策略的学习，从默读速度、词语表达、表达顺序、作者思想情感、拓展阅读面与提高阅读量等方面都做了具体要求。

从整体上来看，教材一到六年级语文阅读编排遵循了儿童身心发展规律，呈现出了由浅到深的特点，体现了知识渗透的过程性。学生在循序渐进的学习中，习得了方法，掌握了阅读策略。除了阅读外，教材关于识字、写作、口语交际等内容的编排也都体现了尊重学生认知规律、突出了语文学科过程育人的特点。

（二）师生语文活动

语文活动发生于师生相互作用中，是教师的"教"与学生的"学"之间的双向动态活动。在这一活动中，教师、学生和教学过程是不可分割的动态持续过程，学生对知识的内化是在学习过程中完成的。

以《鸿雁传情》群文阅读教学为例，其教学过程一般以创设问题"物"和"情"的情境为基点，整合、提取文本信息，以合乎逻辑的论证推理、多元认知与评价为过程，最终实现创造性生成与表达的目标。学生通过阅读文本，先分解文本的相关要素，对其进行解析，将各要素设计为第二阶层的知识点；再对其相关内容进行深入挖掘，从特点、种类、方法等方面着手，找到其本质规律；最后，当学生深入剖析了每个要素的内在特征后，会发现各要素是有联结的。教师则需要通过对比联结的教学方法将各要素进行课堂建构，从而让学生清晰地掌握事物、知识或理论。每个教学环节都会提高学生相应的语文能力，如发现问题的能力、提取信息能力、解析能力、统整能力等。但要实现这些目标，不能只依靠单独的某项活动完成，还需要连续、序列化的学习过程。

（三）学生的语文评价

语文学科一直强调，指向学生的评价需要体现过程性。这就意味着教师对学生的评价不只看重结果，更看重将评价放到学生平时的学习过程中。教师需要根据学习目标预先设置评价目标，实现教、学、评一致性。除此之外，教师还会关注在此过程中学生的学习态度、学习情感和学习方法等。通过指向学生的过程性评价，教师能根据评价目标及时发现教学中的问题，并调整教学策略。从而增强学生学习语文的自信心，提升语文素养，实现语文学科学习中全面化、个性化、综合化的发展。

例如，依托"古建筑文化"为载体开展的语文综合性学习活动，过程性评价十分突出。首先以崇州古塔为活动载体，开展"漫步家乡，识古塔""漫步家乡，寻古塔"与"漫步家乡，话古塔"系列活动时，教师要明确过程性评价的评价点，如学生在活动中的合作态度、是否主动地发现问题和探索问题、能否积极地为解决问题去搜集信息和整理资料、能否根据现有的课内外资料形成自己的假设或观点、学习成果的展示与交流呈现的效果等。有了这些评价点，学生在语文综合性学习活动中就有了"抓手"，知道自己在活动过程中该做什么、如何做。在"漫步家乡，寻古塔"活动中，学生就不再是单纯地寻找崇州古塔，而是有目的、针对性地锻炼自己的各种能力，活动的内容也变得丰富了。这一过程性评价体现了语文学科的过程育人。

五、综合育人

语文学科综合育人是指语文课程对学生素养的综合培养与发展，旨在培养"全面发展的人"。而学生核心素养则分为文化基础、自主发展、社会参与三个方面，各素养之间互为渗透、互为补充、互为促进，在各情境中发挥出综合育人作用。

（一）文化基础

文化基础主要分为人文底蕴和科学精神。前面提到小学语文统编教材中古诗文达135篇，古诗文所蕴含的道理增强了学生的人文底蕴。如《长歌行》中劝诫学生珍惜时间，好好学习；《田忌赛马》中告诉学生扬长避短，方能取得胜利；《铁杵成针》中教育学生做事要有恒心等。培养学生的人文底蕴，还要赏析文本内容所描述的物景之美。如展现中国古代建筑之美的《赵州桥》，以及体现中国国粹之美的书法、京剧等。而科学精神是学生在学习、理解、运用科学知识和技能等方面所形成的价值标准、思维方式和行为表现，以及勇于探究的能力。进入小学中高段，语文教学更注重对学生思辨能力的培养，课后思考练习题不再完全追求标准答案，而是致力于指导学生发现有意义的问题，运用多种阅读技能、方法、策略去解决阅读问题，拓展阅读中思维的深度和广度，鼓励其开展个性化的自主阅读。这就要求教师指导每个学生进行多元文本解读，培养学生的独特创造性阅读思考习惯、个性化阅读思维能力。如教师在执教群文阅读《论曹操》一课时，教师将关于曹操的各类文本进行组合，让学生从不同角度感悟曹操的人物形象；同时，教师解读古今中外人士对曹操的评价，让学生辩证地认识曹操，从而培养学生理性思考的能力。这些篇目都增强了学生的人文底蕴与科学精神，体现了语文学科综合育人的功能。

（二）自主发展

自主发展分为学会学习和健康生活。学会学习需要教师在语文教学中时刻关注学生各种学习习惯的养成，如"保持正确的写字姿势""爱惜并整理好学习用品""课堂上专心聆听""多进行课外阅读"等。健康生活指向学生要珍爱生命、拥有健全人格和会自我管理。语文教材中有许多课文指向学生理解生命意义和人生价值。比如：《落花生》重在引导学生做一个有价值的人，而不是华而不实的人；《青山不老》展现一位老农十几年退沙还林的坚持，赞扬了他对国家的贡献；《清贫》则刻画了方志敏同志清廉的人物形象……这些课文都能对学生人生观产生深远且积极的影响。

（三）社会参与

社会参与分为责任担当和实践创新。语文教材中，许多文本都体现了对学生进行责任担当的教育。如体现中华传统文化的《论语》《左传》《孟子》等，体现革命传统文化的《七律·长征》《延安，我把你追寻》等，以及体现社会主义先进文化的《青山不老》等作品。实践创新指向培养学生的劳动意识、问题解决与创新能力。小学语文统编教材中安排了一些语文综合性学习内容，让学生在语文综合性学习活动中进行社会实践，特别是在语文综合性学习中，还要求学生根据所学的语文知识与能力去解决问题。如组织学生研究"朱氏街地名由来"，教师先引导学生通过查找资料、访问老人的方式了解与地名有关的基本信息。学生发现收集的资料不全面后，采用实地调查等方式，发现"朱氏街"地名的由来有着悠久的历史，同时对研究蜀地、蜀王有重要的意义。紧接着，教师鼓励学生思考："为什么'朱氏街'这个地名没有成为当地沿用的地名，并且随着城市化进程，逐渐消失在人们的记忆中？"在学习中，教师还会关注学生创新思维能力的发展，引导学生在已有的认知基础上形成新的认知。

语文学科的育人价值，对语文学科本身而言，彰显了其育人价值的广度与深度。作为小学语文教师，对语文学科育人价值的自觉认识要深耕于语文教学中，要用好小学语文的各类学习资源，善于在教学中组织学生开展相关研究，深刻认识语文学科的育人价值。同时，教师也要多研究提升语文学科育人价值的教学策略，提高小学语文学科育人价值的实现程度，最终提升学生的语文综合素养。

第一章 传统文化教育与语文教学现状

中国优秀的传统文化丰富多彩、博大精深，既是我国民族宝贵的遗产，又是中国今日屹立于世界民族之林、弘扬民族文化的根本，是民族的生命。优秀的传统文化，对学生人格品质的培养具有很大的促进作用，它不仅能激发学生的爱国热情，还能提高学生的文化素质和文明素养。它不仅有助于学生树立正确的世界观、人生观和价值观，而且能让学生的思想更加深刻和丰富，同时也有助于提高学生的精神品质。

第一节　中华优秀传统文化教育的问题

一、中华优秀传统文化教育的价值与意义

中华优秀传统文化是中华民族在漫长的历史发展过程中所形成的一种独特的思想文化和意识形态的总体表现，例如，中国汉字、中国书法、中国绘画、中国诗词、中国戏曲、中华医药、中华武术、中华节日……将中华优秀传统文化融入学校教育活动中，对学生个体的成长和国家的发展都能起到至关重要的作用。

（一）中华优秀传统文化的内在价值

近年来，优秀传统文化研究越来越受到重视，优秀传统文化的内在价值体现在两个方面。

从宏观方面说，中华传统文化是维系民族团结、国家统一的精神纽带，是推动社会发展、民族进步的不竭动力。中华传统文化生生不息，源远流长，其中所包含的精神力量更是无可估量。刚毅不拔、广大精微、博厚悠远、仁爱通和的民族精神滋养着一代又一代中国人。这种精神正是今天推动我国现代化建设的巨大动力和实现中国梦的精神保证。

从微观方面说，传统文化中的教育主张"幼儿养性，蒙童养正，少年养志，成人养德"，这一思想理念反映出中国人比较全面的做人做事的教育，其中"以和为贵"的思想也利于培养学生的优良品质。同时，弘扬优秀的传统文化，能帮助学生建立民族文化自信，凝聚民族向心力，在与外来文化的交流中，不迷失自我。

因此，中华优秀传统文化是培育社会主义核心价值观，加强道路自信、理论自信、制度自信、文化自信的重要载体。

（二）中华优秀传统文化的传承价值

优秀的传统文化是几千年来中华民族人际和谐、社会稳定的道德根基，在当前对于找寻失落的道德传统、树立民族自信、增强国家认同、促进社会稳定繁荣仍具有重要意义。其中，勤劳勇敢、自强不息、贵和尚中、厚德载物、崇德重义、家国情怀、实事求是、与时俱进等构成了伟大的中华民族精神。这种精神不仅以前有价值，而且今天更有价值。

继承和发扬优秀传统文化，不仅能让学生打下坚实的文化基础，而且有助于对学生进行深度的爱国主义教育，树立民族自信。基础教育肩负着复兴中华优秀传统文化的责任，这就要求发挥文化的育人功能，在培养学生的过程中，实现文化的正向传承。所以，中华优秀传统文化是中华民族的精髓，也必须由中华民族的每一个人来继承和发扬。

（三）中华优秀传统文化教育的时代性

中华传统文化是植根于中华民族血脉中的重要精神力量。在继承和发扬中华传统文化的过程中，要取其精华，弃其糟粕。在中小学开展中华传统文化教育，必须处理好传统文化与现

代教育的关系。这就需要汲取传统文化中的精髓，并不断创新优秀传统文化以适应时代的发展，承载起中华民族的共同思想基础和教育价值信仰。

二、 国家对优秀传统文化教育的政策导向

优秀传统文化是一个民族的根和魂，它所具有的内在价值和教育价值越来越受到国家的重视。国家先后颁发了一系列关于优秀传统文化教育的文件。

1993 年，中共中央印发的《中国教育改革和发展纲要》指出，要对学生进行传统文化教育。《中华人民共和国教育法》也规定教育应该继承弘扬中华民族优秀的历史文化传统，包括之后教育部出台的一系列政策中，都提到要加强中华优秀传统文化教育。

2013 年 11 月，党的十八届三中全会指出，要"完善中华优秀传统文化教育，形成爱学习、爱劳动、爱祖国活动的有效机制和长效机制，增强学生社会责任感、创新精神、实践能力"，要"提高学生审美和人文素养"。

2014 年，《教育部关于全面深化课程改革落实立德树人根本任务的意见》要求，增强课程方案和课程标准的思想性，全面传承中华优秀传统文化。2014 年 4 月，《完善中华优秀传统文化教育指导纲要》（以下简称《纲要》）具体要求，要分学段有序推进中华优秀传统文化教育，把中华优秀传统文化教育系统融入课程与教材体系。《纲要》的出台是历史与现实的必然，是推进中华传统文化传承，建设中国特色社会主义核心价值观，实现中华民族伟大复兴，实现中国梦的必然举措与强大支撑。

2017 年 1 月中共中央办公厅、国务院办公厅印发的《关于实施中华优秀传统文化传承发展工程的意见》指出，要进一步强调以幼儿、小学、中学教材为重点，构建中华文化课程和教材体系，开展"少年传承中华传统美德"系列教育活动。除此之外，《义务教育课程设置实验方案（2001 年）》和《普通高中课程方案（2017 年版）》都相继提出"继承和发扬中华民族的优秀传统"的培养目标。2021 年初，教育部印发了《中华优秀传统文化进中小学课程教材指南》（以下简称《指南》）。这是中华人民共和国成立以来，教育部首次对中小学课程教材如何有效落实中华优秀传统文化教育进行的系统谋划。《指南》厘清了中小学中华优秀传统文化教育的内涵和边界，解决了"进什么、进多少、如何进"的问题，完善了中华优秀传统文化进中小学课程教材的相关标准要求。

这一系列重要论述和文件精神，体现了党和国家对中华优秀传统文化的高度重视，对中华优秀传统文化涵养的文化自信，以及对培养能够担当民族复兴大任的时代新人的殷切期盼。

其中《指南》着眼于文化传承和以文化人，明确了中华优秀传统文化的核心思想理念、中华人文精神和中华传统美德三大主题内容，并提出了坚持正确价值导向，强化经典意识；遵循学生认知规律，贴近学生实际；结合学科特点，注重有机融入；坚持整体设计，科学合理布局四项基本原则。《指南》要求，引导学生以客观、科学、礼敬的态度对待中华传统文化，不复古泥古，不盲目排斥，坚持古为今用、推陈出新，有鉴别地加以对待、有扬弃地予以继承，并根据新时代的特点和要求为中华优秀传统文化注入时代精神，丰富其内涵，促进中华优秀传统文化创造性转化和创新性发展，使之回归其本质要义，铸就中华优秀传统文化新辉煌。

中国进入了社会主义发展的新时代，经济的全球化和多元文化的交融对教育提出新挑战，中华优秀传统文化传承事关人才底色与发展根基。在教育中做好中华优秀传统文化课程教材的顶层设计和有机融入，将是一个影响深刻、意义深远的重大时代命题。

三、优秀传统文化教育现状

优秀传统文化的教育越来越受到各国的重视，成为各国教育领域研究的一个重要话题，呈现了不同的局面。

（一）国外传统文化教育情况

1. 传统文化教育纳入国家文化战略

尽管教育理念不断更新进步，各国却通过优秀传统文化的教育，培养学生的民族自豪感。工业革命以来，英国中小学主要通过历史、电影、英国文学、艺术与设计和音乐等常规课程进行传统文化教育，并通过行为规范、宗教文化进行道德熏陶，将传统文化和国家课程相结合，鲜明突出了本国传统文化特色。英国国家课程内容选择原则之二就是"形成对国家的认同和忠诚"和"坚持人文主义的自由教育观"，充分强调通过对英国传统文化内容的教学来增强学生的民族自豪感。

在法国，相关文化部门非常重视通过语言输出扩大法兰西文化在全世界的文化影响力。当前法国建有209个文化中心及研究所、48个不同名称的法国语言学院或科技处、1075个由国家资助建立的法语联盟培训中心、在世界各地共有161个文化活动合作处。其宗旨都是推广法国语言，宣传法国传统文化和现代文化，输出法兰西民族的价值观念。

日本在21世纪初推行"文化立国"的发展战略，提出以"传统与文化教育"方针取代了原来的"传统文化教育"。日本传统文化研究的视野不仅更宽，重视从过去传承下来的文化遗产，而且更重视现代文化对传统文化的传承，同时，还强调在理解传统文化基础上的文化创造力的培养。教育理念的前进是日本传统文化教育的最大亮点，从文化的传承到文化的创造，要求不断提高，是一种文化自信的有效塑造方式。

2. 加强课程教材的研究与完善

韩国的教育专家权五玹对韩国小学社会科课程标准和教材进行了全面研究，认为课程中的传统文化内容有利于唤起学生对传统文化的自豪感，塑造珍爱并发展文化遗产的观念；但其课程理念存在较多问题，对传统艺术、传统思想领域等方面涉及较少，传统文化的内容组织缺乏系统性和连贯性，缺乏对本文化的批判性思维。韩国传统文化教育目标已经从传统文化内容与现象的学习体会，转变为文化学习的系统性、逻辑性、批判性。韩国传统文化教育还专门立项开展实践研究，在课程教材上做了重要努力和探索。这样的工作在加强传统文化教育方面取得了明显的成效。

日本东京教育委员会于 2005 年开始实施"推进日本传统与文化理解教育项目"，并在总结项目理论和实验成果的基础上，创新了"日本的传统与文化"课程，编写了更加注重文化基础、体验与创造的教材。

3. 利用社会资源开展传统文化教育

新加坡、韩国利用社会资源开展传统文化教育，进行了广泛的探索，积累了一定的经验。

新加坡针对本国传统文化的教育主要运用三种方式：一是将传统文化教育与法治教育相结合，如《孝顺法》等法律的颁布，让传统儒家伦理思想渗透到社会每个角落。二是将社区相关的传统文化活动和华人社团活动相融合，例如，华人社团会在唐人街等华人社区举办应节活动，如舞龙狮、燃鞭炮、猜灯谜等，体验传统习俗。三是社会大众传媒的传播，除了电视和报纸外，政府还使用广播、网络等媒体对公民进行传统文化教育，让传统文化的精髓影响国民的价值体系和思想认知。新加坡将传统文化教育和法治建设相结合，和公民的日常活动相结合，和社会媒体相结合，营造传统文化的"场"式熏陶，极好地配合了学校教育。

韩国不仅注重将传统文化教育渗透到家庭、学校教育的各个方面，而且在社会生活中也处处体现。韩国主张以潜移默化的方式影响青少年的价值观念、思维习惯、行为方式等，最终形成了独有的民族性格。

世界各国对传统文化的重视程度较高，以国家课程渗透融合为主，观念的转变、课程教材的建设、教学实践、强化文化创新等方面都给了我们很大的启示。传统文化是一个国家和民族的重要"文化基因"，是一个国家和民族发展的不竭动力。我们应根据国情和发展需要，不断加强对中华文化的研究，借鉴世界先进的教育教学经验，学习先进的文化教育方式，进行有创意的弘扬传统文化的教学。

（二）国内传统文化教育现状

近年来，学术界对中华优秀传统文化的研究越来越多，不少学者对中华优秀文化的特点进行了系统的阐释，并对如何推广传统文化提出了一些看法。与此同时，越来越多的基层教育工作者积极投身于中华优秀传统文化的研究，部分学校将优秀传统文化列入必修课或选修课，取得了很好的效果，但也存在着中华优秀传统文化在教材中资源相对有限、古代文化与现代思想的差异、学习方法过于单一等问题。

1. 教学资源的匮乏

中华传统文化历史悠久，资源丰富。近 20 年来，在全国语文课程与教科书的修订中增加了一些传统文化内容。但教科书容量有限，无法满足各地区学生对优秀传统文化的需求，各个地方需要进一步挖掘自己的优秀传统文化。有数据分析显示，拥有传统文化课程资源的学校供给与学段关联度不大，同时，课程资源的供给受区域和办学条件影响很大，教育发达地区和不发达地区之间、优质校和薄弱校之间，信息资源、环境资源的分布情况很不均衡。当前，教材中传统文化的教学资源不能满足所有学校的教学需求。据相关调查显示，学校所拥有的中华优秀传统文化资源与学生学习的需求相去甚远，这就使教师对教学内容的拓展有限。

2. 时代的距离

21世纪的今天，全球一体化深入发展，传统文化多元化也面临政治经济一体化所带来的挑战与冲击。据调查统计，有不少的中小学生并不完全了解中国的重要传统节日，对传统习俗也知之甚少。也有研究者以更细致、更具体的方式对当代青少年对传统文化的理解等话题进行问卷调查，结果显示：当代青少年对与爱国主义相关的人物、事件有一定的认识，但对我国传统文化中有关修身、养德、立志、处世等方面的传统文化知识却了解不多；对古代书画艺术的了解也很少。还有学者发现，一些学校的学生尽管对传统文化有一定的认识，但其在价值认识上还存在偏差。

传统文化与生活息息相关，学生对它的认识有一个从被动了解到主动求知的过程。党的十八大以来，人们更加关注传统文化，逐步走向文化自信。

首先，学生应认识到中华优秀传统文化在世界文化体系中的特殊地位，了解它的独特性。优秀传统文化教育应在学生了解人类文明发展历程的基础上，阐明中华优秀传统文化在世界文化体系中的地位、风格和特色以及对世界文化发展的贡献。这将使学生因中华优秀传统文化的独特性而产生对传统文化的自豪感和对国家的认同感。

其次，学生应充分了解到中华优秀传统文化的包容性和开放性。中华民族是一个海纳百川、兼容并包的民族，在悠久的发展历程中，不仅输出自身文化，也学习其他民族的文化精华，从不同文明中汲取营养，发展中华文化。优秀传统文化教育应积极进行世界文化对话交流，主动借鉴国外优秀文化，不断丰富和发展中华优秀传统文化。这将使学生体验到中华优秀传统文化的开放胸襟和时代活力，进而促进其对优秀传统文化的接纳和认同。

最后，学生要认识到中华优秀传统文化在世界文化中的价值。中华优秀传统文化蕴含的中国智慧，如道法自然、天人合一、以和为贵、世界大同等，对解决当前世界各国之间的纷争和全球问题具有重要启示价值。在构建人类命运共同体的过程中，中国传统智慧必将获得国际社会越来越多的认同。

学校和教师应根据不同学段、不同年级学生的特点，选择易于学生接受、适合学生学习的教学内容，坚持以学生为主体，教师为主导，打破传统课堂教学方式，打造主题突出、特色鲜明、科学规范的特色校本课程。《完善中华优秀传统文化教育指导纲要》指出，应分学段有序推进中华优秀传统文化教育，小学低年级应以培育学生对中华优秀传统文化的亲切感为重点，小学高年级应以提高学生对中华优秀传统文化的感受力为重点，初中阶段应以增强学生对中华优秀传统文化的理解力为重点。所以，在对学生进行优秀传统文化教学时要重视学生的人生体验。优秀的传统文化并非"已逝"的符号，而是以"明"或"暗"的方式呈现于人们的日常生活之中。优秀传统文化的学习要与学生的生活紧密结合。在学生的校园生活、家庭生活和社会生活中，营造浓厚的优秀传统文化学习氛围，让学生积极地继承和创新优秀传统文化。

中华优秀传统文化教育的专门教材较少，仅2012年由人民教育出版社发行了一部《中国传统文化教育全国中小学实验教材》，远远不能满足当前完善中华优秀传统文化教育的需求。因此，应当建立适合不同阶段、不同地域学生的传统文化教材体系。

第二节　语文课程改革的方向

自"语文"一词产生以来，语文课程的研究一直被认为是众多课程研究中最基础的领域，课程研究者常也以语文课程为基点，延伸出对其他课程各个方面的认识。回顾课程以及语文课程研究的前世今生，我们发现语文课程研究逐步从书本获取间接经验走向从学生生活中主动获取直接经验。特别是新课程改革以来，如何将中华传统文化赋予新时代的意义，让其继续发挥育人价值，更是当前语文课程改革的重要方向。

一、语文课程发展历程

语言文字，既是人们用于交际和传递感情的工具，又是人类物质文明和精神文明的结晶。汉字产生由来已久，随着语言文字的丰富，一个群体需要共同的价值观，便产生了萌芽状态的早期教育。伴随着人类社会的不断发展，人类的精神需求逐步增强，历史文化随之繁荣，教育也伴随着语言和文化得以发展。

（一）语文的产生

"语文"最早产生于19世纪末，它的含义有广义和狭义之分。广义语文指语言文字和人文。狭义语文指在国家指导下进行教学的独立设置的课程。回顾历史，虽然早有语言教育，但"语文"出现的历史并不长。

1905年的清政府开办新学堂。学堂里蒙学阶段以《孝经》《论语》《孟子》《大学》《中庸》为主要的习课教材，以《诗经》《礼记》《尔雅》《春秋·左传》《公羊传》《谷梁传》等传统经书为重点。从中可以看出，"词章"是以清末为代表的传统教育的主要内容。

1912年蔡元培先生提到，民国时期教育与封建时代的教育最根本的区别在于教育站在被教育者的角度思考教育。封建时代的教育是统治者利用教育的熏陶，驱使被教育者为统治者服务；而民国教育的根本方针是立足被教育者本身能力，思考他能够承担何种责任，从而为他拥有这种能力而努力。可见当时已有借鉴国外教育促进本国国文课程设置的萌芽意识。民国时期《小学校教则及课程表》提出教育应让儿童学习普通语言文字，培养他们勇敢表达想法的能力，在培养能力的同时发展他们的德育与智育，立足指导思想需要培养学生运用本国语言文字的能力，所以当时将语文课称为"国文"课，代表着语文课程体系的初始形态。课程设置对教学内容做出了明确规定：如第一二年读文、写作、学习楷书、行书，第三四年读文、写作兼书写小篆，第五年读文、写作兼了解中国历代文学大家作品。由此可知，语文教学内容的体系已初具规模，不仅涉及习字、阅读、写作，还对文学史方面的知识作了强调。

1949年中华人民共和国成立前，叶圣陶先生指出："以口头为'语'，书面为'文'，文本于语，不可偏指，故合言之，称语文。"从那以后，《中学语文课程标准（草稿）》将新中国的中小学语文学科的名称正式统一定为"语文"。而语文课程就是教师运用语言（口头或书面）将语言和个人的思想传递给学生的教学科目。

（二）语文课程标准与小学语文教学大纲

中华人民共和国成立以后，我国则正式颁布4部语文课程标准（以下简称《标准》）和6部小学语文教学大纲（以下简称《大纲》），每一部《标准》和《大纲》的出台与实施都有时代的痕迹，体现了我国语文教育观念的变革和语文教学的改革。

表1-1　语文课程标准（教学大纲）结构的比较表

标准（大纲）名称	结构的内容构成
1950年标准	目标、教材大纲、教学要点三部分组成
1956年大纲说明（总纲）	分节阐述教学大纲
1963年大纲	语文教育的重要性和教育目的；教学要求；教学内容；选文标准；教学内容；教学中的注意点和各年级教学要求
1978年大纲	前言；主体七章（教学目的要求、教材编排原则方法、识字、写字教学、阅读教学、作文教学、基础训练）和结尾
1986年大纲	前言；教学目的和要求；识字、写字教学；阅读教学；作文教学；基础训练；教材编排原则和方法；大力改进小学语文教学五年制和六年制各年级教学要求
1992年大纲	前言；教学目的和要求；教学内容和教学提示；课外活动；教学中的注意点；各年级教学要求
2000年大纲	教学目的；教学内容和要求；教学中重视的问题；教学评估；教学设备；附录
2001年课程标准	前言；课程目标；实施建议；附录
2011年课程标准	前言；课程目标与内容；实施建议
2022年课程标准	课程性质；课程理念；课程目标；课程内容；学业质量；课程实施

回顾表1-1语文课程标准（教学大纲）的变化，语文课程性质也随着时代的变化而逐步凸显。

如1950年的语文课程理念强调以社会主义思想教育学生。1956年10月教育部颁布了新中国第一部小学语文教学大纲——《小学语文教学大纲（草案）》明确指出："发展儿童语言的工作是从两方面来进行的：一是教儿童从语言丰富的表现方面学习；二是教儿童从语言的规律方面学习。"这部大纲的制定借鉴了苏联的相关教育理论。其内容有两个特点：一是汉语教学，规定在三年级以上每周安排两个课时教授汉语方面的内容；二是阅读教学，阅读教学采取讲读法，在当时对加强阅读教学有重要作用。但也有不利的一面，即对后来混淆语文课与文学课的概念，阅读教学只进行知识点讲授、搞烦琐的课文内容分析，起到一定的导向作用，这种影响直至今日还未完全消除。

1963 年，教育部制订并颁布了《全日制小学语文教学大纲（草案）》。该大纲明确指出："语文是学好各门知识和从事各种工作的基本工具。"由此来说明学习语文的重要性。这是第一次在教学大纲中明确了语文课程的性质，从理论上解决了长期没有明晰的语文学科性质的问题。此外，强调"双基"，注重培养学生的读写能力。1978 年语文大纲也提出语文是从事学习和工作的基础工具。这两次语文大纲的编写把语文课程的性质定位为单纯的工具性。1986 年大纲在指出语文课程工具性的同时，还强调了它的思想性。1992 年大纲再次提出语文课程中的语言文字本身又与其承载的思想、文化密不可分，具有"人文性"。

2001 年《语文课程标准（实验稿）》虽然提出了语文课程的基本特点是工具性和人文性的统一，但因其将"情感、态度、价值观"列入了教育目标，倡导了"德、智、体、美"的全面发展，注重语文的多元理解，其导向更关注人文性。

2011 年《义务教育语文课程标准》不仅明确指出工具性和人文性的统一是语文课程的基本特点，而且强调工具性和人文性并重。

2022 年《义务教育语文课程标准》提炼了核心素养的内涵，明确了义务教育语文课程培养的核心素养包括了文化自信、语言文字、思维能力和审美创造四个方面。这次课标的重大变化是新增加了课程内容、学业质量和教学研究与教师培训，提出了学习任务群的概念。

由以上语文课程标准（教学大纲）的发展历程，我们可以看出，语文课程的发展已经逐步从"以知识为本"走向"以人为本"，注重学生全面发展。

（三）语文课程发展的历程

综上所述，语文课程的发展历程可以分为三个阶段。

第一个阶段：古代语文教育期。

这个时期的语文教育拥有了教育功能，但没有出现学科分类，教学内容融文、史、政、哲于一体。

第二个阶段：近代语文教育期。

这个时期的语文教育伴随当时的社会发展，由于没有进行学科分类的课程已经无法满足人们精神层面的需求，因此增加了文学、语言等基础知识，当时的主流观点认为语文是学好其他学科的基础。如 1912 年《小学校教则及课程表》强调关于语文需要培养学生表达想法的能力。1923 年《新学制课程标准纲要小学国语课程纲要》提出在学生学习语文的过程中培养学生对中国文学的兴趣等，重视学生的主体性。在 1923 年《国语课程纲要》中第一次以纲要的形式明确了语文课程的目标、内容、教材要求，对后来语文课程标准的制定也有很大的影响。吕叔湘也提出了语文教育工具性是解决语文教育少、慢、差的必要条件。叶圣陶先生提出了语文具有工具性的特点，除去语文之外的其他学科，它们在表达与交流时同样离不开语文的工具性。但对这些观点的分析，我们可以看出都较少探究语文课程的其他性质。

第三个阶段：现代语文教育期。

这个时期语文课程范围越来越扩大化。多位专家反复强调："教育应当与社会互相适应""生活即教育，社会即学校，教学做合一""要把读书和生活相联系"。同时，人文论的观点再次进入语文课程研究者的视野。语文课程逐步由单一的工具性发展为工具性与人文性的统一。特别是1983年邓小平为北京景山学校题词："教育要面向现代化，面向世界，面向未来。""三个面向"思想希望中国教育立足传统，面向现代化；立足中国，面向世界；立足当今，面向未来。这为语文课程改革指明方向，成为教育事业在新时期改革和发展的战略指导方针，让一代教育人关注语文与社会生活之间实际的关系。

二、语文课程当今发展趋势

（一）语文综合性学习是提升语文学科核心素养的有力体现

2014年4月，教育部发布《关于全面深化课程改革，落实立德树人根本任务的意见》，将"研究制订学生发展核心素养体系和学业质量标准"与"修订课程方案和课程标准"定位为"着力推进关键领域和主要环节改革"的两项首要任务。《普通高中语文课程标准（2017年版）》对语文学科核心素养也作了具体的说明："学科核心素养是学科育人价值的集中体现，是学生通过学科学习而逐步形成的正确价值观念、必备品格和关键能力。语文学科核心素养是学生在积极的语言实践活动中积累与建构起来，并在真实的语言运用情境中表现出来的语言能力及其品质；是学生在语文学习中获得的语言知识与语言能力，思维方法与思维品质，情感、态度与价值观的综合体现。"并将语文学科核心素养概括为四个方面，即"语言建构与运用""思维发展与提升""审美鉴赏与创造""文化传承与理解"。这些能力和素养落脚到语文学科就包括：在语文课程中培养学生对身边生活、社会的兴趣，并善于观察、提出有价值的问题；开展团队合作探究、交流信息的能力；培养学生信息的搜集、整理、加工、辨别筛选、讨论、交流、汇报、评价的综合实践能力等。

2019年中共中央、国务院印发《关于深化教育教学改革全面提高义务教育质量的意见》（以下简称《意见》），这是中共中央、国务院印发的第一个聚焦义务教育阶段教育教学改革的重要文件，是新时代我国深化教育教学改革、全面提高义务教育质量的纲领性文件。《意见》强调，坚持以习近平新时代中国特色社会主义思想为指导，全面贯彻党的教育方针，落实立德树人根本任务，遵循教育规律，强化教师队伍基础作用，围绕凝聚人心、完善人格、开发人力、培育人才、造福人民的工作目标，发展素质教育，培养德智体美劳全面发展的社会主义建设者和接班人。这些文件的出台从国家层面上提出中国教育育人体系的新要求，力求培养中国学生的"核心素养"，强调"综合素质"。从此，"核心素养""学科素养""综合能力"就成为新时期中国义务教育阶段的培养目标。

2011版《义务教育小学语文课程标准》（以下简称《课程标准》）将语文综合性学习纳入语文教学内容，正是为了达成语文课程落实国家对人才培养目标的重要举措。《课程标准》中对语文综合性学习有明确建议。

首先，《课程标准》中的语文学科性质规定的相关描述，体现了语文综合性学习的功能，语文是实践性很强的课程，应着重培养学生的语文实践能力。而培养这种能力的主要途径也应是语文实践。"努力建设开发有活力的语文课程"体现了语文综合性学习对语文课本内容具有拓宽作用。

其次，在《课程标准》的具体实施建议中，综合性学习应贴近现实生活。联系生活中的实际问题开展学习活动，在实现语文学习目标的同时，提高对自然、社会现象与问题的认识，追求积极、健康、和谐的生活方式，增强抵御风险和侵害的意识，增强在与自然、社会和他人互动中的应对能力。综合性学习应强调合作精神，注意培养学生策划、组织、协调和实施的能力。积极构建开放多元的网络学习平台。

再次，《课程标准》评价建议，语文综合性学习评价应该重点关注学生活动过程，关注学生兴趣，关注学生收集、整理、运用语文知识研究问题的能力，评价要保护学生的积极性，要运用多种评价方法。

最后，《课程标准》对语文综合性学习资源利用的建议，要利用多种活动资源，积极提供活动条件，搭建语文综合性学习环境。语文综合性学习要求学生能在实践中锻炼。语文学习最重要的能力是运用母语的能力。

（二）语文综合性学习的价值取向

2022版《义务教育小学语文课程标准》在2011版《课程标准》的基础上特别指出语文课程具有情境性、实践性和综合性的特点，语文课程是一门学习国家通用语言文字运用的综合性、实践性课程。2022版《课程标准》同时提出在语文课程落实过程中需要把生活资源转化为语文课程资源，还要求教师关注有特色系统化的资源系统，做系统化的呈现，让学校的课程资源以系统化的形式来促进语文课程的整体发展。这也是语文综合性学习课程的实施要求。

表1-2　语文综合性学习的各学段目标汇总（2022版《义务教育小学语文课程标准》）

小学低段	小学中段	小学高段
1. 观察大自然，热心参加校园、社区活动，积累活动体验。结合语文学习，用口头或图文等方式整理、表达自己在活动中的见闻和想法。 2. 对周围事物有好奇心，能就感兴趣的内容提出问题，结合其他学科的学习和生活经验交流讨论，尝试提出自己的看法。	1. 学习组织有趣味的语文实践活动，在活动中学习语文，学会合作。结合语文学习，观察大自然，观察社会，积极思考，运用书面或口头方式，并可尝试用表格、图像、音频等多种媒介，呈现自己的观察与探究所得。 2. 能提出学习和生活中的问题，有目的地搜集资料，共同讨论，尝试运用语文并结合其他学科知识解决问题。	1. 初步了解查找资料、运用资料的基本方法。利用图书馆、网络等渠道获取资料，解决与学习和生活相关的问题。尝试写简单的研究报告。 2. 策划简单的校园活动和社会活动，对所策划的主题进行讨论和分析，学写活动计划和活动总结。对自己身边的、大家共同关注的问题，或影视作品中的故事和形象，通过调查访问、讨论演讲等方式，开展专题探究活动，学习辨别是非、善恶、美丑。

由表1-2可以得出，语文综合性学习是培养学生"核心素养""学科素养""综合能力"的有效途径。语文综合性学习在当前语文课程改革中具有不可替代的地位，能够发挥独特的教育功能。同时，语文综合性学习还具有以下价值取向。

首先，课程内容的获取途径发生改变。语文综合性学习未纳入语文课程之前，大部分学生只能依靠书本获取知识。知识要转化为能力，必须经过实践。生活中处处有语文，学生需要从生活、社会中学习直接经验和知识，书本不是学生学习语言的唯一渠道，教室也不是学习的唯一场所，社会资源、自然资源、校园生活资源等都可以是学生获取课程内容的途径。将学生放入真实的场所中实现真正的语言学习，更有利于学生建立新旧知识的联系。

其次，学生学习方式的转变。学生才是学习的真正主人，教师需要赋予他们在学习中的主动权，让他们可以选择自己喜欢的学习内容、方式以及伙伴进行学习。这种学习的内驱力不是为了完成教师布置的学习任务，而是在做自己想做、乐意做的事。这种学习需要解决学生生活中的一个个真实问题。真实的社会任务与学生的生活紧密相连，这种对生活的探索性不断激励学生寻求问题的解决方案，推动学生积极主动地学习。

（三）中华优秀传统文化成为语文课程内容的一部分

党的十八大以来，习近平总书记就建设社会主义文化强国发表了一系列重要讲话，特别是对中华优秀传统文化的传承与创新进行了深刻而系统的论述。伴随着国家领导人对中华优秀传统文化的认识不断深化，教育界对中华优秀传统文化的关注持续升温。中华优秀传统文化成为语文课程内容的一部分，逐渐成为语文课程研究的一个热点方向。例如，2001年《全日制义务教育语文课程标准（实验稿）》提出，教师指导学生进行语文课程实践的同时，还要注重吸收丰厚博大的人类优秀文化的营养和民族文化智慧，学会关心当代文化生活，尊重多样文化。2006年《国家"十一五"时期文化发展规划纲要》明确指出，要加强传统文化教育，在坚持继承和弘扬优秀民族文化传统的同时，吸收和借鉴世界各国优秀文化成果。具体到语文学科建设方面，对传统文化教育的重视首先在课程标准中明确体现了出来。《义务教育语文课程标准（2011 年版）》在前言部分多次提到继承和发扬中华优秀文化传统是不容忽视的，这样能提高学生思想文化修养，促进学生精神成长；2014 年教育部印发的《完善中华优秀传统文化教育指导纲要》中指出，要把中华优秀传统文化教育系统融入课程和教材体系，分学段有序推进中华优秀传统文化教育，明确提出了中华优秀传统文化课程化的要求。

《义务教育语文课程标准（2022 年版）》在课程性质中特别提到通过积极的语言实践，对积累语言经验，积淀丰厚的文化底蕴，继承和弘扬中华优秀传统文化、革命文化、社会主义先进文化，增强对习近平新时代中国特色社会主义思想的理解和认识，铸牢中华民族共同体意识，建立文化自信、培育时代新人，实现中华民族伟大复兴等。并且还附录了推荐古诗文 135 篇（段），其中 1-6 年级 75 篇，7-9 年级 60 篇。

将中华优秀传统文化融入语文课程内容，对于语文课程而言，有助于推进语文课程理论研究，还能在结合教学内容以及学生实际的基础上，对中华优秀传统文化做出合乎时代要求的新阐释，实现创造性转化和创新性发展的探索。将中华优秀传统文化融入语文课程内容，对于学生而言，有助于学生了解学习中华优秀传统文化，培养学生对中华优秀传统文化的认同感和自豪感，从而增强文化自信；以激发学生对教学内容的情感共鸣以及道德共鸣，让学生形成正确的世界观、人生观、价值观、道德观和法制观。由此可见，中华优秀传统文化与语文课程相融是当前教育发展的必然方向。

但中华优秀传统文化积淀于过去，是一种文化遗产；教育致力于当下，肩负着培养全面发展的社会主义建设者和接班人的重要使命。前者是"古"，后者为"今"，如何实现古为今用？如何利用中华优秀传统文化提升语文课程实践的实效性，并在开展过程中巩固优秀传统文化的价值根基？这些问题需要在以后语文课程的改革中进一步去探索。

第二章 语文综合性学习的问题及解决途径

《义务教育语文课程标准（2022年版）》将语文综合性学习列为语文教学内容的五大板块之一，意在突出语文综合性学习的重要性。教师要具体落实课标中关于语文综合性学习的相关精神，前提是要理解语文综合性学习概念与内涵、语文综合性学习的价值及当前语文综合性学习的现状。

第一节 语文综合性学习的问题

一、语文综合性学习的概念与内涵

（一）语文综合性学习的概念

根据《课程标准》中对语文综合性学习的定义，语文综合性学习有三个层次的阐述：一是语文学科内的综合性学习，二是语文与其他学科课程整合的综合性学习，三是语文作为工具在综合实践活动中的运用。

语文综合性学习是语文学科与综合性学习的结合，是以语文学科为基础的一种综合性的、实践性的、相对独立的课程组织形式。它是将贴近学生生活的社会生活综合性主题，以问题或活动的形式组织起来，让学生通过实践活动解决学习过程中的问题。语文综合性学习的组织形态包括将知识与经验、理论与实际、课内与课外、校内与校外结合起来，以提高学生综合解决问题的能力，促进学生语文素养和谐统一的发展。《课程标准》对于"语文综合性学习"是这样定义的：善于通过专题学习等方式，贯通课堂内外，沟通听说读写，增加学生语文实践的机会；充分利用学校、家庭和社区等教育资源，开展综合性学习活动，拓宽学生的学习空间。语文综合性学习主要体现为语文知识的综合性运用，听说读写能力的整体发展，语文课程与其他课程的沟通，书本知识与实践知识的紧密结合。

（二）语文综合性学习的内涵

语文学科内的综合性学习强调将语文学科内在的各要素有机结合，形成综合性学习。这种综合性学习形态注重将语文学科内部知识与技能等有机地整合，关注课内学习与课外拓展以及日常生活的整合。语文综合性学习不仅可以在课堂教学中体现，而且可以在课外以语言、文学方面的学习活动或专题探究活动体现。它立足于语文本身，培养学生综合性语文知识的学习能力，采用综合化的学习方式进行，更加强调的是学习方式。

语文与其他学科课程整合的综合性学习，是指语文与其他学科内容相互交叉整合，从而构成语文与其他学科的综合性课程。这类综合性学习强调的是语文与其他学科课程的相互整合，不拘泥于语文学科，关注人文和科学等各个领域，这类综合性课程学习内容是综合性的。语文作为一种工具虽然在所有学科中被使用，但是只有在一定程度上附带或完成语文教学任务的综合性学习才能称得上是语文综合性学习。

语文作为工具在综合实践活动中的运用。基础教育课程改革提出了综合实践活动这一课程形式，综合实践活动是以学习者的直接经验为基础，密切联系学习者的日常生活，体现出对于知识的综合性运用。而在各种各样的学习实践活动中都需要应用语文这一工具，无论是信息的搜集与加工，还是信息的整理与分析，都是语文在具体的实践活动中的应用。这些综合实践活动突破了传统语文课程的限制，将语文放到更广阔的背景下进行学习。

语文综合性学习是以语文为核心，关注语文学科内容的综合性学习；关注语文学科与其他学科之间的联系；关注语文学科与生活实践的联系。语文综合性学习让语文由单一的学科走向学科之间的联合，由学校的学习活动走向社会的实践探究活动。

二、语文综合性学习的价值与意义

语文课程的性质具有实践性和综合性，课标首次提出了"综合性学习"的要求：加强语文课程与其他课程及生活的联系，促进学生语文素养的整体推进和协调发展。语文综合性学习具有丰富的意义与价值，可以从学生、教师和语文课程三个方面来分析。

（一）有利于提高学生的语文素养

语文综合性学习从某种意义上说就是一次学习方式的革命，是形成"自主、合作、探究"这一新型学习方式的重要途径，有利于培养学生的人文素养和科学素养；有利于培养学生的语文素养，促进语文学科的整体发展。人的个性发展具有整体性，但不是学科各方面知识、不同学科知识简单混合的结果，而是通过对知识的综合运用不断探究世界与重构自我的结果。语文综合性学习从学生本人、社会生活和自然世界选取主题，通过语文知识的综合运用和听说读写能力的整体发展，让人、社会和自然彼此交融以构成具有整体性的世界。学生以语文作为工具、手段解决真实问题，在与世界进行沟通的时候，学生能够挖掘出语文学科背后的深层价值，提高自己的思维能力、人文素养等。

（二）有利于学生个性的培养和全面发展

语文综合性学习的基本价值目标是学生的全面发展和个性发展的和谐统一。综合性学习将传统的语文教学片面追求知识的单方面发展，变为把发展目标定位于知识与能力的整合、情感态度与价值观的整合、学习过程与学习方法兼顾的全面发展。语文综合性学习倡导在学习过程中调动学生的知、情、意、行，并使四者获得均衡和谐的发展。语文综合性学习为学生的个性发展提供广阔的环境，在真实的、丰富的语文综合实践活动中促进学生个性化的发展。全面发展与个性化培养是教育的根本目标，语文综合性学习整合性、开放性和实践性的特点，能够更好地与其他学科相融合，学生在融合性的知识背景下、真实的社会实践问题背景下运用所学语文知识，获得新的知识，更好地体现语文学科的人文性质与工具价值，促进学生全面发展与个性发展的和谐统一。

语文综合性学习通过整合不同的学习资源，将语文实践学习活动置于广大的、真实的社会问题背景下，为学生个性化分析问题、解决问题创造条件。在学习过程中，不设标准化、统一化的答案，学生通过演示、报告、汇报、创造等多种方式总结学习成果。在真实的问题情境中，学生的学习能力得到发展，学生的潜能得到发挥，学习过程成为学生自主发展的过程和自我展现的过程，成为个性张扬和自由创造的过程。

　　语文综合性学习通过开展丰富多彩的实践活动来塑造学生的个性，能有效培养学生积极主动的学习态度和创造精神，让学生获取分析问题、解决问题的能力。在多种资源融合中，综合实践活动可以提升学生的学习力、表达力、理解力、感悟力、交往能力、合作能力，锻炼组织策划能力。

（三）有利于促进教师观念转变

　　"内容杂"是语文综合性学习的一大特点，它既要整合学科内知识，又要打通学科之间的关系，还要处理好语文和生活之间的联系，这就要求语文教师具有大语文观。语文学科的教学任务不仅仅局限于知识与技能的传授上，还需要注重学生健康人格的培养，这就需要语文教师具备较高水平的审美素养，而综合性学习的课堂就成为他们拓宽语文观念和提高审美素养的有力平台。

　　语文综合性学习的教学内容从"单一"逐步转变成了"多元"，这就要求教师改变以往"一本教科书和一本教参教遍天下"的面貌，树立终身的学习观。语文综合性学习教学的实施，转变了教师的观念，使教师不再只是知识的传递者，还应该是学生如何获得知识的引导者，教师的观念就得实现从"授之以鱼"到"授之以渔"的转变。

（四）有助于提高教师的教学能力

　　语文综合性学习向传统的语文课堂教学提出了极大的挑战，它要求语文教师要从课本中、从课堂中、从教师的讲解与分析中解放出来。它所倡导并推行的是一种跨领域、跨学科的学习，要求语文教师扩充知识面及知识量，以备课堂教学之需。这就要求语文教师拥有比较丰富的社会科学知识与基本的自然科学知识，才能对语文综合性学习的教学得心应手。

　　在语文综合性学习教学活动中，教师要发挥组织者和指导者的作用，为学生展示自我、强化能力搭建平台。这就要求教师结合自己的教学特点、学生的学习情况及本地的地方资源，不断提高自身教学能力，创造性设计语文综合性学习活动。

（五）有利于充分发挥语文课程功能

　　首先，语文课程的首要功能是培养学生的语言运用能力。综合性学习教学活动为学生语言的发展提供了充足的空间，它在丰富多样的活动形式中，从多维度对学生进行规范的言语训练，综合性地提升学生包括识字、写字、口语交际、阅读、写作等语文素养，使学生集中地、高效地学习语文知识，培养语文能力。在综合性学习教学活动中，学生的语言能力从单一走向丰富，从幼稚走向成熟，从生硬走向生动。

　　其次，综合性学习的内容是在课本教材基础之上，充分挖掘当地的优秀传统文化；在教学方式上学习优秀外来文化，注重文化传递，注重对学生进行能力培养，习惯养成，进行思想教育和情感陶冶。因此，综合性学习对学生的思想品质、道德品质以及情感、意志、性格等个性心理品质的发展有着熏陶渐染、潜移默化的作用；对发展学生的审美能力、涵养人文精神，完善品格，有着不可替代的特殊功能。

发展思维是语文课程的又一重要功能。通过综合性学习，可以发展学生汉语的语感直觉思维、汉字构造思维、文学作品审美思维、说理文章逻辑思维、言语表达的创造性思维等，形成独特的语文智慧；学生在文化感知、认同和创造的过程中，还可以发展他们对优秀文化的辨别、甄选能力，从而培养他们的批判性思维能力。

三、语文综合性学习的现状

当前语文综合性学习越来越受到学校和语文教师的重视，在具体实施的过程中取得了一定的成效。

（一）语文综合性学习教学取得的成效

1. 调动学生学习内驱力

语文综合性学习的内容生动有趣、教学形式丰富多彩。其生动有趣的内容包括丰富的史料知识、各具特色的地方文化、异彩纷呈的民俗风情等，突破了传统语文课程的内容，丰富了学生对身边世界的认识。学生既可以在山川田野、风云雨雪中开展活动，也可以欣赏音乐、美术、书法、工艺、科技作品，提高鉴赏美、创造美的能力；还可以联系生活实际，关注社会热点，学习风土人情、行为习俗等。内容健康、富有情趣的语文综合性学习活动，不但能满足学生的新鲜感和好奇心，还能让他们获得身心的和谐发展。

语文综合性学习的形式也丰富多彩。在小学语文综合性活动中，创设一些富有情趣的学习形式，或课本剧表演，或诗歌朗诵，或语言游戏，或文字趣味活动，用孩子们喜欢的画画、唱唱、写写、演演的形式开展语文综合性学习，自然提高了学生语文学习的积极性。

2. 尊重学生主体地位

基础教育的一个重要目标是培养学生自主、独立的学习习惯和学习能力。语文综合性学习主要由学生自行设计和组织活动，特别注重探索和研究的过程，强调学生观察周围事物，腔调学生的亲身体验。这种学习方式将直接经验的学习和间接经验的学习有机结合，无论是策划活动、组织活动，还是主持活动，都应该让学生成为学习的主人。

在语文综合性学习过程中，从学习目标到实施、评价等各个方面都是围绕着学生作为主体开展的，学生是课程的主人。语文综合性学习形式灵活多样，学生可以选择自己感兴趣的方式，或调查或访问，或讨论或交流等。学生可以根据自己已有的认知体验，主动地感受外界影响，积极地去探究，建构起自己的认知结构和精神家园；而教师给予学生充足的时间和空间，尊重学生的兴趣和爱好，让学生独立完成一系列学习活动，其主观能动性自然得以发挥。

3. 学习方式多元化。

语文综合性学习是一种经验性、实践性课程。其教学形式不应只局限于语文教科书专题中所提供的活动思路：写作、口语交际等。教师可以依据综合性学习专题需要，创造性地运用多种教学形式，融合听说读写，促进学生语文不同方面的发展。可以采用的教学方式包括辩论比赛、演讲朗诵、问卷调查及走访、课本剧、书法比赛、创办刊物等。这些灵活的形式能够使学生充满兴趣,从而产生积极参与的内驱力,学生的语文能力也能在参与学习中得到锻炼。

(二)语文综合性学习教学中存在的问题

虽然学校在开展语文综合性学习活动中取得了很多的成效,但同时存在着很多不足。

1. 内涵理解片面,观念相对落后。

要把握好小学语文综合性学习的教学实施,首先就要求教师熟悉和把握好小学语文综合性学习的内涵。但大多数语文教师往往只看到了语文综合性学习的外在形式,对小学语文综合性学习更深层面的内涵没有清晰的认识,缺乏对内涵的理解,不了解语文课程标准中对语文综合性学习的具体要求。因此,在现实的教学中,很难最大化地将小学语文综合性学习的功能发挥出来。

2. 教学改进不足,方式依赖惯性。

语文课程标准中对语文综合性学习的要求:在语文综合性学习中应突出培养学生自主学习的意识、习惯和积极参与的精神。学生自始至终都是学习的主体,教师只是在学生学习的过程中予以指导。而个别教师却全程包揽,用自己的决定代替学生的决定。如教师过多参照语文教材内容和教学参考书的建议,书上安排什么内容就教什么内容,教学仍然以讲授课形式为主,缺乏灵活变通,并没有体现语文综合性学习的生活性、综合性、实践性的特点。个别教师的教学思维和方法因循守旧,重阅读、写作而轻综合性学习,他们重视自身经验而忽略新的思想,教学习惯并没有改变。小学语文综合性学习是对语文知识的综合运用,是将书本理论知识与动手实践能力的紧密结合。《课程标准》中虽然明确说了对语文综合性学习的评价建议,但建议不是教师拿来照搬的标准。个别教师在语文综合性学习时,还是以试卷题目的形式进行评价,日常的形成性评价多以口头形式作为评价方式。

3. 缺乏系统培训,理论难成体系。

语文综合性学习能有效地在语文教学中开展,很大程度上需要语文教师有一定的关于语文综合性学习基本理念和组织能力。但当前语文综合性学习的教师培训现状不容乐观。教师培训次数少、周期短、"碎片化""快餐型"难成体系,难以让教师深入了解和熟练掌握其核心内容;且培训形式单一,多以教授基本理论为主,缺少融合自主实践的培训项目。

4. 课程实施死板,脱离学生需求。

主题设计是语文综合性学习活动中的重要环节,也是解决语文综合性学习教学难题的重要途径。语文综合性学习主题的选择强调多维度设计,但教师在选择主题时还是以教材为主。在通常的语文综合性学习教学过程中,最常见的几种学习成果形式:办手抄报、材料汇报、写作等。这些成果形式都体现出一个共同特点:重结果轻过程。这与注重过程性和实践性的语文综合性学习的目的和本质存在很大的偏差。因此,语文综合性学习的教学应该关注学生对学习活动的兴趣与参与程度,关注学生是否善于与他人合作等方面,学习成果展示可以更加多元化。如果语文综合性学习课程实施的主题活动,大多数依赖教材提供,而不能引导自主确定学生感兴趣的学习主题，必然导致小学语文综合性学习活动主题的死板和不贴切学生需求，也就降低了小学语文综合性学习的效果。

5. 传统评价方式束缚多样评价体系发展。

与语文课程的常用评价体系不同，语文综合性学习评价，强调评价的发展功能，注重评价项目的明确化、评价方式的多样化。但在实施过程中，因语文综合性学习评价标准不明、评价形式单一、评价主体教师主导，而造成了评价功能的缺失。其具体表现为：评价量表的项目由教师独自决定，没有学生的参与；评价量表太笼统，没有明确详细的说明；评价方式常采用教师评价、学生互评，而不是采用教师评价、学生自评、学生互评、档案袋评价、家长评价等多种方式。这样的评价，自然不能发挥语文综合性学习评价的应有作用，更不能调动学生学习的积极性。

6. 缺少体系的语文综合性学习课程。

虽然教师在组织学生开展语文综合性学习，但大多课程学习内容零散、学习过程凌乱，学习内容和学习时间全凭教师兴趣选择。学习空间大多局限在语文课堂或学校内，教师没有充分利用学生生活环境中的学习资源，没有将学生的家庭生活和社会生活纳入语文综合性学习中。即便组织学生开展语文综合性学习，教师也没有重视每次活动间的联系，开展一次算一次等。这些问题都反映出语文综合性学习缺少系统的课程。

第二节　解决问题的途径

为解决优秀传统文化教学和语文综合性学习二者之间存在的问题，我们利用在地文化构建语文综合性学习课程，既实现了师生对优秀传统文化的理解与传承，又提高了教师语文综合性学习教学能力，还提升了学生语文综合性学习能力。

一、利用在地的文化

在地文化是中华大地特定区域内源远流长、独具特色、传承至今仍在发挥作用的文化传统，它有着深刻的地域烙印，是一种凝练的内生动力，也是文化开发的重要资源。比如各地的民俗文化、名人文化、"非遗"文化、古诗词文化、古建筑文化、地名文化等都属于在地文化。在地文化课程资源的开发，既可以解决中华优秀传统文化教育中存在的资源不足、时代距离感、学习方式单一等问题，又可以让学生加深对传统文化的理解。

（一）丰富优秀传统文化教学资源

学生所接触的优秀传统文化主要来源于教材，虽然统编小学语文教材已经加大了优秀传统文化内容的比重，但数量和类型还远远不够。而丰富的在地文化可以弥补教材中优秀传统文化资源不足的问题。如崇州在历史发展的长河中，历朝历代都涌现出了各类名人，有爱国诗人陆游、"一瓢"诗人唐求、北宋著名药学家唐慎微、革命烈士张露萍等。尽管学生能从教材中了解到一些名人文化和诗人陆游相关的一些诗词，但学生对其他名人文化的学习却无法从教材中获得，即便是陆游的资料也知之甚少。崇州罨画池中的陆游祠、街子的唐求广场、博物馆中的名人馆等都可以成为学生了解这些名人的资源。由此可见，利用在地文化可以极大地丰富学生学习优秀传统文化的资源。

（二）拉近优秀传统文化与学生的距离

因统编小学语文教材全国通用，教材中所选择的优秀传统文化具有典型性和代表性，大多与学生所生活的地域和年代相距甚远，学生只能将其作为语文知识来了解和学习。在地文化因其得天独厚的地域优势，可以拉近优秀传统文化与学生的距离。如学生学习统编教材三年级上册《赵州桥》时，只能从书本了解到赵州桥的特点和历史悠久，无法对其产生亲切感。如果在教学中，教师将学生生活中熟知的崇州西江桥、瑞龙桥、汇江桥、永定桥等作为文本资源补充，对课本知识进行迁移，就可以丰富学生对古桥的认知，还可以让学生对古桥感到亲切。

随着时代的发展，课本上的优秀传统文化与大多数学生的生活也越来越有距离。而在地文化就存在于学生生活的周围环境之中，与学生的生活息息相关。这种地域近便性，可以让学生对优秀传统文化可触、可感、可体验，并对学生起着潜移默化的影响，极大地缩减了学生与优秀传统文化之间的距离。

（三）拓宽优秀传统文化的学习方式

在地文化犹如一颗颗珍珠，或散落在民间，或埋藏于地下。习近平总书记提出要"文化自信"，这种自信首先就源于对在地文化的认可、理解，并能世代主动传承下去。因在地文化与教材内容联系不大，需要教师在教学中将这些优秀传统文化挖掘出来，将这一颗颗珍珠串联起来。在挖掘这些优秀传统文化的过程中，教师要带领学生查找资料、实地考察、采访相关人士等。这样的学习方式改变了学生对语文知识的学习从书本到书本的方式，形成了在生活实践中多角度学习语文知识的综合性学习方式，达到了综合运用语文知识解决问题的目标。以学习在地文化中的名人文化为例：学生要了解在地文化中的名人文化，视野就要从教材拓展到生活，从课堂、学校拓展到社会，知识的获得就要从单纯的接受转变为主动探究。如学生为了全面了解曾在崇州担任过通判的陆游，需要上网查阅陆游的生平历程以及在崇州生活时的情况等。但网上的资源有限，学生想获得的信息是远远不能得到满足的，因而学生还需要到实地考察。崇州罨画池公园里就有为纪念陆游修的陆游祠，学生通过实地考察，可以大致了解陆游在崇州生活、工作的环境等。为解决陆游为什么会到崇州，为崇州做了哪些贡献等问题，学生可以通过采访相关的专业人士作深入了解。学生搜集了大量的一手资料后，还需要对搜集到的资料进行归类整理。整理好资料后，学生需要阅读理解，并需要通过多种形式展示自己的成果等。在学生主动搜集整理资料、与人沟通交流、组织策划、解决问题等一系列实践的过程中，实现了学生学习优秀传统文化方式的多元化。

二、构建系统的课程

在地文化虽然丰富，但零碎而杂乱，如果要作为资源引入课堂学习内容，需要进行归类整理，使之有条理，学生的学习才能有序。语文综合性学习作为语文学习内容——"识字与写字、阅读、写作、口语交际、综合性学习"——中的五大板块之一，课标对其有相关要求和具体的内容。小学语文统编教材每一册中也有一次综合性学习的编排，但对在地文化的综合性学习编排较少且不成体系。因此，以在地文化为载体构建系统的语文综合性学习课程非常有必要。此课程的构建既符合课程内涵发展趋势，具有前沿性，又因其课程的系统性让语文综合性学习的目标、内容、实施、评价等更清晰。

（一）课程前沿性

课程概念在课程理论与实践发展中发生了重要变化，出现了新的发展趋势，主要包括：从强调学科内容到强调学习者的经验和体验，从强调目标、计划到强调过程本身的价值，从强调教材的单因素到强调教师、学生、教材、环境四因素的整合，从只强调显性课程到强调显性课程与隐性课程并重，从强调"实际课程"到强调"实际课程"与"空无课程"并重，从只强调学校课程到强调学校课程与校外课程的整合。利用在地文化构建语文综合性学习课程，顺应了课程内涵发展的趋势，实现了课程的"六整合"，顺应了时代发展的需求，具有前沿性。

1. 实现了学科内容和学习者经验、体验的整合

基于在地文化构建语文综合性学习课程，把学生的发展置于课程的核心，关注学生对现实生活的经验和体验。在此课程的构建过程中，学生需要接触社会，需要到具体的场馆中去体验，去采访具体的人等。如：在开展以"古建筑——窗"为主题的语文综合性学习中，学生需要到现场进行考察。学生以小组为单位到崇州罨画池公园和街子、元通等古镇寻窗、读窗、画窗。在这个过程中，学生会调动已有的经验，看到古窗的形状会联想到在课堂上学习到的"窗"字的演变过程；看到不同类型的古窗，学生会情不自禁联想到不同时期人们生活的差异。同时，学生在现场考察的过程中会遇到各种不同的问题，例如，如何设计考察线路、如何分工、如何记录考察内容等；这就需要学生运用相关学科知识去解决，从而形成新的经验和体验。这样的经验和体验又为下一次的学习储备了能力。这样，语文学科知识就成了促进学生发展的资源而非死记硬背的内容。所以，基于在地文化构建语文综合性学习课程，实现了学科内容和学习者经验、体验的整合。

2. 实现了目标、计划和过程的整合

基于在地文化构建语文综合性学习课程，需要创设特定的教学情境。教学情境的创设，需要充分发挥教师和学生的主体性。在此过程中，必然会出现许多预期目标外的因素，这些因素恰好可以激发师生在活动中的创造性。基于在地文化构建语文综合性学习课程，需要教师预先确定教学目标。目标可以由教师确定，也可以由师生共同确定。但因为语文综合性学

习的特性，在与生活融合的过程中，在挖掘地方优秀传统文化的过程中，会有很多不确定性的因素，需要及时调整目标，因此过程就显得尤为重要。如在课程实施中，教师设计以"童谣"为主题的语文综合性学习活动，制定的学习目标是：通过查阅资料搜集有文献记载的童谣，好通过调查采访搜集散落在民间的童谣，通过开展读童谣、画童谣、演童谣等活动激发学生对童谣的喜爱之情。在语文综合性学习的过程中，教师发现学生搜集的童谣有些缺乏正确的价值导向；在调查采访的过程中，发现存在当下年轻一辈对童谣都知之甚少等问题。针对这些问题，教师在组织学生开展语文综合性学习活动的过程中及时调整教学目标，将"引导学生认识童谣传承的价值，通过比较引导学生辨别哪些童谣值得传承"确定为学习过程中的新目标。所以在此课程的构建过程中，不能按部就班地执行目标与计划，而应该把目标、计划整合到教学情境中，使之促进而不是抑制学生创造性的发挥。只有这样，学生对在地文化才能理解得更透彻，才能主动传承在地文化。

3. 实现了教师、学生、教材、环境四因素的整合

在大多数教师心中，课程就等同于教材。基于在地文化构建的语文综合性学习课程具有动态的、可生长的特征，这种课程不是只把教材等同于课程，而是教师、学生、教材、环境四因素间持续不断地交互作用，师生共同构建课程。地方优秀传统文化存在于社会各阶层，存在于师生生活的各种现实场景中，学生的学习不再只是学习地纸质文化，而是通过参观、考察各种场景而习得。在这个过程中，教师充分发挥主导作用，不仅全程参与学生的学习过程，而且和学生一起及时修订目标、增改计划；学生成为学习活动的主体。师生对挖掘出的在地文化进行归类整理，并根据学生年段特点，编制成可供学生阅读的校本教材，此过程师生都成为课程构建的主体。所以基于在地文化构建语文综合性学习课程能有效实现教师、学生、教材、环境四因素的整合。

4. 实现了显性课程与隐性课程的整合

学校教育实施的课程以国家规定的课程为主，即显性课程。因我国幅员辽阔，各地教育资源和发展水平呈现不均衡状况。统一实施的国家课程仅仅只是保底要求，必然不能满足每个地区的需求。因而基于在地文化构建语文综合性学习课程，即隐性课程，不仅可以成为国家课程的补充，成为显性课程的外延，而且可以很好地发挥隐性课程对学生成长的作用。此课程需要教师为学生创设富有真实生活情境的、具有可选择性的、富有创造性的教育环境和教学情境。学生可以自己选择学习合作伙伴，在同一主题下自由选择考察地点和灵活运用课余时间，还可以选择适合自己的学习方式。在此过程中，隐性课程充分发挥了其积极作用，促进了学生成长。因此，基于在地文化构建的语文综合性学习课程很好地实现了隐性课程和显性课程的和谐统一。

5. 实现了"实际课程"与"空无课程"的整合

随着时代的发展，对人的培养目标和能力要求也在发生变化，过去的很多"空无课程"

现在都具有重要作用。如现在国家提出五育并举，强调德智体美劳的综合发展，在学科教学中，以一育渗透四育。利用在地文化构建的语文综合性学习课程，对学生的文化熏陶，沟通表达能力，劳动实践的主动性，对家乡的热爱之情等都可以弥补学校"实际课程"的不足，促进学生的整体发展，充分体现课程的育人价值。利用在地文化构建语文综合性学习课程能很好地实现"实际课程"与"空无课程"的整合，可以共同完善学校中的"实际课程"。

6. 实现了学校课程与校外课程的整合

学生的学习既有在校内的学习又有在校外的学习，学习的内容、学习的空间和时间应该是学校课程与校外课程互补、融合。基于在地文化构建语文综合性学习课程可以很好地达成这两种课程的高度融合，成为学校课程的一种补充。

（二）课程目标定位准确性

《义务教育语文课程标准（2022版）》确立语文课程目标，要求发展学生的语文核心素养，其中包括文化自信、语言运用、思维能力和审美创造。本课程的目标紧密依托新课标要求，将目标定位为中华优秀传统文化的传承与创新，以及学生语文综合性学习能力的提升。学生通过本课程的学习能挖掘在地文化资源，深入了解在地文化内容；能对在地文化进行甄别，识别优秀的在地文化内容；能在理解在地文化的基础上主动传承文化，对文化古为今用，进行创新，实现文化自信的核心素养目标。与此同时，学生在利用在地文化构建的语文综合性学习的过程中，需要综合运用搜集处理信息能力、组织策划能力、合作能力、语言表达能力和创新能力等解决现实问题，从而提升其语文综合学习能力，实现语文核心素养中的语言运用目标、思维能力目标和审美创造目标。由此可见，本课程在实施的过程中，四位一体地体现了新课标的课程目标。

基于在地文化构建语文综合性学习课程目标定位的准确性，还体现在高度契合国家"立德树人"的宏观目标。党的十八大报告进一步强调把立德树人作为教育的根本任务，培养造就中国特色社会主义事业的建设者和接班人。"立德树人"不再单单落在一个"德"上面，而是定位于"全面发展"之上。利用在地文化的语文综合性学习强调了贴近学生熟悉的现实生活场景，突出其主观能动性，强调参与、组织、合作、创造等能力，与落实"立德树人"根本任务高度契合。

（三）课程内容尊重选择性

由于在地文化内容的丰富性，研究范围的广泛性，各学校所处地域文化又各不相同。因此，学校在课程内容的选择上，有的着眼于在地文化元素进行研究，有的则立足于本校地域文化特色进行研究。两种形式比肩同行，由点及面地完善课程内容，拓宽课程开发范围。

选择在地文化元素进行研究的学校：七一实验小学，选择在地文化的名人元素，以崇州地方名人文化为载体构建的小学语文综合性学习课程，既能激发学生关注家乡的热情，丰富学生的语文素养，还传递了优秀的崇州名人文化，发扬榜样力量。辰居小学，选择在地文化的建筑元素，以地方建筑文化为载体构建的语文综合性学习课程，深入学习古建筑背后的历史文化知识，激发学生对家乡历史文化的热爱之情。学府小学，选择在地文化的民俗元素，以崇州具有代表性、最具本土特色、富有教育价值的民俗文化资源为载体构建的小学语文综合性学习课程，既有效提升学生的语文素养，又培养了学生对家乡优秀民俗文化的热爱。蜀南小学，选择在地文化的文学创作元素，以崇州古诗词与童谣为载体构建的小学语文综合性学习课程，以最大程度发挥传统童谣、古诗词的教学价值，用丰富有趣的学习实践活动承载语文综合性学习目标，实现学生语文综合性学习能力提高的目标。

选择本校地域文化特色作为课程内容的学校：崇州市第二实验小学，该学校地处金鸡，这个地方有着悠久的"非遗"文化——"金鸡风筝"扎制技艺，该技艺在2012年已经成功申请四川省非物质文化遗产，该校利用其得天独厚的地理文化优势，以"非遗""金鸡风筝"作为研究的内容，开展和实施风筝课程，培养学生的文化自信和责任担当，推动"非遗"文化的继承和发展。实验三小，地处西江，旧址在朱氏街，为了让学生了解学校的历史，选择研究"朱氏街"等地名文化，构建基于崇州地名文化的小学语文综合性学习课程，地名具有丰厚的历史文化，既能从中洞悉崇州历史，也具有研究价值，学生从地名的由来、与之相关的历史传说故事，积累与地名相关的诗词歌赋和当地的美食文化，充分发挥其主观能动性，感受崇州优秀地域文化的魅力。

只有充分尊重学校课程内容的选择性，基于在地文化的语文综合性学习课程构建才能具有丰富性和全面性。

（四）课程实施呈现活动性

语文综合性学习的特征包括语文性、实践性、综合性等。基于在地文化构建的语文综合性学习课程，学生通过一系列活动，边实践边整理，提高了自身发现并解决问题的能力、搜集处理信息的能力、组织策划能力、合作能力、语言表达能力、创新能力等。这些能力的高低也直接影响着学生对在地文化挖掘的参与程度、理解的深度和传承的广度。对在地文化的挖掘、理解、传承的过程和语文综合性学习具有相互促进的关系，通过活动，既可以提升学生的语文综合性学习能力，又能实现对在地文化的挖掘、理解、传承。因此，基于在地文化构建的语文综合性学习课程的实施方式主要以开展活动为主。活动方式以项目化学习、主题式学习、学科学习三种类型为主。

（五）课程评价体现过程性

本课程评价的过程性体现在课程实施的改进性，基于在地文化构建的语文综合性学习课程具有动态性和生长性的特点。通过评价，可以及时发现课程中存在的问题，提出有针对性的指导意见，以便及时调整与改进；可以判断教师的教学行为是否有助于学生的学习，优化教学内容，改进教学设计，调整教学策略，完善教学过程。本课程又体现在学生能力的进阶性，通过评价，可以判断学生在学习中的参与度及学习效果，以及学生在活动中表现出来的沟通、合作和创新能力等。同时，本课程评价主体具有多元性，学校、教师、家长和学生都参与过程性评价，通过多角度的评价反馈，能发掘学生的潜能，让学生学会自我反思和自我管理。本课程评价方式的多样性，针对不同学段学生，以及不同活动方式，选择不同评价方式，采用有针对性的评价工具，让评价更加全面和立体。

（六）课程设置具有合理性

当前我国课程设置实行的是三级课程模式，即国家课程、地方课程和校本课程。在保证实施国家课程的基础上，鼓励地方开发适应本地区的地方课程。在课程形式上，基于在地文化构建的语文综合性学习课程是由地区教培中心小学室牵头在全市范围内实践的地方课程，是对国家课程的补充，符合国家对课程设置形式的要求。同时，语文新课标（2022版）的课程内容里明确要求学生要学习中华优秀传统文化，以增加学生的文化自信。课程内容上，基于在地文化构建的语文综合性学习课程是挖掘、传承和发扬地方优秀传统文化的课程，符合新课标对课程内容的要求。不仅如此，课程的主体对象是学生，不同年龄段的学生认知、能力和思维水平呈现差异，关注差异才能尊重个体，所以基于在地文化构建的语文综合性学习课程，根据不同学段的学生特点而设置。它以内容板块为单位进行学习，以选修课的方式开展，学习形式也因内容和目标的不同而呈现多样化：有教师统一组织活动的学习形式，有学生课余以小组为单位开展活动的形式，有学生在家长带领或指导下的自主探索等形式。其课时设置建议小学1—3年级一周一课时，4—6年级一周两课时。该课程的学习主体，符合学生的年段特点和学习能力水平。由此，从国家课程设置、新课标，以及学习主体三个方面都体现了本课程设置的合理性。

三、开展实践的学习

基于在地文化构建系统的课程，需要进行大量的实践，只有在"实践—学习—反思—再实践"，如此循环往复中构建的课程，才具有可操作性。

（一）问卷调查，扎实调研

基于真实学情的实践才能促进学生的成长。基于在地文化构建语文综合性学习课程，必须建立在掌握师生对在地文化的了解程度，以及师生所具有的语文综合性学习、教与学的真实情况之上。只有这样，所构建的课程才具有可操作性。因此，实践之初，研究者要组织开展当地小学生语文综合性学习能力和对当地优秀传统文化现状的调查。我们采用问卷等方式达成调查的两个目标：一是全面调查了解崇州市小学生语文综合性学习能力现状，从中发现小学生语文综合性学习存在的主要问题；二是调查学校师生对崇州市优秀传统文化的了解现状，从中发现崇州市优秀传统文化与小学语文综合性学习的结合点。从调查报告中得知，崇州市小学语文综合性学习活动开展次数少，活动形式单调，且不成体系，教师缺乏有效的教学策略或一定的范式，师生对崇州的优秀传统文化也了解甚少。

（二）实践研究，建构体系

本研究根据学生的年龄特点，在实践中需要先确定低中高段学生的不同学习目标。小学低年级以培养学生对优秀传统文化的亲近感为目标，开展优秀传统文化启蒙教育，强调情感体验，便于学生理解与接受。小学中高年级以提高学生对优秀传统文化的感受力与创新力为目标，强调探究体验，感受理解。为此，我们充分挖掘崇州地方文化资源，确立独立、丰富、开放的内容框架，设计了"崇州名人""崇州非遗""崇州地名""童谣古诗词""崇州民俗""崇州建筑文化"六大主题文化模块。然后，确定六所学校围绕六大版块各选其中一个版块，结合学生所具有的小学语文综合性学习能力，设定低中高三个学段不同的学习目标和内容：低段重在"读—写—演—画"中学习与亲近在地文化；中段重在"查找资料—整理信息—合作探究—成果展示"中挖掘与理解在地文化；高段重在"设计方案—实施方案—撰写报告—创意表达"中传承与创新在地文化。三个学段的学习方式各有侧重，相互关联，能力提升呈螺旋式上升。三个学段在活动的设计上都注重体验、感受、探究，从而形成了小学阶段利用在地文化构建语文综合性学习课程体系。师生通过校内、校外，家庭、社会等多种途径亲身实践，获得感受和体验。让师生从对活动的感受、经历、观察和反思中进行调查、思考、分析、总结，提升学生的能力、丰富学生的经历与实践经验。

（三）反思总结，促进提高

通过反思总结可以提高实践的有效性。因本课程的构建取向是"创生取向"，即课程实施需要有具体的教育情境，师生都是课程的建构者。因本课程没有现成的模式，需要在构建过程中进行反复调整，反思总结是确保课程实施有成效的最佳方式。"创生取向"强调课程的实施不是单向的传递、接受，而是双向的互动与改变，是动态协调的过程，也是创造的过程，更是师生共同成长的过程。基于在地文化构建的语文综合学习课程在实践中，不断反思—总结—提升，以适应教学的实际情境。事实上，所有的课程在实施过程中，都必须对创设的教学情境进行调整，才能达到期望的教学效果，才能达到预定的课程目标。唯有如此，才能使学生的语文综合性学习获得最大的效能。

四、推进区域探索

基于在地文化构建的语文综合性学习课程，如果仅仅只在一个班、一所学校实施，那么是无法在区域内构建"学校—家庭—社区"学习共同体，也是无法实现习近平总书记提出的"文化自信"的。因此，只有在区域推广，才能让在地文化广为人知，实现有效传承，并随着时代发展而创新。区域推广的方式很多，本课程推广充分发挥教培中心的引领作用，采用自上而下的方式进行推广。

（一）组织架构

完善的组织架构可以保证基于在地文化构建的语文综合性学习课程的研究与顺利推进。本研究由崇州市教培中心领衔，在城区六所学校确立了六个研究点，每个研究点确定一名负责人及多名主研人员，形成了"教培中心—学校—参研教师"的有效课程研究组织架构。这种自上而下的组织架构保证了研究的有序进行。各学校在此基础上，结合学校实际，形成了"学校负责人—年段负责人—参研教师和家长"的二级组织架构，这样就保证了研究的落地落实。

在研究中，教培中心学科教研员作为该项研究的引领者，需要做好该研究的总体设计。比如，如何以在地文化为载体构建语文综合性学习课程，在地文化与语文综合性学习的结合点在哪里？以何种方式开展研究，等等。在由教培中心学科教研员和各个研究点负责人组成的研究团队的共同讨论下，形成了由崇州市教培中心小学语文科牵头，六所学校分项研究的思路。对研究内容也作了阶段划分，第一阶段为准备阶段，通过问卷调查，分析学生对在地文化的了解情况，以及学生所具有的语文综合性学习能力水平；通过文献检索查找相关资料，结合实际情况设计研究框架，撰写研究方案。第二阶段为研究初期，找寻在地文化与语文综合性学习的结合点；小学生语文综合性学习活动的设计与实施的课例研究。第三阶段为全面研究，提炼在地文化与语文综合性学习有效结合的教学策略；基于在地文化构建语文综合性学习课程体系。

（二）分层实施

每所研究学校在利用在地文化开展语文综合性学习中，根据学校自身的特点，选择了不同的载体进行研究：学府小学研究民俗文化，蜀南小学研究童谣古诗词，辰居小学研究古建筑文化，七一实验小学研究崇州名人文化，第二实验小学研究崇州"非遗"文化，第三实验小学研究崇州地名文化。这六所学校在总研究组的引领和指导下，师生通过查阅文献、实地考察、归类整理等方法，挖掘出在地文化中的相关优秀传统文化。师生多次走出校园，走进社区，构建了"家—校—社区"育人共同体。通过近五年的研究，研究组取得了丰硕的成果：构建了基于在地文化的语文综合性学习课程体系、基于在地文化构建语文综合性学习课程的课程开发途径、语文综合性学习课程活动的三种类型和小学语文综合性学习课程活动策略。

（三）区域推广

研究成果如果仅限于参研学校的知晓与应用，就没有实现研究效益的最大化。将研究成果在区域推广，可以让区域内的师生广泛了解在地文化，提高他们的语文综合性学习能力。本课程以教培中心为龙头，联片研究为基本依托，带动学校的校本研究，发展区域的辐射研究。课程的推广由崇州市教培中心设计整体推广方案，六所参研学校为六个学区推广的基地校，形成联片研究推广网格，以点带面展开实施，带动学区内所有学校的研究。在该课程的推广实践过程中，形成了"三位一体"的区域推广模式和"三步"推广策略。

教培中心组织区域内学校通过讲座、课例研讨学习并解读本课程，理解课程内涵，明白课程研究的意义，掌握课程的实施方式，为各学校下一步的实践储备了相关理论。

区域内的学校在充分解读课程的基础上，积极运用成果进行课程实践。在地文化内容非常丰富且覆盖到区域的各个地方，六所参研学校仅仅研究了其中的一小部分。因此，各学校可以根据所处位置内的在地文化，选择适合的版块作为载体进行语文综合性学习实践。如道明学校所处的位置是国家级"非遗""道明竹编"所在地，怀远小学所处的位置是四川省级"非遗""怀远三绝"所在地，街子学校所处的位置是"一瓢诗人唐求"的故居所在地，羊马学校所处的位置是曾经的"广教书院"所在地等。三十多所学校三十多种选择，最大限度地挖掘了在地文化，让在地文化从学校到家庭到社区，得以最大化地传承与创新。在运用实践成果的过程中，教师对语文教学内容的关注也由只关注书本教材向关注教材与生活的结合转变，教师的教学方式也由传统的讲授式向以组织学生学习活动为主的方式转变。

在该课程的区域推广过程中，各学校在实践研究中形成了各自的校本教材，组织开展了不同的语文综合性学习活动，丰富了基于在地文化构建的语文综合学习课程内容，拓展了课程实施方式，完善了课程评价体系。此课程与学生的成长密切相关，教学方式也激发了学生的好奇心和探究欲。此课程的实施将零散的语文知识有机地联系起来，学生的语文能力也在知识的迁移运用中得以提升。在实践中，学生的学习结果也实现了可视化，如学生撰写的活动方案、调查报告、学习小报等。本课程在推广过程中形成了"解读课程—运用实践—成果拓展"的三步推广策略。

第三章

基于在地文化的语文综合性学习课程构建

第一节　走向综合与实践的课程样态

一、课程指导思想体现"两落实＋两落地＋一传承"

课程的指导思想是课程的灵魂和内核，它决定了课程培养什么样的人，怎样培养人。因此本课程的指导思想必须契合国家人才培养目标，符合国家人才培养要求，实现"两落实＋两落地＋一传承"。

（一）"两落实"

"两落实"：一是落实习近平总书记关于文化自信的重要讲话精神，二是落实教育部关于"传统文化进校园"的总体要求，推进传统文化进校园的课程开发建设。

每个民族都有其独特的文化与精神，文化自信是一个民族对自身理想与价值的高度肯定，是一个民族的底气。习近平总书记强调文化自信是更基础、更广泛和更深厚的自信。2022版语文课程标准也将"文化自信"纳入学生核心素养内容中，强调将其渗透于整个教学环节。优秀传统文化与教育体系相结合，培养学生的文化自信，这实则是帮助学生立根、铸魂、修养心性。因此，本课程就是要体现落实文化自信的指导思想，响应党的号召，弘扬中华优秀传统文化。本课程聚焦故乡，立足崇州，传承崇州的优秀传统文化，让学生了解崇州"非遗"文化、名人文化、古建筑文化、民俗文化、古诗词与童谣文化和地名文化等身边文化，激发学生对崇州优秀传统文化的热爱，进而发挥自己的主观能动性，向身边的人讲述崇州的故事，弘扬崇州优秀传统文化，逐步增强自己的文化自信，从而逐步落实习近平总书记关于文化自信的重要讲话精神。

2017年，中共中央办公厅、国务院办公厅印发了《关于实施中华优秀传统文化传承发展工程的意见》指出，要把中华优秀传统文化贯彻国民教育始终，全方位融入思想道德教育、文化知识教育、社会实践教育各个环节，贯穿于启蒙教育、基础教育、职业教育、高等教育、继续教育各领域，构建全新的课程和教材体系。教育部近年来也大力提倡优秀传统文化进校园，不少师生通过学习汉字文化、诵读经典、参加"非遗"传承活动、场馆学习等实现对优秀传统文化的传承。本课程落实"传统文化进校园"总体要求的指导思想，建设立足于地方特色文化的语文综合性学习课程，激发师生对中华文化的自我认同与主观能动性。将崇州优秀传统文化融入语文课程，建立语文综合性学习课程，在学习语文的基础上，了解崇州优秀传统文化，加深对崇州优秀传统文化的理解，进而升华到自觉热爱和弘扬中华优秀传统文化。

（二）"两落地"

"两落地"：一是基于2022版语文课程的宏观目标，使总课程组研究的中观目标和各子课题的微观目标得以落地；二是通过师生共同研究使"语文核心素养"中的"文化自信"得以落地。

《语文课程标准》要求义务教育阶段的学生要"认识中华文化的丰厚博大，汲取智慧。关心社会文化生活，感受多样文化，吸取人类优秀文化的精华"。可见，弘扬中华民族优秀文化，是语文课程内容建设的基本要求和重要目标。本课程将地方优秀传统文化作为载体，是语文课程内容的补充和延伸，有助于学生了解家乡传统文化。在了解地方传统文化的同时，学生也能够再次回到书本中，从历史名人、汉字文明、著作典籍中学到知识，加深对传统文化的认知，激发起对语文学科和中华优秀传统文化的兴趣。基于此，课程标准的宏观目标、本课程的目标得以落地。

本课程使得"语文核心素养"中的"文化自信"得以落地。本课程遵循培养学生的语文核心素养，聚焦于文化自信，将视角放在自己的故乡——崇州，深入了解崇州传统文化，多维度、多形式展开研究与讨论，了解其背后的故事，将其梳理整合，进行学习和宣传，不仅能让教师、学生、家长提高对家乡的认识，而且能让更多的崇州人进一步了解自己家乡的历史文化。让崇州人更爱家乡，更爱家乡的文化，更爱中国的优秀传统文化。

（三）"一传承"

"一传承"：通过本课程研究，崇州的地方优秀传统文化得以传承。许多美好而富有人文气息的东西都在逐渐淡化，许多老祖宗留下的技艺和文明也逐步淡化于后世人的生活中，如"非遗"文化的传承、即将消失的童谣诗词、地方民俗民风等。本课程立足地方传统文化，让学生探索自己身边的文化故事，感受到文化的力量与趣味，感受到老祖宗生活的轨迹，感受到历史文化的魅力，感受到人文气息。学生在了解地方文化的过程中，提升了自己的语文审美能力，提高了自己的语文核心素养，传承了当地优秀文化，增强了对家乡的热爱，更增强了自身的文化自信。这是中华优秀传统文化的价值，而地方优秀传统文化正是中华优秀传统文化的重要组成。

二、课程性质体现"三性"

基于在地文化构建的小学语文综合性学习课程体现了"三性"，即语文性、综合性、实践性。语文性是小学语文综合性学习活动的根本，本课程必须坚持以"语文"为出发点和落脚点。综合性体现在本课程中学习方式、学习资源、学习场所、学习能力等一系列的综合运用与提升上。实践性是指在本课程中，强调实践活动的开展即重视以学生为主体的问题研究和实证调查，强调语文知识学习与亲身实践的整合，强调学科内外多种实践方式的整合，强调拓宽课程实践活动的空间地理范围。

（一）语文性

语文性是本课程与其他综合实践活动课的本质区别，本课程重在对学生进行在地文化的人文熏陶，重在学生语文要素的习得与语文能力的提升。在设计和实施活动课程时，要从语文学习和语文学科核心素养提升的角度出发，制定课程目标、确定教学内容、设计教师和学生的活动、实施课程评价。

第一，在地文化的特性具有语文性，可以作为语文课程资源。小学语文综合性学习课程本质是选取在地文化中的优质部分与小学语文综合性学习板块融合在一起，作为小学语文综合性学习课程内容。按照不同的教学目标或主题择优选取不同表现形态的在地文化材料，包括本地历史文人的相关生平与史料、有地域代表性的名胜和古建筑、文博场馆、地方美食、文人诗词、传统节日仪式与民俗活动、"非遗"技艺、广为传唱的儿歌童谣等作为课程的活动材料来组织教学。以在地文化为核心材料，通过设计具有内在连续性的活动，让学生在探究中促进知识与技能的习得、形成完整的地域文化认知与情感渗透。

第二，语文性还体现在课程活动的开展要以学生在语文学习中习得的听说读写等语言技能为基础。学生在学习本课程中，经历了诗歌朗诵、童谣传唱、组织汇报、讲解文化知识、做小书签、撰写推介词、设计导览图、设计 Logo 和吉祥物、撰写活动方案与总结、设计调查问卷、人物采访、实地调查、收集整理信息、汇报调查结果、拍摄最美古建筑、与文化有关的歌舞表演、亲身体验农耕文化等系列活动。这些活动充分调动了学生的眼、耳、口、手、脑，使其沟通交往能力、表达能力、思维能力、组织能力、动手能力等都得到很好的锻炼与提升。

（二）综合性

语文综合性学习是语文课程中一种相对独立的教学形态，语文综合性学习最突出的特点是综合性。综合性指学生在学习在地文化的过程中，会综合运用语文知识和语文技能，还会将语文学科与其他学科相融合，从而提升语文综合学习能力。

1. 语文知识的综合

教师指导学生开展语文综合性学习活动的过程中，要涉及语文知识的综合运用、语文能力的整体发展以及语文素养的全面提高。因为本课程不只是简单涉及语文学科常见的阅读、写作、口语交际等内容，还需要调动学生的语言思维、人际交往、组织协调、信息处理的能力，并注重学生整体语文素养的发展，就提升了学生综合运用语文知识进行主题实践活动的能力。

2. 语文学科与其他学科的综合

综合性不仅是语文学科内知识的综合，还体现在跨学科的知识综合。本课程中学习材料的来源以及各类活动的完成，需要调动学生已有的本课程不仅要求学生数学、科学、美术、音乐等学科的知识与技能。学生在课程活动的实践中，自然会应用到语文及其他学科学习中解决问题的策略。多学科知识的应用，又能促进建设看房儿有活力的语文综合性学习活动课程。

课程活动中学生综合运用多个学科的知识与技能，提升语文学科自身素养技能统整与其他领域课程的多元统整功能，把在语文和其他学科学习中思考及解决问题的策略应用于课程活动实践的主题探究中去。培养小学生语文综合性学习能力，倡导自主、合作、探究的学习方式，唤起学生身上关于其他学科的已有知识和技能，努力建设开放而有活力的语文综合性学习活动课程。

在语文综合性学习活动中，学生可以采用多种多样的学习方式。学生可以通过自主调查、讨论、小组汇报、展示报告等多种方式展开学习，多种学习方法融会贯通。这种融会贯通更能培养学生形成整体式思维方式。在充分发挥语文学科主体育人功能的同时，构建学科融合式的综合性学习活动，形成"语文＋学科"的活动形态。

3. 语文与生活的综合

综合性课程的开展融合了多方面的资源，与学生生活的联系十分密切。本课程涉及的知识涵盖了学校、家庭、社区、人文环境乃至自然界及社会生活的各个领域。当语文与生活融合后，在语文综合性学习活动中，学生将直接体验更多真实的生活场景，以多样的方式去开展特定的主题实践活动，最终达成课程活动的目标。

（三）实践性

语文综合性学习的过程是一个实践的过程，它的课程来源于学生的现实生活和社会实践，它的开展要求学生积极参与到各项活动中去。本课程中的实践性是指从在地文化出发，发现现实中的具体问题，通过实践进行持续性探究，掌握并运用语文综合性学习方法去解决问题，以此培养学生语文综合性学习能力，促进学生语文核心素养的养成。课程的实践性强调学生在各类主题的"动手、动口、动脑"实践活动中对在地文化先了解，再内化育，然后继承，最终走向创新。

从实践的过程来看，本课程不仅要求学生要调动语文知识与技能去学习与本地传统文化相关的图文资料，还要求学生通过观察、调查、访问、体验等实践活动亲身去感知本土文化的魅力，从而提高学生运用语文知识解决问题的能力。从实践的方式来看，本课程的开展，学生可以根据自身实际和学习内容与主题自主选择适宜的学习方式，既可以是自主探究，也可以是合作交流。从实践的手段来看，本课程可以让学生走进现实世界进行考察、调查、访问，也可以借助现代信息技术，让学生借助网络查找资料、观看视频材料，以补充相关已经遗失或不便直接体验的知识。

三、课程理念体现"生活＋文化＋能力"

课程理念是人们对教学活动的看法和持有的基本态度、观念。基于在地文化构建的小学语文综合性学习课程理念是指将学生生活融入语文课程，丰厚学生文化积累，培养学生语文综合性学习能力，提升学生语文核心素养，体现了"生活＋文化＋能力"。

（一）"生活"：创设"课堂＋"的立体空间学习情境

在学生的学习成长过程中，学校、家长、社区与教师一样扮演着举足轻重的角色，对学生产生重要影响，因此教师的工作不应只局限于学校和课堂，而应加强家校沟通与合作，让家长与学生一道参与活动，共同营造利于学生成长的氛围。本课程强调课堂与生活的融合，更大限度地采用生活资源，实现学校、家庭、社会资源与教育教学活动的有效整合利用，共同创设立体的、多维的学习情境，促进学生更好、更快成长与发展。在本课程的开展中，教师带领学生走出校园、走进社区，引导学生在真实的情景中去发现问题、分析问题、解决问题。这样就构建了家庭、学校、社区育人的共同体。

（二）"文化"：构建"语文+"的多学科融合学习

文化是人类在社会历史实践中创造出的物质财富与精神财富的总和，而地方优秀传统文化是其重要组成部分，将包括历史、民俗、自然、文学等地方优秀传统文化融入语文课程的学习在党中央倡导"学习强国""文化强国"的今天，势在必行。本课程以地方优秀传统文化为载体，以提高学生文化素养和语文综合性学习能力为目标，构建"语文+"的多学科融合学习。教师引导学生了解、学习地方优秀传统文化，丰厚了学生的文化储备，提高了学生的文化素养，培养了学生对地方优秀传统文化的热爱。本课程以培养学生语文综合性学习能力为主，以实现语文听说读写能力整体发展为目标，以"地方优秀传统文化"各系列为主题，以文化成为学习的核心，学生在"做"中学。在教学中，教师利用其他学科与基于地方优秀传统文化的小学语文综合学习课程的相关性进行综合教学，最大程度地拓宽学生的文化视野。

（三）"能力"：促进"学生+"的发展潜能

1. 基于学生的多元学习方式——综合素质提升。

学生是学习的主体，也是教学活动和教学过程中的主体。学生应具备能动性、自主性、创造性、独特性等主体性品质，教师应发挥学生的主观能动性和主动创造性。在教学活动和教学互动过程中，教师需充分培养和建构学生主体性作用和品质，充分开发学生潜能，充分发展学生个性。课程基于地方优秀传统文化，借助语文综合性学习，开发和采用符合学生学情的、以学生为中心的多元化学习方式，目的在于实现学生综合能力的发展。课程根据学生身心发展和课程本身的特点，激发学生的好奇心，鼓励学生质疑，培养学生的问题意识；激发学生的求知欲，鼓励学生持续探究，培养学生解决问题的能力；激发学生的团队意识，鼓励学生合作学习，培养学生的合作进取精神。在创新以问题为驱动的多元学习方式中，引入项目化学习、跨学科学习、主题学习理念，有助于培养学生主动探究、解决问题、团结合作、勇于创新的精神，也有助于提高学生的综合表达能力、人际交往能力、搜集处理信息能力、组织策划能力、创新实践能力等。

2. 基于学生与教师的课程建构——师生协同发展。

在师生关系中，教师应当作为学生学习和发展的促进者，这要求教师做到尊重和赞赏每一位学生，在每一位学生的成长和进步过程中起到帮助和引导作用；学生也不仅仅是学习的被动接受者，而是具备充分的主观能动性的学习主体，还是教师不断学习、不断发展和进步的促使者。教师与学生协同互助，进步进取，形成良性循环。因此，在课程设置中，教师和学生都是课程开发和实施的主体，师生共同建构语文综合性学习课程。在课程开发中，教师进行有效指导和评价，学生提供有益反馈，在双主体作用下最终课程得以建构和完善。

除了上述师生间角色的互为辅助与相互促进，更重要的是，课程结合过程性原则、多元性原则、反思性原则和激励性原则，设置并构建了基于地方优秀传统文化的小学语文综合性学习课程的评价体系，产生对课程、对学生、对教师、对家长、对社会的多维评价结论，在评价中促进师生的共同发展。教学评价对学生的学习动机和教师的教学行为具备很大的激励和督促作用，可以有效地推动学习。同时，教师评价也有利于有效地找出基于地方优秀传统文化的小学生语文综合性学习课程的优缺点，分析成因，并进行下一步诊断与修订。

基于在地文化构建的语文综合性学习课程不仅体现了与生活的融合，实现了对文化的传承与创新，更提升了学生的语文综合性学习能力。

第二节 从在地文化资源到课程资源的转化

一、在地文化资源

崇州市地处美丽富饶的川西平原，东距成都 37 公里。崇州市古称蜀州，其建制历史长达 2200 年，自古为繁荣富庶之地，有"蜀中之蜀""蜀门重镇"之称。

崇州市悠久的历史形成了多彩的人文景观，罨画池、州文庙、陆游祠、光严禅院等川西不可多得的历史胜迹积淀了丰厚的历史文化。下面着重介绍在崇州市（古称蜀州）行政区域内的具有本地区特色的传统文化内容，涵盖非物质文化遗产、历史古迹、历史名人、民间习俗、诗词童谣以及地名文化等。

（一）崇州非物质文化遗产

崇州非物质文化遗产精彩纷呈，众多的"非遗"资源向人们展示着传统文化那神秘而明丽的色彩。2011 年 6 月 1 日，《中华人民共和国非物质文化遗产法》正式施行后，崇州市严格按照"保护为主、抢救第一、合理利用、传承发展"的"非遗"保护原则，加大力度对全市的"非遗"资源进行挖掘整理、科学传承、合理发展。2012 年，位于怀远镇的成都市志辉藤器有限公司被四川省文化厅命名为首批"四川省藤编非物质文化遗产生产性保护示范基地"。2013 年，"元通清明春台会"列入崇州市"非遗"代表性保护名录。2014 年，道明竹编被国务院批准为第四批"国家级非物质文化遗产代表性项目"，实现了崇州市国家级"非遗"项目零的突破。截至 2023 年 12 月崇州市有国家级"非遗"代表性项目一项（道明竹编），省级"非遗"代表性项目五项（怀远藤编、怀远三绝制作技艺、街子汤长发麻饼制作技艺、"金鸡风筝"传统扎制技艺、崇阳大曲传统酿造技艺），崇州市级"非遗"代表性项目三项（天主堂鸡肉制作技艺、石观音板鸭制作技艺、元通清明春台会）；四川省级"非遗"代表传承人 6 名、成都市级"非遗"代表传承人 7 名。

本书中"地方非遗资源"指以学校所在区域——崇州为核心的"非遗"资源，涵盖着民间工艺、美食文化等已经被正式确认的国家级、省级和市级"非遗"，以"金鸡风筝"、道明竹编、怀远藤编为主。

（二）崇州古建筑文化

地方建筑文化与中国传统文化中的哲学文化、宗教文化、教育文化、文学艺术文化、史学文化、民俗文化、科学技术文化等一起构成了中国传统文化，它们环环相扣，相辅相成。每一栋古建筑的每一方寸都体现了中国传统文化中的各个方面，建筑以它默默无声、亘古不变、承载历史的"品德"屹立于中国大地上。

崇州是一座拥有 4300 多年文明的历史文化名城。20 世纪末发掘的紫竹古城遗址和双河古城遗址，不仅折射出远古崇州人类文明的曙光，而且成为中国长江上游文明起源中心成都宝墩文化的重要组成部分。崇州古时称蜀州，城区崇阳镇就是古蜀州的州城，具有位于天府之国腹心地带的优势，奠定了它从古至今不可动摇的"蜀中之蜀"地位。悠久的历史孕育了璀璨的文化。尤其是城区崇阳古镇那始建于唐、兴盛于宋的罨画池，被全国园林界公认为川西园林建筑艺术的传世精品；为纪念两任蜀州通判陆游而建的陆游祠，是全国唯一与绍兴沈园并重的陆游纪念专祠；正在逐步形成西部孔子文化中心的州文庙，是全省保护最完整、成都地区唯一的木结构文庙。这三座名胜毗邻而居，与城外的紫竹古城遗址和双河古城遗址交相辉映，齐享"国家级重点文物保护单位"殊荣。再加上城内展示川西明清建筑风格的清代爱国名将、陕甘总督、一等昭勇侯杨遇春宫保府，共同构成了崇州历史文化名城的基础核心。那些古风犹存的建筑里沉淀着崇州的文明，是一部研究崇州古建筑的活教材。

（三）崇州名人文化

地方名人资源是一地所特有的资源，具有历史的传统性和现实的影响力，体现了地方的软实力。地方名人资源具有稀缺性、宝贵性、独特性、多样性及可分享性等特点。

崇州自古以来人才辈出，常璩因著《华阳国志》被称为"中国地方志的初祖"，崇州是诗人唐求的故乡，也是杜甫、高适、裴迪、赵抃、陆游等写下不少诗篇歌咏之地。崇州是宋代医圣唐慎微的故里，唐慎微所著《证类本草》是李时珍的《本草纲目》成书的蓝本，比其早 500 年。

明清以降，崇州也涌现出许多仁人志士和英雄人物：有官封"一等昭勇侯"的陕甘总督、清代名将杨遇春，有鸦片战争抗英英雄王国英，有反袁护国先驱任重远，有保路风云豪杰孙泽沛，有红军首个战斗机驾驶员龙文光，有红岩英烈张露萍，有为中国航天事业奉献生命的试飞员刘永忠，有中国首个歼十女飞行员、革命烈士余旭。

本书中的地方名人主要指崇州籍名人和曾旅居崇州的名人。崇州籍的名人如东晋史学家常璩、晚唐"一瓢诗人"唐求、宋代医学家唐慎微、清代名将杨遇春、近代的爱国女英雄张露萍等。曾旅居崇州的名人如爱国诗人陆游等。在研究中主要是对这些名人在崇州的生活轨迹、历史故事、作品创作等进行研究。

（四）崇州民俗文化

民俗文化是指广大民众所创造、享用和传承的生活文化，包括：物质生产民俗、岁时节日民俗、人生仪礼、民间信仰、民间科学技术、民间游戏娱乐等。民俗文化是人民大众在长期的社会实践中创造出来的一种生活文化，其内容体现了当地民众的睿智，具有趣味性。

崇州有着丰富的地方民俗文化，主要包括地方农耕文化（"元通清明会"）、美食文化（地方小吃）、戏剧文化（川剧）等民间习俗。本书主要研究农耕文化——"元通清明会"，让学生从视觉、知觉上贴近民俗文化，感受民俗文化。

"元通清明会"作为"川西三大盛会"之一，始于何时没有具体记载，据推测最初的名字"劝农大会"出现在清朝康熙年间。当时的四川劝业道周孝怀关心政务，将二月的花会更名为劝业会，以发展经济产业。尽管名字叫劝农大会、劝业大会，但依然是那些传统的劝人向善的节目，主线是"城隍出巡"。别处的清明都会对亡者进行追思，缘何这小小的"元通清明会"却这样的热闹？有人从积极的意义来解读：清明到了，意味着春天的到来，百花将要盛开，田野的农事将要大规模开展，辛勤的元通人会在这时集中展销各种农具和种子，利于农事；相对于上坟，元通人认为这样更有积极的生产意义，便将上坟祭祖这样的事移到了冬天的春节期间。这样，"元通清明会"就在人们的欢乐气息中流转了数百个春秋。在这样盛大的民间节庆上，除了城隍出巡、戏曲杂耍表演之外，更为主要的是农业生产工具的展销，人们在这里采购工具，准备当年的耕作与收获。

"元通清明会"号称"川西第一清明会"，包括"酬神、备耕、娱乐"三个部分。酬神是指祈福祭祀，主要是兔灯祈福巡游活动；备耕主要是农产品物资交流会，包括农耕用品、生活用品的采买；娱乐部分除了传统川剧表演和赏花雀鸟会外，还包括一些民间自发组织的娱乐活动。2018年，"元通清明会"被列入四川省级非物质文化遗产项目，以提升非物质文化遗产资源的文化价值，进一步传承民间节庆、弘扬传统文化，积极推动历史文化遗产的原生态保护和创造性转化。

（五）崇州地方传统童谣和古诗词

古诗词是指四川省崇州市范围内的历代名人所作的古诗词及与崇州相关的古诗词，童谣是指民间口耳相传的摇篮曲、游戏歌、数数歌、问答歌、连锁调、拗口令、颠倒歌、字头歌和谜语歌等。

崇州作为历史文化名城，有关的诗人和诗文有很多，例如，爱国诗人陆游曾在崇州做通判期间作诗140多首；高适任蜀州刺史，在崇州作诗《人日寄杜二拾遗》；杜甫游历崇州，曾观看崇州羊马河造竹桥并作诗；宋诗开山鼻祖梅尧臣，曾在崇州写诗《蜀州海棠》；范成大游历蜀州作诗《游蜀西湖》；"胸有成竹"的文与可，曾游历崇州写诗；"唐宋八大家"之一欧阳修，曾作送别诗，送人到蜀州任职。

崇州还有很多散落在民间的朗朗上口、通俗易懂的童谣，这些童谣也传承着崇州地方文化。

童谣保留着最淳朴的崇州方言，如童谣"丁丁猫儿，红尾巴儿"里面的"丁丁猫儿"指的就是蜻蜓；童谣里有崇州的传统民俗，如"七月半烧袱子，八月中秋麻饼子"；童谣里有崇州的传统艺人，如"张打铁，李打铁，打把剪刀送姐姐"；童谣传承着有趣的传统游戏，如"一个毽儿，踢两半儿"；童谣里有崇州传统美食，如"推豆腐，赶晌午，娃娃不吃冷豆腐"……在这些丰富多彩的童谣里，我们还能看到祖辈劳动、生活的生动画面，收获农耕时代祖辈对物候的经验，感受代代传承的浓浓亲情。

（六）崇州地名文化

地名是人们为特定地域所约定的专有名词，承载着深厚的地域文化特征和历史内涵。地名不仅是一个地方的文字符号，也是一个地方的风貌特征与文化记忆。具有 2000 多年建城历史的崇州，存在着大量古地名和有着丰富文化内涵的老地名，以崇州而论，其先后有江原、汉原、晋原、唐隆、唐安、唐兴、蜀州、崇庆军、崇庆府、崇庆州、崇庆县之称，直至 1994 年撤销崇庆县设立为崇州市。这一系列区域建制的沿革，明显地打上了历史变迁的烙印。从这些地名所包含的历史文化内涵中，可以窥见中国社会的前进历程。崇州地名，或源于历史事件，如火烧营、三元街；或取自地理环境，如六顶山、三江口；或基于社会变革，如燎原乡、和平乡；或根据景物标志，如一把伞、鹤子岩；或曾因祠庙所在，如天庆街、八蜡巷；或出自古籍经典，如辰居路、道明场等。本课题研究组主要研究学校地处的朱氏街、附近的西江桥、著名的西江晚渡、道明镇的白塔湖和竹艺村等，研究内容包括地名的来历、变迁，以及所蕴含的重要历史、人文元素等。

二、课程资源

课程资源是学生学习、教师教学的内容载体，也是课程的重要组成部分。各学科应对课程资源有正确的理解、恰当的选择、合理的使用，才能发挥课程资源的教育功能。

广义的课程资源指能帮助实现课程目标的各种因素，狭义的课程资源则仅指形成教学内容的直接来源。课程资源可以综合理解为课程设计、课程实施和课程评价等整个课程教学过程中可利用的一切人力、物力以及自然资源的总和，包括教材、教师、学生、家长以及学校、家庭和社区中所有利于实现课程目标、促进教师专业成长和学生有个性的全面发展的各种资源。

（一）课程资源

"语文课程资源"则可以界定为在语文课程开发过程中一切可供利用的、有教育价值的、能够转化为语文课程、有利于实现语文教育目的或服务于语文课程的各种条件的总称。按照性质，可以将语文课程资源划分为自然性资源、社会性资源、人文性资源和网络性资源。

自然性资源指自然世界中的自然形态和人工形态。自然性资源可以让学生保持对自然世界的好奇，发展学生对科学技术的兴趣，让他们在了解和认识自然世界的过程中感到兴奋和满足，从而领略自然现象中的美妙。

社会性资源包括保存和展示人类文明成果的公共设施、人类活动的交往以及价值观念、风俗习惯等。地方传统文化课程大力挖掘地方建筑的文化资源，目的就在于让学生发现古建筑独特的魅力。因为建筑具有较强的民族性、时代性和教育意义，集建筑、雕塑、绘画、工艺和装饰于一体，有很高的艺术价值和地方文化底蕴。

人文性资源是指物质文化和精神文化。它负载着中华民族数千年的文化，蕴含着丰富的人文知识和光辉灿烂的人文精神。

网络资源对于延伸感官、提高教育教学效果有重要的作用，随着教育现代化进程的不断推进，网络资源将是最富有开发与利用前景的资源类型。

在地文化课程资源是指一定区域内、传承至今、各具特色、仍在发挥作用的文化传统资源，包括地方名人、地方古建筑、地方民俗文化、地方古诗词童谣、地名文化、"非遗"文化等。

（二）基于在地文化的语文课程资源特点

1. 丰富性。

在地文化语文课程资源因其历史悠久，各文化具有深厚的积淀，具有丰富性。如在地文化根据类别可分为地方名人、地方古建筑、地方民俗文化、地方古诗词童谣、地名文化、"非遗"文化等。而某一类在地文化的内涵也很丰富，如古建筑文化中的古窗、古塔、古桥、古门等。

2. 实践性。

在地文化语文课程资源存在于学生生活的周围，学生亲身可去观察、访问、触摸、感受。在这一过程中，学生将自主、合作、探究的学习方式和有意义的接受性学习结合起来，通过实践掌握知识，加强思维，形成能力，发展个性。

3. 学习性。

在在地文化语文课程资源的学习中，学生要充分调动已有的知识储备，对地方传统文化进行挖掘和传承。在此过程中，学生在教师的指导下对自己的知识进行有效的建构，学生从被动学习转换为在原有知识的基础上自主建构新知识的主动学习。

4. 开放性。

在地文化语文课程资源内容具有开放性，其不拘泥于教材，还包括教材外的在地文化课程资源。学习环境具有开放性，它不限于教室、学校，还延伸到了家庭、社区和社会。学习方式具有开放性，它不限于学生在教室里听教师讲，还需要学生，走出教室进行调查、访问等。

5. 时代性。

保护和传承民族文化的重要途径就是把优秀在地文化作为语文地方课程资源进行开发和利用。通过这种方式，培育学生的文化认同感和自信心，共同推动在地文化的传承与发展。与此同时，在地文化语文课程资源还要引导学生对在地文化进行创新性继承和发展。

基于在地文化语文课程资源丰富性、实践性、学习性、开放性、时代性特点，将其作为学生语文综合性学习的内容，当下对培养学生文化自信、实现五育并举具有重要的意义，是实现文化育人的重要途径。

三、在地文化资源转化为课程资源的途径

基于在地文化的小学语文综合性学习课程开发，是以在地传统文化为载体，以多种教学方式的整合来进行计划、组织、实施、评价、修订，最终达到小学语文综合性学习课程目标的整个过程。在地文化资源丰富，可以从不同的维度将丰富的在地文化资源开发成课程资源，以此充分发挥在地文化的教育价值。研究组主要从专家多元融合、场域立体融合、家校深度融合、类文化融合四个维度进行了课程资源开发。

（一）维度一：专家多元融合

课程开发专家资源包括文化传承人、文化研究者、博物馆讲解员等。将不同级别、不同领域的专家资源融合到小学语文综合性学习课程中，将专家请到学校或者带领学生前往相应场域，请专家对学生讲解崇州地方优秀传统文化，可以深化学生对地方优秀传统文化的认识。

在地文化代代相传，很多特有的文化都有特定的传承人。这些传承人对所传承的文化有非常深入的理解，并掌握与此文化相关的实践技能和技巧。如"非遗""金鸡风筝"传承人——盛阿姨，她不仅熟练掌握"金鸡风筝"的扎制技艺，还对"金鸡风筝"的传承情况很熟悉。研究组组织学生采访盛阿姨，了解"金鸡风筝"的渊源及典故，了解"金鸡风筝"工厂现在的发展状况，师生对"非遗""金鸡风筝"文化有了更深一步的认识。此外，研究组还聘请了对"非遗""金鸡风筝"有深入研究的学生家长到学校，为学生介绍"金鸡风筝"的历史、发展情况，为学生展示民俗表演——放飞风筝，学生真切地感受到"金鸡风筝"文化的丰富多样性，激发出对"非遗""金鸡风筝"文化的传承与热爱。"非遗""金鸡风筝"课程通过融合传承人的"非遗"资源，实现传统文化的传承。

第三实验小学研究组为了更全面了解崇州地名和广场名字的相关知识，邀请了特别嘉宾为学生讲解相关知识。如邀请崇州文人肖俊老师为学生做了关于崇州广场名及其故事的讲座，邀请崇州市教育局工会副主席杨尊德为学生做了一堂"探寻崇州广场　讲述红色故事"的地名文化讲座。专家的讲座激发了学生探索崇州地名文化的兴趣，以及学生热爱家乡的情怀，丰富了学生对崇州地名的了解。

辰居小学研究组和罨画池博物馆合作，定期邀请博物馆刘馆长为学生讲述罨画池内各处建筑的渊源及典故，丰富了师生对古建筑文化的认识与理解。

学府小学研究组为了让学生了解"元通清明会"以及农耕文化，聘请了相关专家为学生介绍"元通清明会"的历史、发展，为学生表演"元通清明会"中的民俗表演——打莲箫，让学生真切地感受到崇州民俗文化的丰富性，激发了学生对崇州地方民俗文化的传承兴趣与热爱之情。

七一实验小学研究组邀请对崇州名人了解颇深的优秀作家傅安明老师进行指导，为研究组师生介绍了崇州名人张露萍、杨遇春、常璩等名人的相关事迹，为研究组深入研究名人文化提供了丰富的资源。

（二）维度二：场域立体融合

场域资源包括社区、图书馆、博物馆和云端等，教师引导学生有机选择场域资源并进行融合。班级、学校、云端场域作为小学语文综合性学习活动的初级资源，可以进行小组建设、成员交流汇报、教师组织等活动；社区、图书馆、博物馆等作为小学语文综合性学习活动的高级资源，可以进行学习参观、实地考察、实践研究等活动。将这些多级场域立体融合，引导学生在不同情境下提升小学语文综合性学习能力。

2014年教育部正式提出"研学旅行"，将研究性学习与旅行体验相结合，学生有组织、有计划、有目的地集体参加校外实践。这就为小学语文综合性学习课程开发的场域立体融合提供了政策支撑。

"非遗""金鸡风筝"研究组组织学生参加羊马风筝节，学生带着自己制作的风筝来到风筝节现场，真切感受到了风筝节的热闹氛围，看到了各式各样的风筝，丰富了对风筝种类的认知。学生在己放飞风筝的过程中，了解到了风筝放飞的地理条件、天气因素、人为因素等。"非遗""金鸡风筝"研究组还走进了大邑县王泗学校参观，通过学习和交流，丰富了"非遗""金鸡风筝"课程开发的经验。在2020年，"非遗""金鸡风筝"研究组借助线上优势，整合云端多种"非遗"场域资源，指导教师和学生宅家进行"非遗""金鸡风筝"课程开发。

辰居小学研究组带领学生走进罨画池、街子字库塔等地，近距离地观察崇州古建筑，获得对崇州古建筑的原始感受。教师组织学生走进图书馆查阅资料、走进社区采访居民等获取有关崇州古建筑的文化信息。

七一实验小学研究组的教师和家长带领学生走进杨遇春、陆游等名人的栖居地，追寻其在崇州的生活轨迹并搜集相关的资料。

学府小学充分利用社区、云端等场域资源，分年段开展语文综合性学习。教师根据低段学生的特点，配合教材中的《端午粽》，讲解崇州人的端午习俗，讲解端午节的由来和意义；课堂上，学生拿起画笔画粽子，利用收集到的废旧材料做龙舟，用提前准备好的材料一起做香包。教师根据中段学生的特点，带领学生走出校园，搜集崇州人过端午的习俗。此时，学生的学习场域由课堂、学校走向社会。通过在不同场域中开展活动，学生对崇州人过端午节的习俗有了更多的认识和了解。

总课程研究组组织六所学校的研究团队走进罨画池开展成果推广活动，各研究团队充分利用罨画池的场域优势，向游人展示崇州优秀的传统文化，感受在地文化的魅力。

（三）维度三：家校深度融合

在课程开发中，充分发挥"家校育人共同体"的作用，将学校资源与家庭资源相融合，让家长也成为课程开发的参与者，充分发挥家长资源的作用。如在研究地方儿歌、童谣的过程中，童谣古诗词研究组教师组织学生开展传统儿歌、童谣的收集活动，让学生去采访家长，让家长带着学生去进行调查，将地方儿歌童谣收集起来，并将亲子共同创新童谣作为重要的课程资源。"非遗"风筝研究组在慧玩节组织开展风筝义卖活动，利用节假日进行风筝研学活动，让学生、教师、家长共同参与风筝课程。民俗文化研究组充分发挥家长的积极性，利用周末时间，组织部分家长、学生到元通古镇实地考察、走访老人；学校还聘请部分家长作为学校民俗课程的教师，为学生介绍"元通清明会"中的美食文化、农耕文化，并进行现场展示。名人文化研究组开展"探寻唐求足迹"的课外实践活动，家长和学生参观古迹、采访当地居民、分组讨论获得了许多关于唐求的故事，家长和学生也乐在其中。古建筑文化研究组在窗文化的研究中，让家长与一年级的学生共同走近中国古窗，共同制作小书签，在亲子活动中渗透建筑文化的传承与影响；在课本剧《游园·诗在窗前》中，邀请家长参与节目的编排表演，将节目推送到社区，有效地进行传统文化的宣传。

（四）维度四：类文化融合

各研究团队分类研究崇州地方优秀传统文化，在研究中对各类在地文化不仅纵向研究学习，还横向研究学习，从而形成类文化资源融合，打开了学生文化视野。如"非遗""金鸡风筝"研究组在带领学生研究"金鸡风筝"文化时，融合了山东潍坊风筝文化、国外风筝文化。此外，研究组教师为了激发学生对崇州金鸡风筝文化的兴趣，搜集了祖国各地的不同风筝文化习俗，通过图片、视频等方式，让学生对风筝文化产生了浓厚的兴趣。研究组教师在研究崇州"非遗""金鸡风筝"文化时，对风筝进行分类研究，如"非遗""金鸡风筝"的历史以及相关人物的故事、"非遗""金鸡风筝"的制作与传承、金鸡"非遗"风筝放飞等。这样分类研究，让学生对金鸡"非遗"风筝记忆深刻。民俗文化研究组为了激发学生对崇州地方民俗文化的兴趣，搜集了祖国各地的人们过清明会的不同习俗，通过图片、视频等方式，让学生感受到"元通清明会"的独特，对"元通清明会"产生浓厚的兴趣。地名文化研究组在研究崇州地名文化时，将崇州地名进行分类研究，如以人名命名的地名以及相关人物的故事、带有方位的地名、带有"街""巷"的地名等；这样分类研究，便于学生对地名记忆。古建筑文化研究组在探究崇州古塔的过程中，对中国古塔也进行了研究，了解了古塔的基本结构、分类及不同古塔的特点和功用，通过对比分析，学生对古塔的认识更加全面。名人文化研究组在研究崇州名人时，也对名人进行了归类、统整、运用和实践；对同一名人的研究除了关注其在崇州本地的成就，还关注他在其他地方时的成就，便于学生对该名人有一个全面的认识。

专家多元融合、场域立体融合、家校深度融合、类文化融合这四个维度在具体的实践中相互交叉，相互融合，共同促进。课程资源从这四个维度进行深度开发，有效地促进了崇州地方文化资源融入小学语文综合性学习课程中，有利于学生对在地文化的吸收与传承，有助于提高学生的语文综合性学习能力。

第三节　指向语文素养的课程目标

课程目标是课程实施的方向,基于在地文化的语文综合性学习课程目标指向文化传承、创新能力和语文综合性学习能力。

一、文化传承与创新目标

挖掘在地文化资源,深入了解在地文化内容;对在地文化进行甄别,识别优秀的在地文化内容;在理解在地文化的基础上主动传承文化,并对在地文化进行创新。

第一学段(一、二年级):认识在地文化,了解在地文化的相关内容,理解部分在地文化的由来与发展。通过诵读在地文化的相关诗词、文章等,参与和在地文化有关的语文综合性学习活动,体验在地文化的魅力,热爱在地文化。

第二学段(三、四年级):能通过多种方式挖掘在地文化,对所挖掘的在地文化进行甄别和选择。能深入了解在地文化背后的历史底蕴,能通过多种形式积极主动地宣传在地文化。

第三学段(五、六年级):具有对在地文化的认同感、归属感和自豪感,具有主动传承在地文化的意识,具有结合区域发展现状创新在地文化的意识。

二、语文综合性学习能力

语文综合性学习能力的培养是在学生参加语文综合性学习活动过程中,综合运用语文知识解决问题中达成的,具体包括搜集处理信息能力、组织策划能力、合作能力、语言表达能力和创新能力等。

(一)第一学段(一、二年级)

搜集处理信息能力:结合语文学习,观察事物,用口头或图文等方式表达自己的观察所得。

组织策划能力:能对活动提出自己的想法和建议。

合作能力:能在教师的指导下参加活动并在活动中学会合作,完成合作的要求。

语言表达能力:能在活动中产生交流的欲望,敢于发表自己的观点和想法。

(二)第二学段(三、四年级)

搜集处理信息能力:能根据学习和生活中的问题,有目的地搜集资料,并对资料进行归类整理。

组织策划能力:能根据活动主题,提出自己的策划建议,并能组织小组活动。

合作能力:能在合作中合理分工,明确职责并完成合作任务。

语言表达能力:能在活动中根据交流的对象和场合,做简单发言,清楚明白、有条理地表达自己的观点。

创新能力：能在活动中独立思考，提出自己的见解。

（三）第三学段（五、六年级）：

搜集处理信息能力：为解决与学习和生活相关的问题，能利用图书馆、网络等信息渠道获取资料，尝试撰写简单的调查报告。

组织策划能力：能根据活动主题策划简单的活动，写出活动策划书并参与组织，活动后撰写策划总结。

合作能力：能在自主探究的基础上选择合作伙伴组成同质或异质小组，并懂得如何与伙伴协同合作，展开探究活动。

语言表达能力：能在活动中对所研究的内容作清晰明了的阐述，对所研究的问题作有逻辑的讨论。

创新能力：能在活动中超越固有的认知方式，以带有鲜明个人特色的视角去认识事物。

 第四节　体现综合性的课程结构

课程的组织结构简称为课程结构，是一种人为结构，课程结构的设计着眼于人的发展，服务于人的发展。构建科学、合理的课程结构是课程体系以及培养新世纪人才的关键。基于在地文化构建语文综合性学习课程以调整知识结构为途径，促进学生对在地文化的传承与创新、提高学生语文综合性学习能力、整体提升学生语文综合素养。

一、"实质＋形式"的课程结构层次

基于在地文化构建语文综合性学习课程是在国家宏观育人目标的指导下，课标对语文学科具体要求下的微观层面课程结构。本课程结构重在探讨在地文化内部各知识的体系化组织及知识之间的关系。

本课程结构采用"实质＋形式"的构建方式，课程的"实质结构"指课程内部的实质性构成要素及其相互关系，决定着课程的价值取向和性质；课程的"形式结构"只决定课程的外部存在形式，是课程的躯壳，如课程的类别、比重。实质结构为崇州地方名人、崇州地方古诗词童谣、崇州地方民俗、崇州地方建筑文化、崇州地名文化、崇州地方"非遗"文化等构成要素及其所占比重，形式结构包括读本、活动设计方案、活动手册等课程形式。

二、"1+X"课程结构体系

课程由"实质＋形式"两个层次构成，实质是崇州地方优秀传统文化的统称；形式分别指向六类传统文化，从而构建了"1+X"课程结构体系，"1"指崇州在地文化的总体课程体系，"X"代表基于在地文化中六类优秀传统文化的小学语文综合性学习课程体系。

总课程结构体系图：总课程结构体系图是以六类崇州地方优秀传统文化内容为载体，以培养小学生语文综合性学习能力为目标。

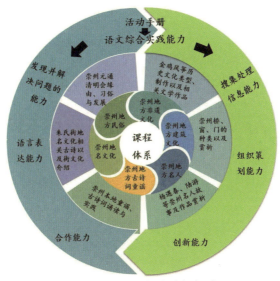

图 3-1　总课程结构体系框架图

三、课程结构体系构建原则

（一）发展性原则

发展性原则指课程结构要满足新世纪人才培养发展的需要，构建的课程体系必须以培养高素质创造性人才为根本目标，以师生双方协同理念来构建教学模式，以开放性、灵活性、现代性的理念来创设教学环境。

如地方民俗课题组带领学生以"元通清明会"开展主题式学习活动，通过撰写推介词，设计导览图、Logo 和吉祥物，到元通古镇参加"我是小导游"活动，到田间体验农耕文化，让学生对崇州优秀民俗文化有更深的理解和热爱，并能自觉传承和弘扬崇州优秀民俗文化，让学生在实践中自然地、综合地发展语文能力。

（二）动态性原则

课程结构是一个相对静止的动态体系，根据学科发展和人才培养的需要对课程结构进行适当调整和补充，使之更加完善，这就是动态性原则。

如研究组在对"古建筑——窗文化"的研究中，教师先组织一个小组作为先行者进行实地考察，请这个小组成员分享他们在实地考察过程中遇到的问题，如路线的规划、如何与被采访者进行更好的沟通等，再由全班共同来梳理解决问题的方案。通过让学生撰写相关的活动方案，促使学生对问题进行更加细致的思考。学生考虑得越细致，预设的问题越充分，解决问题的办法越多样。

（三）可操作性原则

可操作性原则指课程结构规范、有序、科学、可操作性强，易于实践与推广应用。因此，研究组要事先制订语文综合性学习活动方案，包括活动目的、活动背景、活动方式等。

四、"三种取向融合"的课程内容

课程内容指教育教学活动开设的学习领域和科目中特定的事实、观点、原理、问题，以及相互联系方式，表现为一定的知识、技能、思想、观点、信念、言语、行为和习惯的总和。在教育研究领域中，课程内容一般是以教学材料为载体，通过一定的教学活动使之逐步转化为学生的学习经验。基于在地文化构建的语文综合性学习课程的内容主要有"教材取向""学习活动取向"和"学习经验取向"三种。

本课程中的"教材取向"指通过反复研究崇州优秀地方传统文化，挖掘出其中所蕴含的优质教育资源和课程要素，选择出值得继承和发扬的文化内容，形成崇州市优秀地方文化读本。读本根据学生年段特点分低中高三个阶段，每个阶段都包含崇州地方名人、崇州地方古诗词与童谣、民俗、崇州地方建筑文化、崇州地名文化、崇州地方"非遗"文化六个板块。各内容板块所指向的能力培养是一致的，并且指向能力达成的程度是层层递进的。

本课程中的"学习活动取向"指课程实施以活动为主要方式，活动指向学生需要达成的综合实践能力，即发现并解决问题的能力、搜集处理信息能力、组织策划能力、合作能力、语言表达能力和创新能力。以活动手册为依托开展语文综合性实践活动，此活动手册包含读本内每个主题内容的综合实践活动设计。活动设计由活动背景、活动主题、活动目标、活动准备、活动过程、活动成果形式、活动总结以及活动注意事项等部分组成。各所学校根据所研究的内容板块以及学校教师的实际情况选择恰当的活动类型。

本课程中的"学习经验取向"是将学习者看作一个主动的参与者，为学生构建适合其能力和兴趣的各种场境，学生能在一次又一次的活动中积累学习经验，为后续的活动奠定能力、知识等方面的基础，使学生能参与到更复杂、更有难度的活动中。

本课程的课程内容综合考虑了读本、学习活动和学习经验三种取向。课程教学内容立足于读本，读本包含崇州地方优秀传统文化，并设计了学生活动手册，学生在活动中积累学习经验，提升语文能力。本课程以语文学科为本位，提倡学科整合，五育并举，提升学生的综合素养。

五、"活动"的课程类型

本课程类型主要为活动课程，是围绕学生的需要和兴趣、以活动为组织方式的课程形态，即以学生的主体性活动经验为中心组织的课程。活动课程以开发与培育主体内在的、内发的价值为目标，旨在培养具有丰富个性的主体。学生的兴趣、动机是活动课程的基本内容。

参考文献：

① 张华.课程与教学论［M］.上海：上海教育出版社，2000：244。

第四章

课程的实施
方式与评价

第一节　彰显实践性的实施方式

一、项目化实施方式

基于在地文化的小学语文综合性学习课程采用项目化学习的形式，包含五个维度：寻找明确的核心知识及目标、提炼统整的驱动性问题、设计有序的学习流程、开展持续的学习实践、进行全面的反思复盘。本课程旨在让学生经历真实的、具有高阶思维的学习实践，培养学生问题解决、批判思维、沟通与合作等语文综合性学习能力。

（一）寻找明确的核心知识及目标

项目化学习的设计不是从项目或活动出发，而是从期待学生理解和掌握核心知识出发，教师要借助课程标准，参考年段目标、学期目标，结合语文综合性学习需要培养学生的能力目标及相关的一系列知识和技能，以兼得知识与素养。明确了学科核心知识，项目就有了精确的学习目标，这是开展有效学习的重要保障。例如，三年级开展研究崇州诗人诗篇的综合性学习活动时，学生在观看了崇州宣传片之后提出了一系列问题：我们崇州历史悠久，在这片广袤的大地上，诞生过哪些诗人？有哪些有名的诗人到过崇州？他们写过哪些诗……从学生的问题中，可以看出他们想了解崇州诗人的迫切心情。而这一系列问题的研究正可以用项目化学习的方式进行。那核心目标如何确定？我们先来看课程标准关于综合性学习第二学段目标：能提出学习和生活中的问题，有目的地收集资料，共同讨论；结合语文学习，观察大自然，观察社会，用书面或口头方式表达自己的观察所得；能在教师指导下组织有趣味的语文活动，在活动中学习语文，学会合作；在家庭生活、学校生活中尝试用语文知识和能力解决简单问题。从中可以梳理出第二学段需要培养的综合性学习能力，即发现问题的能力，收集、处理信息的能力，自主、合作、探究，多渠道解决问题的能力。因此，我们可以确定本次语文综合性学习的核心目标：通过多种途径了解崇州诗人，培养学生收集整理资料能力、沟通交流能力及语言表达能力；通过小组合作初步学习策划、制订活动计划、实施方案、开展活动、展示成果，培养学生初步的策划能力及合作能力；在学习过程中，了解崇州的人文历史，增强热爱家乡的感情。

又如，五年级学生在开展语文综合性学习活动时，带着课堂上对风筝的感知走进"金鸡风筝"工厂，寻找自己曾经有过的风筝回忆。看到了工人们在如火如荼地扎制风筝，学生眼中充满了好奇。但通过与风筝传承人盛女士的交流，学生也知道了"金鸡风筝"工厂面临着很大的一个尴尬状况：原来金鸡有400多家工厂，现在仅仅留下了4家。甚至盛女士也在疑惑：究竟自己的风筝工厂该不该开下去？当盛女士给学生提出了这个问题之后，学生带着思考回到了学校，开展了辩论会，得出金鸡工厂应该开下去并进行宣传与传承的结论。从学生的回答中，可以看出他们作为金鸡人想保护金鸡"非遗"文化的迫切心情。而这一系列问题的研究也可以用项目化学习的方式进行。根据课程标准关于综合性学习的有关要求第三学段目标确定为：为解决与学习和生活相关的问题，利用图书馆、网络等信息渠道获取资料，尝试写简单的研究报告；策划简单的校园活动和社会活动，对所策划的主题进行讨论和分析，学写活动计划和活动总结；对自己身边的、大家共同关注的问题，或电视、电影中的故事和形象，组织讨论、专题演讲，学习辨别是非善恶；初步了解查找资料、运用资料的基本方法。从中可以梳理出第三学段需要培养的综合性学习能力：发现问题的能力；收集、处理信息的能力；自主、合作、探究，多渠道解决问题的能力，学习辨别是非善恶。因此，我们可以确定本次语文综合性学习的核心目标：提高收集资料、整理资料的能力，学生了解"金鸡风筝"的相关资料，发现"金鸡风筝"文化亟待解决的问题；培养探究的兴趣、团结协作的精神，学生通过自主、合作、探究，多渠道解决此前发现的问题；提升学生对地方传统文化的喜爱，培养理性看待事物的批判性精神，学生在辩论赛中通过口语表达将搜集到的资料普及出来，增强大家的文化意识，同时也学会用批判性的眼光看待问题。

（二）提炼统整的驱动性问题

项目化学习围绕一个待解决的核心问题展开，通过问题引发学生对概念的思考和探索。项目化学习所关注的核心知识意味着设计者要提出本质问题，而本质问题有时候比较抽象和庞大，特定年龄段的学生难以接受，所以教师将其转化为驱动性问题。驱动性问题具有真实性、挑战性、情境性、开放性的特点，能激发学生的学习兴趣，使其主动投入项目探索中。一个好的问题能够提供给学生一个广阔多角度的探索空间，它既能激发学生学习的内在动力，也能提纲挈领地指出学生持续思考自我探究的方向。在基于在地文化构建的语文综合性学习课程的项目化学习中，如何设计提炼驱动性问题呢？

1. 选择活动本质问题作为驱动性问题。

活动本质问题本身就是很合适的驱动性问题，会驱动学生思考。例如，学生到罨画池公园游览时，发现其中的亭台楼阁的窗户样式各不相同，学生会产生疑问：为什么罨画池公园里的窗户样式各不相同呢？古时候有哪些门窗种类呢？这些不同种类的门窗有什么讲究呢？从学生的现场观察经验入手，结合学校的相关活动，教师提炼出驱动性问题：学校将派出学生代表到罨画池公园做小小导游，该如何给游客介绍罨画池别具特色的门窗建筑文化呢？又如，教师组织学生在学校开展"非遗""金鸡风筝"义卖活动，但第一次义卖活动以失败告终。教师结合活动提炼出驱动性问题 我们该如何让"非遗""金鸡风筝"义卖活动进行得如火如荼呢？

2. 选择学生真实问题作为驱动性问题。

学生在学科中提出的真实问题是项目化学习的源泉，也是驱动性问题。在民俗文化项目学习中，教师组织学生观看了元通清明节的部分视频后，给每组学生发了一张问题征集表——

关于"元通清明会"的"十万个为什么"。征集表中的问题包括：我已经知道了什么？我还想知道什么？我想运用什么途径解决？学生对"元通清明会"提出了大量的问题，教师从中选择部分问题将其转化为驱动性问题。

又如，在风筝起飞设计项目学习中，教师播放学生第一次放风筝的视频，让学生讨论梳理在第一次放风筝中遇到的问题和解决问题的办法，并要求每组填写问题解决单，教师从学生提出的大量问题中选择关键问题并转化为驱动性问题。

3. 选择争论型问题作为驱动性问题。

争论型问题，顾名思义，就是会引起学生争议辩论的问题。这类问题没有固定的答案，而更考查学生论证的充分性，可以引发学生的研究兴趣，并将思维"桥接"到更具有深度和可迁移的概念上。在"做崇州经典传承人"项目学习中，活动前教师向学生提问：你知道有哪些崇州诗人？你知道哪些写崇州的古诗？你认为咱们崇州市民对这些诗人和古诗了解熟悉吗？学生由于在学习中接触过一些诗人与古诗，所以认为崇州市民应该对这些古诗及诗人有一定的了解，可是通过采访街道小区市民，才发现崇州市民对崇州诗人及古诗的了解甚少，大多数人完全不能张口，这一现象让学生惊讶。结合社区国庆庆祝活动，班级以此为主题推出项目，可提炼出本次项目化学习的驱动性问题：崇州诗人与诗歌知多少？

（三）设计有序的学习流程

项目化学习注重"做"中"学"，其实质是对核心知识概念的深度理解和迁移运用。项目程序较为复杂，有必要设计有序的学习流程，让学生必须参与到各个环节设计中来，成为真正的学习活动主体；教师由教学的主导者转变为学习的设计者和支持者，需要在一定程度上放弃对课堂的控制，更多时候是"在旁指导"。一般的学习流程包括以下几个内容。

第一，引入项目：通过真实或模拟真实情景，将学生带入项目，提出驱动性任务以引发学生的学习兴趣。这就相当于语文综合性学习活动中的活动引入课，以驱动性问题将学生带入真实的问题情境。

第二，建构知识与能力：将情境任务与学生的已知知识、经验形成关联，激发学生探究未知领域的核心知识以支撑目标任务的完成。这个过程，学生要经过头脑风暴，在小组内进行综合性学习活动方案的设计，完成方案设计后，采用多种学习实践，与组员在充分的合作交流中探究。

第三，形成初步成果：在做项目的过程中，深入理解和运用知识形成解决问题的路径并形成初步成果。根据前期的项目设计方案，小组在有效分工、合作的基础上，小组成员根据成果展示需要，在学校、家里或其他场合开展研究，在不断地解决问题中锻炼心智，提高素养，形成成果。

第四，评价和修改：通过学生自主评价、相互评价和外部介入评价等方式对初步成果进行完善。

第五，分享与反思：举办成果展示，让学生相互学习和借鉴，在获得成就感的基础上，展示实践过程和目标的达成度。

（四）开展持续的学习实践

如何使学生在项目化学习过程中始终保持探究的学习状态，开展真正的学习实践活动，经历真实的深度学习过程，是一个最为关键的问题。这个问题的解决，离不开教师切实有效的指导。

1. 实施引导。

项目化学习是持续时间较长的实践活动，其学习自主性和思维程度都比较高，这对学生的毅力、耐力、学习基础等都提出了较高的要求。因此，教师的悉心关注、耐心点拨、有效组织显得特别重要。在调查访问中，如何能获得更有效的信息？在需要团队合作时，如何进行有效的沟通？当停留在浅层研究时，例如，何引导学生进入更深层次的领域进行探究？这些都需要教师进行有效的引导。例如，在"走近崇州诗人"项目活动中，学生对于崇州市诗人资料的收集比较匮乏，研究组的教师建议学生采访一位对崇州诗人了解较多的校长。学生通过分工合作，进行了采访，不仅获得了丰厚的资料，而且锻炼了策划能力及与人交往的能力。又如，在"风筝义卖"项目活动中，学生对于义卖的流程不甚清楚，对于分工合作懵懵懂懂，研究组的教师组织学生观看义卖成功的视频和义卖失败的视频，学生通过观看对比，发现了问题，并想到了根据个人所长，分工组建小组的解决问题的办法。全班学生分为后勤保障部、宣传小分队、文娱小分队、绘画组、设计制作组、营销组等，学生通过分工合作，提高了解决问题的能力。

2. 提供支架。

在项目化学习活动中，学生遇到问题时，教师还应根据具体情境提供恰到好处的支架，帮助学生成功解决问题。教师可以根据实际情况提供以下类型的支架。

（1）思维支架。思维支架主要给学生提供思维方式，帮助学生像"专家一样思考"。教师具体可以根据示范、案例分析、与专业人士互动、指导等方式，为学生提供解决问题的思维方式。如，学生在收集到崇州诗人的古诗后，为了方便整理归类，教师可以教会学生用思维导图的形式将诗人、古诗进行分类，这样条理更加清晰。又如，学生收集放飞风筝需要考虑的因素时，教师可以教会学生用手抄报的形式将天气、环境等因素进行分类。

（2）文化支架。为了增强小组的凝聚力，营造乐于探究的学习文化环境，教师可以在活动前开展破冰活动、游戏，制订班级公约等活动，建立起尊重、开放、多元的文化氛围。

（3）任务支架。为了使学生更好地完成项目，教师也可以将总的项目分解为若干个子项目，从而帮助学生小步子逐步迈向项目目标，最终完成项目的学习。如，学生需要撰写一份关于崇州名人的调查报告，要完成这份调查报告，就需要他们采用多种调查方式：查阅资料、采访他人、实地考察等。这时，教师可以给学生提供或者指导学生制作各种类型的记录表，以帮助他们最终完成调查报告的任务。

（4）资源支架。在项目化学习过程中，学生需要相关的数据、内容等作为解决项目问题的认知资源，并以此为基础，为项目问题提供解决方案。如，学生在研究崇州的历史及崇州名人时，通过网络搜索或者现场考察等收获甚少时，教师可以和学生一起到图书馆或书店等查看，将有用书籍等资料推荐给学生。又如，学生在研究"金鸡风筝"今后如何发展时，教师可以给学生提供借鉴的方向，到网络上搜索国外风筝的现状，以及潍坊风筝的起源和发展，给学生提供多维度的解决方案。

当然，支架的设计不必面面俱到，要根据具体情景、学生学情以及与核心概念的关联程度，适时适地为学生提供支架。

3. 指导实践。

此外，将概念转化为持续的学习实践也至关重要。在"风筝工厂该不该继续开下去"的项目活动中，在这场辩论赛的引导之下，教师发起第四个序列活动——"我为'金鸡风筝'共谋划"。这个活动又细化为三个小活动：第一个小活动是为"金鸡风筝"写倡议书，呼吁更多的人来保护"金鸡风筝"，传承"非遗"文化；第二个小活动是学制"金鸡风筝"，写下自己的制作心得；第三个小活动是给市长叔叔写一封信，希望从政府层面加大力度宣传"金鸡风筝"，让更多的人承担起传承"非遗"的责任。这就是真正地将概念转化为持续的学习实践。

（五）进行全面的反思复盘

所谓复盘，指项目或活动结束后，对项目进行回顾，对经验和教训及时总结。在项目化学习结束后，教师和学生都应该对整个项目实施的过程进行反思复盘。学生层面，可以从项目实施过程中操作研究的有效方面、效果不佳的方面、试错反思以及改进措施等方面进行复盘，总结得失的过程也是自我提升的过程，也为下一次的项目化学习奠定基础。研究团队教师则要从项目的每个环节：核心知识及目标的确定、驱动性问题的设计、学习方案的设计、实施流程的支持、活动成果展示等方面进行反思，对于实施过程中临时改变的内容进行补充，对于有效性不强的环节进行商讨，以便对项目进行完善或迭代。

例如，研究组一位教师在开展"探索蜀州八景"项目化学习活动成果展示中，通过活动展示及教师对整个项目活动的介绍，研究组的教师们提出了两个建议。第一个建议是教师给学生提供支架的时机太早。在活动一开始，由于教师担心学生找不到蜀州八景的原址，因此将自己提前收集整理的资料介绍给学生，这样学生就失去了探究的机会。去寻找蜀州八景原址的过程可以是本次活动的一个重点。学生可以通过多种途径去寻求蛛丝马迹，就算把地点找错，也是一个很好的试错经历，他们在寻找的过程中不但培养了解决问题的能力，而且加深了对古诗的理解及家国情怀的体验。第二个建议是评价的形式可以多样。可以从各组中选择一名组员代表组成评估团，在各组成果展示的时候，评估团的成员根据评价量规进行评价，在每组展示结束后，评估团及时进行点评。还可以把家长请进成果展示活动现场参与评价。最后，教师组织学生总结本次活动的得失。

又如，研究组一位教师在开展"风筝起飞计"的项目化学习成果展示活动后，及时反思：在活动一开始，教师因担心学生不能很好地抓住核心问题，在学生回答问题时教师自己将问题抛出来了，使学生失去了探究的机会。对于学生能够梳理出制作风筝和放飞风筝过程中遇到的问题，可以列为本次活动的重点，学生在发现问题的过程中，既能培养解决问题的能力，也能加深对风筝的了解及体验。所以，通过对活动的复盘，无论是教师教学还是学生学习能力都能得到较大的提升。

二、主题式实施策略

在基于在地文化的语文综合性课程中，主题式活动方式可以加速学生对新知识的内化，以达到长期记忆的目的。采用主题式教学方式不仅能够发挥地域文化的育人作用，更能提高学生的语文素养和自主学习能力，发展学生的综合能力。

（一）确定主题

崇州具有 2000 多年的建城历史，有种类繁多、内涵丰富的地域文化资源。经课题研究组的搜集和研究，确定了本课题要研究的六大主题："非遗"文化——"金鸡风筝"文化的研究、古建筑文化的研究、名人文化的研究、地名文化的研究、民俗文化的研究、地方童谣与古诗词的研究。每个大主题下进行了细致的梳理与分类，确定了若干子主题、小主题。

例如，地名文化研究小组围绕"地名文化"这一大主题，从崇州地方志等资料中去系统地了解崇州的地名文化，并进行梳理，确定了研究的子主题：朱氏街地名文化、走进道明、崇州广场等。子主题一般可以围绕大主题细化出多个并列式的主题，也可以是依据大主题层层深入，开发出多个递进式的主题，如：研究小组在筛选出广场地名文化这个主题之后，深入挖掘崇州的广场地名文化，选择了广场地名的来历、广场的相关名人、广场相关诗词、广场的作用等几个小主题进行研究活动，让学生从横向了解广场的一系列相关文化。

地方民俗文化研究小组围绕"地方优秀民俗文化"这一大主题，通过走访、查阅资料，了解到具有崇州地域特色的民俗文化："元通清明会"、怀远百花会、羊马春台会、街子庙会等。研究组对这些民俗文化进行梳理，最终确定了最具崇州特色、最有影响力的民俗文化——"元通清明会"为主题。根据这一主题，细化出多个小主题，如："元通清明会"的历史、"元通清明会"的规模、"元通清明会"的发展，等等。

地方建筑文化研究小组围绕"地方建筑文化"这一大主题，细化出多个并列式的子主题：关于建筑细节（包括形状各不相同、纹饰风格迥异的各种"窗"和各式各样的"门"等）的子主题，如低段"童眼赏窗"、高段"错落在年岁里的窗"等；关于建筑的类别的子主题，如庙、塔、桥、祠等。研究不同类别的建筑功能与社会价值，如"探秘崇州古塔"的课程主题，围绕主题设置了三个递进式的子主题，分别是：漫步家乡，识古塔；漫步家乡，寻古塔；漫步家乡，话古塔。通过三个子主题的研究，让学生多角度了解崇州的古塔，深入学习古塔这种建筑背后的历史文化知识，激发学生对家乡历史文化的热爱之情，培养学生的综合性学习能力。

（二）活动实施

一般来说，主题式活动方式下的语文综合性课程的实施策略包括以下四个环节。

1. 认识主题，查找资料。

在活动实施的前期，教师要引导学生认识主题，明确活动目的及研究对象，初步认识活动的基本情况，为后期学习进行铺垫。学生认识了要研究的主题，教师还要对学生进行分组，确定任务，然后让学生查找资料。如地方建筑文化研究组的教师在开展教学活动之前，先进行了有关"古塔"的文献阅读，后进行实地考察，在充分了解此种古建筑后开始设计教学。在"漫步家乡，识古塔"这一子主题的学习活动中，教师先引导学生了解了活动的主题，认识了崇州的三座古塔，激发了学生的学习兴趣；后对班级学生进行了分组，明确本次活动的查找对象，确定了每一个小组的查找任务，初步制订了活动计划；每个小组再按照调查任务，通过各种途径收集资料。

地名文化研究小组的教师们在带领学生对地名进行研究时，首先，引导学生了解要研究的主题"走进道明"，道明镇有很多值得研究的地名，如白塔湖风景区、竹艺村、娘娘岗、重庆路、长马沟、血塘沟、樱桃沟等有特色的地名。其次，为了让学生对主题有深入的认识，教师让学生有目的地去查找资料。最后，教师引导学生搜集相关地名的来历，与地名相关的名人、诗词文化、传说故事等。学生有了方向，对主题的广度有了一定的了解，搜集的资料会更丰富。

2. 梳理资料，分类加工。

做好前期工作后，教师就可以适时开展交流汇报互动，让学生围绕研究主题，以小组为单位展开调查，学生针对选择的研究点，综合运用多种调查方法收集资料。在进行实践活动的过程中，教师要提出针对性的指导意见，与学生一起解决在活动过程中遇到的问题，激发学生的探究兴趣，保证学生顺利完成学习任务，以增强学生的自信心。资料收集完毕后，教师指导学生进行资料的整理，分类加工，选择成果的呈现方式，为后期展示交流活动做准备。

地方建筑文化研究组在开展以"探寻崇州古桥"为题的综合性学习活动时，设计了为名"学习提取、整理信息——崇州古桥之旅"的推进活动。课前，学生已经对崇州古桥进行了走访、调查和资料的搜集，学生收集的资料内容丰富，但课堂上的介绍缺乏条理，语言也不简洁。针对这些问题，教师顺势引导，教给学生提取、整理资料的方法，提升了学生语文综合性学习能力。地名文化研究小组在开展"走进道明"主题式活动时，梳理出了若干小主题，又根据各小组能力水平，将不同的小主题分给了不同的小组，有的小组调查竹艺村的地名文化，有的小组调查娘娘岗地名文化，有的小组调查重庆路地名文化，有的小组调查长马沟、血塘沟地名文化……各小组根据自己的任务又制订出了详细的活动计划。小组将搜集到的相关资料在教师的指导下进行归类整理，为后期的展示交流做好准备。

3. 交流互动，资源共享。

在这一环节，学生以小组为单位汇报探究过程的调查结果，实现资源共享，对整个调查对象有全面的认识，并进行交流、评价。地方"非遗"文化研究组在开展"我们与风筝的约定"这一主题汇报活动前，将学生分成了调查组、手工制作组、设计组、资料组。课上，每个组的学生围绕本组的任务，分享调查结果。在教师的引导下，学生们对各组资料加以整合，形成了对整个调查对象的完整认识。

地方建筑文化研究组在开展"漫步家乡，话古塔"这一小主题研究时，让不同的小组分别从古塔的结构、分类、作用等方面分享调查结果，其余学生则担当小评委，参考"语文综合性学习活动评价表"作针对性点评。每个小组的展示内容丰富、形式新颖多样，各组之间取长补短，互相学习。在有趣的交流互动中，不仅培养了学生的团队协作能力，也让他们进一步感受到了中国古建筑的魅力。

地名文化研究组在开展"崇州广场"这一主题活动时，学生根据调查"崇州广场"的不同方面分成了不同的研究小组。有的小组介绍以人名命名的广场，有的小组介绍以诗句命名的广场，有的小组介绍以小说命名的广场等。

分享的过程，对于分享者来说，是一次表达的机会，也是一次内化信息的过程；对于其他参与的同学来说，是一次学习的过程，也是一次评价的过程；而对于全体活动的参与者来说，是一次思维碰撞的过程，也是一次共同建构认识的过程。

4. 延伸拓展，丰富主题。

主题式教学活动中，延伸拓展不仅可以加深学生对学习主题的理解，而且能激发学生探求知识的愿望，培养学生的创造性思维。在活动的最后一个环节，教师可以根据主题或者学生的课堂生成资源，进行拓展延伸，继续展开研究，丰富并加深对课程主题的认识。地方建筑文化研究组在活动结束时，引导学生进一步探究并推广家乡古塔的创意方式，如生成思维导图、手抄报、宣传海报，又如讲故事、作文比赛、诗词大会。这些精彩的生成，一方面增强了学生对本土文化的认同感，另一方面为下一阶段的成果展示提供了新的思路。

地名文化研究小组在开展"朱氏街地名文化研究"的主题式活动时，在研究完了朱氏街地名文化后，有的同学因为了解到朱利和杜宇是中国农耕文化的始祖，因此对农耕文化产生了兴趣，教师就放手让学生去了解农耕文化的发展；一部分同学对"朱氏街"这个地名的逐步消亡产生疑问，教师就带领学生进一步研究、探讨"朱氏街"这个地名消亡的原因，得出这是城市化进程中社区合并等原因使该名称逐步消失的结论。总之，所有生成的正向、积极的问题，都可以成为活动的延伸，都可以由教师引导全班或部分感兴趣的学生继续研究。

总而言之，主题式活动以其主题统领活动，因其主题所具有的横向的广度和纵向的深度这一特点，能够很好地引导学生开展在地文化的研究活动。崇州优秀的传统文化在一个个主题的统领下，被结构化、序列化，学生的实践活动指向性明确，从认识主题到计划分工，从搜集资料到整理加工，从交流共享到拓展延伸，每一个环节都推动学生与地方优秀传统文化的交融，每一个环节都是学生语文综合能力的训练，每一个环节也都是学生对优秀传统文化的传承。

三、学科融合实施方式

语文课程与其他课程的沟通即学科融合，是语文综合性学习的重要体现。学科融合是指不断打破学科边界，促进学科间相互渗透、交叉，促进知识之间联系的活动。学科融合改变了以课堂为中心、以书本为中心、以教师为中心、以传授灌输为基本特征的传统教学模式，体现了学生是教育的主体、自我发展的主体，重视学生的个体生活和社会生活需要。研究组开展以在地文化为载体的学科融合活动，常常需要语文学科融合信息技术、数学、音乐、美术等学科，这样的学科融合既能呈现出语文综合性学习活动的丰富性，又能很好地达成活动目标。基于此，教师在实践中提炼出了"语文＋学科"的活动策略。

（一）语文＋信息技术，创设智慧教育环境

信息技术以其特有的先进性，结合语文综合性学习活动的灵活性和丰富性，让语文综合性学习从单一的、静态的学习过程，转变为声音、图片、视频三维立体的动态学习过程，给学生提供了一个更加广阔的语文世界，吸引着学生去探索和追寻，使得语文课堂更加生动有趣，与时俱进，散发出时代的光彩。

1. 信息收集。

信息收集是根据活动主题及研究所需，提取搜索关键词，利用网络进行搜索，在短时间内就能获得海量相关信息。如名人文化研究组的教师在带领学生认识陆游祠时，教师先布置了这次活动的任务，然后学生利用自己在信息技术课上学到的知识，自己下载了许多有关陆游的诗、书法作品，查阅了陆游的生平事迹等，很快就对陆游有了初步的了解。当学生在运用信息技术搜集信息遇到技术问题时，还会及时去请教自己的信息技术老师，让信息技术充分融合语文学科的学习，助力语文学习效率的提高。此外，学生还用相机拍下了一幅幅陆游的书法作品，并制作成了一段段高质量的视频资料，让信息从静态走向动态。随后，有的学生将自己参加这次活动的点滴体会写成电子文档保存下来，让学习的过程实现了可视化。

2. 信息整理。

对于搜集到的信息，学生可以利用信息技术中的图表优势，将信息进行分类汇总，使呈现方式更简单明了，以此培养学生的信息整理能力。如各小组学生收集到的关于陆游的信息量是非常大的，其间有不少的信息是重复的，这就需要学生进行信息整理。学生可以利用信息技术中的图表来分类整理陆游的资料，使资料一览明了。以整理搜集到的陆游诗词为例，在整理过程中，可以利用电子表格将陆游在不同时期创作的诗词进行排序，可以利用不同的文件夹将陆游诗词的不同类型进行归类整理，可以利用饼状图将陆游诗词表达的不同情感进行归类整理等。

3. 电子汇报。

电子汇报是利用信息技术中的PPT功能，将研究过程中的录音、实地考察录像、电脑绘画以及其他资料制作在精美的PPT里展示汇报，从而实现汇报的多元化及视觉化。如教师带领学生研究崇州古建筑中的"窗"时，学生在汇报课上分小组进行展示，每个小组的汇报方式都不同。第一小组用PPT汇报小组实地考察、图书馆查阅、小组讨论的照片；第二小组也利用了PPT，并且加入了视频，视频中展示了该小组走访的情况；第三小组将自己搜集到的有关"窗"的图片，制作成视频展示。如此多样的展示方式，让汇报更生动形象。

在信息技术突飞猛进、教育技术智能化不断提高的今天，信息技术作为提高语文素养和信息素养的载体，已越来越多地应用于小学语文课程教学中，并逐渐显示出它的优势，给教育教学领域改革带来了新的机遇。随着信息技术的发展，它在教育教学中的全面应用已成为现实。基于在地文化的小学语文综合性学习课程实施中融入信息技术开展教学，可以为学生创设和谐的学习氛围和提高学生学习效率。

（二）语文 + 数学，拓深理性思维

数学学科融合到语文综合性学习活动中，让学生通过算一算、量一量、猜一猜、估一估等数学方法的运用，可以在研究过程中实现研究内容的准确性，培养学生的逻辑思维能力。研究在地文化的一大重点就是要去实地考察，为了在成果展示时能完整、准确、生动地介绍相关内容，教师在设计综合性学习实践活动时，从学科融合的角度去设计活动方案显得非常有必要。

1. 路线设计。

在研究中，教师组织学生进行实地考察，学生到达考察地点后，需要根据考察内容的不同确定不同的考察线路。在此过程中，学生需要借助数学运算技巧选择最佳出行方案。教师要引导学生借助导航工具获取出发地到目的地的距离，通过网上查询或线下咨询确定出行交通工具及相关费用，再计算出耗费的时间与花费，从而选择高效经济的出行方式。数学思维和运算技巧的运用在本次活动中的作用是帮助学生在制订方案的时候学会选择最佳路线，从而培养了学生解决实际问题的能力。如地方名人研究组的一位教师在班上开展题为"寻天府诗人 觅唐求足迹"的语文综合性学习实践活动时，组织学生、家长和教师们一起开展了一次别开生面的"寻找唐求足迹亲子行"的户外亲子活动。活动中，家长和学生充分运用数学知识共同设计路线，确定最佳线路。

2. 测量统计。

活动中，学生根据需要记录下相关数据。结合测量与绘制方法对调查对象（即某一地点或建筑）进行科学描述，包括绘制基础平面图、测量一些实物的尺寸等，以便今后能够在图纸、数据、图片的辅助下更加精确、直观地介绍与之相关的内容。如"非遗""金鸡风筝"研究团队在指导学生制作风筝时，引导学生运用相关测量工具和测量方法测量风筝不同部位的长度，要注意各部分之间的比例以及数据的准确性。

3. 数据整理分析。

学生将调查搜集的资料、数据进行汇总和整理后，通过纵向对比、横向对比、综合对比等方式进行分析，得出结论。如通过纵向对比分析陆游在前期、中期、后期创作作品的数量，可以发现他在哪一个时期的成就最高；通过横向对比分析陆游在同一时期创作的表达不同情感的作品的数量，可以发现他在那一时期的思想情感状况。

4. 填写报告。

为了将学生的收获有条理地记录下来，教师先要设计好相应的调查报告。设计报告时，要遵循既适用于文字性资料的填写，又注重重要数据的录入准确的原则，让学生们能快速地将访问和学习所获，以调查报告的形式进行整理和保存。如在研究古塔时，为了让学生对古塔有全面的了解，让研究更有效，在调查之前研究组设计了以下图表（表4-1）。

表4-1　崇州古塔调查问卷

调查项目	白　塔	洄澜塔	字库塔
建造年代			
建筑材料			
外形特点			
相关诗文			
奇闻趣事			
用　途			
现　状			
过程材料的搜集（照片、音频、视频等）			
我们的问题及思考（可分别陈述，也可梳理后陈述）			

（三）语文＋美术，提高审美素养

在语文综合性学习中融合美术学科，可以让学生通过画一画、刻一刻、捏一捏等美术学习方式锻炼动手能力、理解能力、想象能力、表达能力等语文综合性学习能力。这样既提高学生的学习兴趣，又改变了传统的教学模式，更培养了学生的审美鉴赏水平与创造能力。

1. 再现情境。

再现情境是指在语文综合性学习中，将语文学科与美术学科相融合，重塑人物形象、再现诗境，学生由此产生身临其境的感觉，对在地文化理解得更深入。

（1）重塑人物形象。学生以搜集到的研究对象（人物）的少、中、老年，或者具有代表性的人物肖像作为蓝本，运用美术学科中"刻一刻人物肖像（卡纸和刻刀）""画一画人物头像、情景（纸和彩笔）""泥塑人物半身像（橡皮泥）""拼一拼人物头像（各类谷物）"等方式来认识人物，结合人物经历，感知其形象。

（2）再现诗境。因古诗词距离学生的生活很遥远，学生不容易理解诗词所描写的情境。

如果融入美术学科中的手工制作和绘画可以帮助学生理解诗意、诗情和诗境。如学生在语文综合性学习活动前期搜集、整理了陆游的诗词，但陆游的大部分诗词对于小学生来说，理解难度较大。学生用画一画的方式来呈现自己所理解的诗意，通过手工制作展示诗句描写的场景，能加深对诗句的理解。通过这样的方式，学生能更直观地融入诗境，走近诗人。

2. 创意表达。

在语文综合性学习中融入美术学科的学习，可以让学生实现创意表达。"非遗""金鸡风筝"研究组，在活动中开设了风筝设计环节，学生可以自主设计风筝样式并在风筝上作画，还可以画放风筝的场景。课程主要从美术角度出发，教师认为要在风筝制作中体现美是需要经过学习与实践的。在教学中，教师引导学生发现风筝图案有不同的表现意义，在风筝绘制中还要考虑绘画材料的轻薄、色彩的搭配等问题，但其中创新能力是研究组认为最不好把握的部分。在风筝创作中，教师通过已有的风筝图案，鼓励学生通过想一想、画一画、说一说、做一做等形式，设计出自己最满意、最独特的风筝作品，并对自己的作品进行讲解。

3. 汇报展示。

在语文综合性学习后期的成果展示汇报中加入美术元素。学生可以根据自己的成果加入图画和手工，将自己收集到的资料制作成画报或者独具特色的思维导图等，以让汇报更丰富、直观、具有吸引力。

（四）语文＋音乐，融汇感性表达

在开展语文综合性学习活动中，一段适合的音乐能最有效地调动学生对活动的领悟力、想象力，实现思想的充分碰撞、情感的深度交融，强化学生对活动的内心体验。音乐学科融入语文综合性学习活动主要体现在两个方面：营造氛围，以乐表情。

1. 根据活动意境选择契合的音乐。

在语文综合性学习活动的整个过程中，教师要深入了解每次活动的目的和意境，选取合情合境的音乐，让学生在活动中和音乐中寻找共鸣点，让活动更高效。例如，在背景音乐的选择问题上，一篇介绍历史比较悠久的古典建筑的文章，配上一段高雅的古典音乐，课堂营造的情感氛围就会显得融洽。地方名人研究组的一位教师在开展"走近陆游"语文综合性学习活动时，为了让学生了解陆游的爱国情，组织学生朗诵陆游的诗歌作品《示儿》。这首诗是陆游的绝笔，当时陆游85岁，一病不起，在临终前给儿子们写下的这首诗，它既是诗人的遗嘱，也是诗人发出的抗战号召，将诗人的爱国情感体现得淋漓尽致。教师在引导学生朗诵前，选择了二胡曲《二泉映月》作为背景音乐。当音乐一响起，立刻就给这首诗定好了朗诵的基调，学生一下就进入了诗人描写的意境中。可见，一段合适的音乐可以直观地为学生呈现出或悲凉、或温暖、或不舍、或喜悦、或抑郁不得志、或满心欢喜的场景，能有效地调动学生对活动的领悟力、想象力，让学生与活动目标的思想充分地碰撞、情感深度地交融。在强烈愉悦的乐感中，强化学生对活动的内心情感体验。

2. 借助音乐创设特定的情境。

情境创设是语文综合性学习实践活动的一种手段，它不只是为活跃气氛而创设，更是为活动目标服务的。良好的情境创设，能推着学生不知不觉地、深入地进入到活动的进程中。通过情境中那些有血有肉的形象、那些声情并茂的场景、那些震撼人心的氛围，打开学生们的心扉，感染学生们的心灵。这样，才能让"情境"焕发生命的活力。如学生在学习陆游描写他与唐婉的爱情诗《钗头凤·红酥手》时，教师可以选择配上"小调"来衬托诗人的悲哀和忧郁。学生对陆游的了解不只是陆游极度坎坷的仕途，还有广为流传的他与唐婉的那些凄美的爱情故事，这些故事可以说是一段千古绝唱。学生在分享这段令人惋惜的爱情故事时，《小夜曲》或《琵琶奏》的缠绵委婉、婉转柔和能将学生的情绪带入此情此景。古诗词与音乐在文体上是相辅相成的，音乐是载着节奏、音调、韵律表现出来的语言，而语言则是饱含情感的音乐，二者结合充分引起读者的心灵感应和共鸣，从而给人以美的享受。

3. 选择恰当时机播放情景音乐。

学生要从活动中受到感染和熏陶，音乐的融入一定要自然、水到渠成，做到以乐带情，以乐传情。如名人文化研究组的一位教师在开展《中华好儿女——张露萍》的语文综合性学习活动时，为了让学生在有限的时间内收获更多，对英雄有更深入的理解，教师在课堂上播放了学生搜集到的有关张露萍的电影资料片段。当学生听到那轰隆隆的枪炮声，英雄们震天动地的呐喊声，仿佛自己离英雄又更近了一步。在此基础上，教师再播放音乐《英雄儿女》，当学生听着那激动人心的音乐，看着多媒体播放的一幕幕英雄们英勇壮举的画面时，情不自禁地跟着唱了起来。从学生饱含热泪的双眼，攥紧的拳头中，能深深地感受到张露萍已走进了学生的心中。在恰当的时机播放了音乐，学生有身临其境的感受，让语文综合性学习充满情感。

在语文综合性学习实践活动中融合音乐学科时，让音乐的加入发挥有效的作用。不论目的如何，加入背景音乐只是辅助作用，不能喧宾夺主，更不能把语文综合性学习实践活动上成音乐鉴赏课。

在语文综合性学习实践活动中，语文与各学科融合是 21 世纪占主导地位的课程学习方式。在当前我国积极推进教育综合化的大背景下，探索语文综合性学习实践活动和各学科课程融合的教学，对发展学生的综合素养，培养学生的创新能力，有着十分重要的意义。一次活动或者一节课，融合的绝不是单一的学科，往往需要多学科融合，只有多学科的巧妙融合才能呈现出精彩的活动。

第二节　突出过程性的活动策略

一、前期准备策略

语文综合性学习课程活动主要以解决学生的问题为中心进行组织，活动的主题来源于学生在探寻崇州地方优秀传统文化中发现的问题。在前期的准备活动中，我们注重引导学生关注崇州地方优秀传统文化中的各种现象，发掘问题，并对问题进行筛选，确定主题，形成方案。

（一）"问"字引路：发掘问题，筛选问题

学生的质疑能力是语文综合学习能力培养的重点，是推动语文综合性学习的基本能力。教师是学生学习的促进者、合作者、引导者，要善于在教学活动中培养学生的问题意识，引导学生根据问题与主题研究的相关性、重要性筛选出有学习价值的问题。

1. 比较思考，发掘问题。

比较是把具有明显差异、矛盾对立的双方安排在一起，进行对照的表现手法，是促进学生思维发展的重要方法，是学生对内容分析、综合的过程。在比较中，学生能发现异同，从异同中发掘问题。

在语文综合性学习活动中，教师引导学生对学习内容进行比较，发现内容之间的不同特点，从而产生疑问。例如，民俗文化研究组在"元通清明会"研究的前期准备活动中，教师先通过观看微视频"介子推的故事"，让学生了解清明节的由来，知道清明节是重要的祭祀节日之一，也知清明节早在距今二千五百多年前的周代就有了。中国人讲究慎终追远，像这类祭祀活动很多，但是随着历史的推移，很多活动都渐渐淡出了。学生通过比较提出：为什么只有清明节及其习俗完整地保留了下来？教师又让学生分享搜集的关于清明节其他习俗的资料，如荡秋千、放风筝、踏青、插柳等，然后执教老师引导学生比较清明节的各种习俗所包含的情感。学生通过比较提出问题：为什么清明节表达的情感和它的有些习俗存在矛盾呢？语文综合性学习活动中，学生通过对比和分析碰撞出思维的火花，从而提出有效的问题。

2. 创设情境，自主提问。

美国认知教育心理学家奥苏伯尔认为：创设一定的问题情境，能够使学生对知识本身产生兴趣，进而产生认知需要，产生一种要学习的倾向，从而能够激发学生的学习动机。在语文综合性教学活动中，教师要善于创设问题情境，让学生在自由探究的过程中，结合生活学习经验进行思考，从而发现问题，实现自主提问。

（1）创设情境，激发"问"的兴趣。

要想激发学生的问题意识，使探究活动有事半功倍的效果，兴趣是最好的动力。正如托

尔斯泰所说，成功的教学需要的不是强制，而是激发学生的学习兴趣。民俗文化研究组教师在"元通清明会"的研究准备活动中，先通过"自学提示"，指导学生自主学习"元通清明会"的资料单，了解"元通清明会"的起源、内容、规模以及发展，初步感受"元通清明会"的魅力。在此基础上，教师创设情境"如果你是'元通清明会'的发起人，你有什么遗憾"，学生相继提出了诸如"'元通清明会'作为川西三大盛会之一，离我们这么近，有着悠久的历史，可是为什么我之前都没有听说过？""我倒是和家人一起去逛过'元通清明会'，但是我只是逛吃、逛玩，它的活动和历史文化是什么？"等问题。这样便顺利地调动了学生继续探究的欲望，也为下一步探究活动准备了问题串。

（2）创设情境，教给"问"的方法。

在语文综合性学习活动中，教师应教给学生提问方法，引导学生多问"为什么"。如建筑文化研究组在"窗文化"语文综合性学习活动汇报课上，有小组谈到中西方窗户差异，但为什么有差异，学生没有深究。此时，教师便要引导学生结合生活和学习经验自主探究：中西方窗户产生差异的原因是什么？你打算通过什么途径或方法去了解？

另外，引导学生多一点"横向提问"。大多数教师课堂上常用"纵向提问"，即教师提问，学生回答。而"横向提问"则源于学生，问题由学生自己提出，再由学生通过思考自行解决。横向提问更利于推动学生主动思考、主动发现问题并解决问题。总之，在调查活动中，不仅要培养学生的问题意识，还要让他们"会问"，他们多视角去观察分析和思考，从而增强他们透过现象去看本质的能力。如民俗文化研究组在研究"元通清明会"的前期准备活动中，教师设计了一个"想要更多人了解'元通清明会'"的问题情境，诱发学生去思考，去提问题。学生的问题就像雨后春笋般纷纷涌现："利用和家人、朋友、亲戚相处的时间如何介绍'元通清明会'？""邀请电视台可以从哪些方面采访'元通清明会'？"" 我们如何做一次模拟宣传活动，让家长来学校参加，再请家长发朋友圈广而告之？"

（二）生成主题：锁定问题，确定问题

学生通过社会调查，能够发现自己感兴趣的现象，发现自己不明白的问题，通过问题的筛选，锁定有价值的问题，达成共识。

1. 梳理问题。

在语文综合性学习活动探究中，教师要充分挖掘学生的问题，从学生的问题出发，启发学生的思想，对问题进行罗列。接着，教师再引导学生在探究过程中对提出的问题进行梳理，找到问题与问题之间的先后顺序和逻辑关系，对问题进行分类整理。这有助于学生更有效地开展探究活动。

在地方优秀民俗文化的探究活动中，开展了以"元通清明会"为主题的语文综合性学习活动。教师让学生梳理了开展研究活动，可能会面临的问题：

（1）按怎样的方式进行分组比较合理？

（2）"元通清明会"的民俗文化和活动有很多，我们该选择哪些进行研究？

（3）在校的学习已经很紧张了，该用什么时间开展研究？

（4）元通古镇的清明节与其他地方的清明节有什么不一样？

（5）"元通清明会"的资料可以通过哪些途径搜集到？不懂的地方该向谁请教？

教师引导学生梳理大家提出的问题，看看哪些问题属于一类的，可以放在一起；哪些问题之间有联系，先后顺序该怎么排。教师在活动中循序渐进地渗透问题，排序整理，培养学生从问题中提取信息、联结信息的能力。

例如，建筑文化研究组引导学生从三个方面来梳理问题：一是梳理基于地方传统文化本身的问题。如学生对建筑名称提问、对建筑特点提问、对建造背景提问等。教师开展的"门之韵"语文综合性学习活动中，学生在课堂上提出了几类问题：罨画池的门分为哪几类？罨画池的门分别叫作什么名称？修建这些门的原因何在？二是梳理基于建筑文化内涵的问题。对传统文化在生活或历史中的价值（艺术价值、经济价值、人文价值等）及其作用等提问。在开展的"童眼赏窗——走进罨画池公园"语文综合性学习活动中，学生会对"窗为什么会有不同的形状和样式？""不同样式的窗作用是否不一样？""不同花纹的窗蕴含的寓意是否一样？"学生产生了疑问，会再次进行资料的收集。三是梳理具体开展活动中遇到的实际问题。在语文综合性课程开展过程中，学生需要去解决一些生活中的实际问题。例如，在开展"错落在年岁里的窗"语文综合性学习活动时，为了保证实地调查的顺利进行，教师让学生提前去考虑调查前或调查中可能会遇到哪些实际问题或困难。在课堂展示活动中，教师追问：调查活动与外出旅游相比，更应该关注什么？学生很快明白，调查活动目的性很强，要考虑调查工具、调查路线、乘坐什么交通工具、分工、记录、门票等实际问题。

2. 筛选问题。

在语文综合性学习活动中，学生所提出的各种各样的问题，并不都是有价值，都值得研究的问题。所以，教师要引导学生多问一个为什么，凡事多一些反思。这样才能将宽泛的问题变窄，将模糊的问题清晰化，将粗陋的问题精致化，将暂时不适宜研究的问题舍弃，将一些老旧的问题转换角度再认识，从而提升学生甄别和提炼问题的能力。同时，在筛选问题时，应遵循以下思路。

（1）有利于扩大学生学习知识面的问题。

建筑文化研究组让学生去了解建筑的名称、特点、门类，解决这些问题有助于学生知识面的拓展，了解一些在语文教材上没有的知识。

（2）有助于学生进行探究性学习和深入思考的问题。

建筑文化研究组在"探究窗文化"的语文综合性学习活动中，教师引导学生运用对比的方法，谈一谈南方与北方的窗户、中国与外国的窗户有什么差异，运用探索研究的方法引导学生学会分析问题，进行深入的思考。

民俗文化研究组在"元通清明会"的语文综合实践活动中，学生了解了"元通清明会"的现状，并写出了调查报告。通过调查报告的交流，学生又根据信息的对比和问题的筛选，选出了值得研讨的问题：我们的社会在不断发展，这些古老的民俗活动还有存在的价值吗？我们还应该将这些民俗活动传承下去吗？这些问题为"元通清明会"的深入研究做了铺垫，有助于学生开展探究性学习活动。

（3）有助于学生综合性学习能力提升的问题。

语文综合性学习能力包括提出并解决问题的能力、收集和整理信息的能力、语言表达能力、审美能力、小组合作能力等。有助于学生语文综合性学习能力提升的问题都是有价值的问题。建筑文化研究组在"探究窗文化"的语文综合性学习活动中，教师提出：在前期进行调查的过程中，我们可能会遇到哪些实际问题？通过预设，学生考虑到行进路线、乘坐的交通工具、经费的支配、如何进行有效的记录等问题。随后，学生结合自己的生活经验，尝试预先解决这些问题。这样既能培养学生预见洞悉问题、全盘考虑问题的能力，又能检测学生的认知水平，还能培养他们解决实际问题的能力。

（4）有利于文化传承与理解的问题。

有助于实现学生对在地文化的传承与理解的问题是有价值的问题。建筑文化研究组在"探究古塔文化"的语文综合性学习活动中，学生在了解到崇州境内著名的古塔，有始建于清代道光年间街子古镇的"字库塔"，也有建于清代同治年间的怀远"洄澜塔"后，围绕"这些塔的作用相同吗"展开探究。经过探究，学生发现，字库塔体现了古人"惜字是福"的思想理念，了解到古人把废弃不用的字纸放在特制的纸篓内集中起来焚化；而洄澜塔的建造则是因为古人认为江水能回流克火，故而建筑此塔。围绕这一个问题，对"塔"进行研究，不仅可以锻炼学生收集、处理信息的能力，还能让他们了解崇州的本土文化和历史，加深他们对文化的理解。

3. 确定主题。

通过对问题的梳理和分类，学生形成对问题的初步了解；在价值问题的筛选阶段，学生对问题有了深入了解，逐步找到自己的研究切入点，最后凝练形成主题。这是一个层级递进的过程，从宽泛的问题剥离出研究的主题，这也跟苏格拉底的"助产术"不谋而合，以学生的问题为主线，在不断地否定与发现中抓住研究的切入点。

（1）积极引导，确定适合的主题。

民俗文化研究组的教师和学生将"元通清明会"的活动研究进一步深入下去。针对学生在探究过程中筛选出的有价值的问题，教师还组织学生开展了一场辩论会，题为"随着社会的不断发展，古老的民俗活动还有存在的价值吗？"通过辩论，学生明白了：民俗文化是人类优秀文化的重要组成部分；它是凝聚一个民族感情和行为的文化核心点，它体现的是各民族的价值观、信仰和理想；我们应该热爱地方优秀民俗文化，更应该把它传承下去。在学生自主确定的"热爱家乡的民俗 传承家乡的民俗"为主题的活动中，学生通过黑板报、手抄报、图片展、辩论会等形式来传承地方优秀民俗文化。这样的活动不仅能帮助学生了解元通历史风貌、民情民俗、民族艺术、民间工艺等民俗文化，还能激发学生学习的积极性，培养其搜集、分析、提炼信息的能力。

（2）适时启发，促成新的主题。

学生在具体的探究过程中，有时会对新的问题产生兴趣，这应成为生成新主题的契机。要实现这种生成，需要教师的适时干预。对学生在研究过程中提出的新问题，教师应采取"道而弗牵，强而弗抑，开而弗达"的态度，不直接给出确定的答案，引导学生自己去探究解决的途径，从而使问题上升为新的主题。对学生在探究过程中对其他领域产生的新兴趣，教师要及时捕捉这种研究的新动向，并给予充分的肯定与鼓励。"元通清明会"被列入非物质文化遗产，崇州人倍感骄傲。民俗文化研究组引导学生思考：作为一名崇州人，我们都希望我们的清明会越办越好，我们还有哪些地方需要改进呢？作为一名崇州人，我们该怎样将我们的"元通清明会"推广出去呢？我们还能为"元通清明会"做些什么？新的问题不断产生，教师能否帮助学生将这些问题转化为生成新主题的契机，直接关系到综合实践活动能否持续开展，这也是教师指导策略和教学机制的体现。

（三）制订方案：分层要求，形成方案

根据不同年龄阶段的学生认知规律和能力培养，教师要分低、中、高段制订活动方案。

1. 低段方案突出兴趣。

低段学生以形象思维为主，参与活动时，教师要激发学生对活动的兴趣，注重学生的活动体验，才能提高活动的有效性。如民俗文化研究组的教师为了激发学生的兴趣，播放剪辑的有关崇州的"元通清明会"活动的视频及图片，极大地激发了学生的兴趣。教师从学生的兴趣出发，制订了"参观'元通清明会'，带学生制作兔子灯"的方案。

2. 中段方案注重实践。

中段学生具备了一定的语文知识和语文综合性学习能力。在开展语文综合性学习活动时，教师要引导学生运用语文知识解决生活中的问题。如建筑文化研究组教师从学生实际出发，制定了"以考察崇州古建筑"为主题的语文综合性学习活动方案，方案中包括布置调查任务，组建调查小组，讲清调查要求；以四人小组为单位，每小组由一个家委会家长和调查小组长带领小组成员进行实地考察。"非遗""金鸡风筝"文化研究组教师发现学生对金鸡风筝的现状不了解，便制订了"参观'金鸡风筝'工厂，了解'金鸡风筝'发展"的语文综合性学习活动方案。

3. 高段方案凸显自主。

高段学生的语文综合性学习能力有所提升，能根据所研究的问题组建研究小组，自主制订研究方案。如"非遗""金鸡风筝"文化研究组的学生根据"'金鸡风筝'工厂的开办"问题，自主制订了方案，该方案包括问卷调查、实地考察、综合分析、提出建议等方面。地名文化研究组的学生根据"崇州朱氏街地名的由来"的问题，自主制订了"探究崇州朱氏街地名"的活动方案。

因此，在语文综合性学习课程活动前期准备中，教师要培养学生问题意识，促使学生去思考和探究，让学生在思考和探究中实现全面发展和自主发展。

二、中期实施策略

语文综合性学习中期实施策略旨在引导学生在总结前期活动的基础上，推动实践活动进程。

（一）"合"字为纲，建立关系

作为一种学习主体，人的认知发展具有很强的社会性，这就意味着学习主体的知识、认知水平的发展与所接触的其他学习主体息息相关，它们之间存在着千丝万缕的联系，这些联系会按照组合的不同而产生不同的学习效应。这在语文综合性学习中对我们提出了一定的要求，为了能够使综合性学习的有效性达到最大化，就少不了对学习主体的分析和组建。小组组建首先要明确活动的内容。关于分组的方式学生和教师可以共同讨论，并在课堂上根据一定的原则落实分组；教师要及时调控，以平衡的原则协调分组，构建异质小组或同质小组。

1. 异质小组关系构建。

异质小组是人为地将不同能力水平的学生分成一组，或根据某种特别的需要进行分组，从而缩小各小组之间的差距，以利于学生开展学习活动。异质小组关系构建更注重小组成员之间的互补。异质小组应综合考虑成员的性别、家庭背景、能力、成绩、性格等因素，并合理搭配，耐心引导，互相影响，共同进步。

异质分组，角色分工，能有效地发挥学生的个性，开阔学生的思维，优化互动协作关系。"异质"分组时，必须对学生进行全面的了解和衡量，考虑到学生学习习惯、学习成绩、学习基础、学习能力、性别及性格、家庭住址等特点。按学习能力，学习基础好、中、弱三类分到一组或按性格、爱好特长、性别不同分到一组，便于学生之间互相学习，互相帮助，互相补充，互相影响，互相带动。把学生按5~6人分为一个学习实践小组，确定一名小组长。让小组成员担任不同角色，明确个人责任，例如，小组长，负责全组学生实践的组织；记录员，负责记录本组同学实践过程中的发现以及探讨的结论；检查员，负责检查小组中各成员是否都能清楚懂得所探讨的问题；讲解员，负责为本组基础较弱的学生辅助讲解实践过程中做什么，怎么做；中心发言人，负责做全组学习实践的汇报，这项任务主要让本组基础较弱的学生来完成，因为只有这样，本组的其他成员才会想方设法教会他，真正实现"兵教兵"。优秀生在教会同伴的同时，巩固了已经学会的知识，强化了自我学习的意识，实现了"学习—思考—输出"的过程，大大提高了优秀生的实践能力。对于中等学生和后进生来说，这种小组内的交流与帮教，无异于老师的个别辅导，且大大增加了他们发言的机会和表现的机会，增强了其自信心。（表4-2）

如"非遗"风筝研究组在设计《我的 Logo，我做主》一课的教学设计中，就以学生的个体差异性为主要关注对象，根据学生的不同能力构建异质小组，同时明确每个小组成员的职责和任务，在教师的引导下有效地开展小组合作学习。

表4-2　小组人员职责分工表

序号	分 工	职 责
1	组 长	统筹安排（具有领导能力）
2	副组长	协助组长管理小组成员（具有一定协调能力）
3	记录员	整理小组资料（书写比较好，倾听习惯好）
4	中心发言员	表达小组的观点（语言表达和逻辑思维能力强，能准确表达小组的观点）
5	后勤保障人员	乐于劳动，乐于为小组服务

异质分组，角色分工，学生存在差异又各具所长，能发挥个人特长，对同一问题有多方位、多角度的不同思维方法，达到学习资源的互相补充。合作探究过程中，学生智慧的火花在闪烁，他们充分参与实践活动，真正成为学习的主人。

2. 同质小组关系构建。

同质小组的构建注重小组成员之间的同质化。同质小组一般选择学习能力、兴趣爱好、特长等方面趋同的学生构成，更适用于差异性任务的分层落实完成。如难度较大的任务和难度较小的任务可以分配给具有不同能力水平的小组去完成。

落实分组后要进行小组建设：如小组命名、组内分工、确定组内学习方式等。小组组建模式为：明确内容—确定方式—落实分组—小组建设。

无论是同质小组关系还是异质小组关系，首先要确定需要达到的学习目标，然后按照教学内容和学习主体的不同情况来组建不同的学习小组，因为通过实践可以很清楚地感受到：小组合作学习是一种行之有效的学习方式，教师在教学中提到的每一个问题，先留给学生必要的时间和空间去思考和讨论，这样才能够使学生不断发表自我的观点和见解，发挥自我的创造力。每个学生是不同的思想主体，在小组合作探究的同时会有很多突发情况，所以在搭配小组成员的分工组合上，教师与学生要积极交流自己的想法，才能使小组合作达到双赢局面。对于一些比较困难的问题，教师在作关键的指导后，再让小组成员一起进行分析和讨论，并派出代表在课堂上展示自己小组的研究成果。当然，评价也是非常有必要的。这样不仅能够拓展学生的思维，也能够使小组成员在每次讨论之后获得成就感，并增强学习信心。

（二）巧搭支架，推进活动

学生进行语文综合性学习，教师要给学生提供支架，让学生在学习过程中得到帮助。

1. 工具支架。

在语文综合学习活动中学生先进行信息的收集、整理，再进行调查、访问。教师应当给学生提供一些学习工具，如表格、思维导图等，让学生能够按图索骥进行学习。如在"童谣里的方言"实践活动中，教师为了让学生能进行简单的调查访问，制订了调查问卷表，让学生依据调查问卷表，综合语文与美术学科知识进行调查（表4-3）。

表4-3　崇州方言事物调查问卷

事物（画图或贴图）	普通话名称	崇州方言名称

有了这张表，学生的调查变得轻松有趣。有的学生贴出了蜻蜓的图片，写出了普通话名称"蜻蜓"和崇州方言名称"丁丁猫儿"；有的学生画了一只威武的螃蟹，写了普通话名称"螃蟹"和崇州方言名称"爬海"……

在开展语文综合性学习活动"古蜀州　今崇州"时，教师借助娱乐节目"我爱记歌词"设计唱歌游戏，让参赛者（学生）现场回忆歌词，并大声唱出歌词，歌词正确率最高的参赛者，就是当场比赛的冠军。这种形式无疑调动了大家的娱乐积极性。在"蜀州诗词"的汇报展示活动中，教师安排了一期名为"我爱记诗词"的娱乐节目，学生们兴致盎然。在活动中，学生主动背诵了一些与古蜀州有关的诗词，还根据先前诗词理解的学习经验对古诗进行了分类，并在小组里进行模拟演示，最后在全班做交流分享，全体学生都参与到活动中来，学习积极性高。

2. 思维支架。

工具支架的作用不仅是给学生提供学习工具，更重要的是这些支架能够给学生的自主学习构建一种思维的模式，即面对一些特定的问题，我们需要从哪些方面去思考和解决问题。当然，这也需要研究组在进行课程设计的时候，对学习主体有全方位的、针对性的考虑，并且要结合研究内容进行科学有效的活动环节设置。"非遗"风筝研究组的"风筝课程"就是基于地方优秀传统文化这一主题展开的具有学校特色的课程。在此课程中，风筝是地方非物质文化遗产，作为学校的校本课程，它是国家课程——语文学科中的一个分支，属于语文综合实践活动课的范畴，所以它不能孤立存在。但在课程实施中，学生的语文素养如何提升呢？在"风筝课程"的研究过程中，研究组的教师在学习活动的各个环节都灵活运用到思维支架，如在《关于风筝飞行原理的调查报告》的语文综合性学习活动中，可以很明显地看到思维支架带给学生的学习推动力。学生最想解决的问题是"风筝是如何飞起来的？"，教师为学生解决这个问题提供了思维支架：搜集资料—整理资料—得出结论。

学生被分为三组去探究"风筝的飞行原理"，通过教师设计的思维支架，学生有计划地开展实践活动。学生不仅积极寻找搜集资料的渠道和方法，还从不同的维度进行了资料整理，最后通过思考讨论得出了结论。这样主动且有计划的学习，打破了过去原有的学习方式，给小学语文综合性学习活动的开展提供了新的视角和思路。

3. 学习辅助者支架。

学习是学习主体在一定的环境之下进行模仿、表达、思考等一系列的学习活动，因此，学习的结果与学习主体所接触的人和环境有相互作用的关系。家长和教师就成为学生学习路上的辅助者和引导者。学生在进行综合性学习的过程中，校内需要教师、同伴的帮助，校外的学习更需要学习辅助者的支持，而最好的辅助者就是学生的家长。因此，在进行语文综合性学习活动中，我们要充分发挥家长、专家的作用。

例如，学生在调查"在推广普通话的今天，你认为小学生还需要说崇州方言吗？"这个问题的时候，教师可以有意识地告诉家长相关的意图是什么，让家长能够根据自己的实际情况，在孩子向他们进行调查的时候给孩子一个比较鲜明的观点，并指导孩子用恰当的文字记录观点。这样才能让学生不仅接受某种观点，还能学习如何简单记录观点，并转述观点。因为这个问题是没有固定的答案，因此活动中才有观点的碰撞、思维的火花，学生也才能收获到更多。

不仅如此，学习时时刻刻都在发生，真正的学习仅仅停留在课堂上是远远不够的。"非遗"风筝研究组的教师把视角集中在了家庭学习上，也将其付诸实践，获得了出乎意料的效果。他们结合身边实际发生的事情，利用学生们的切身感受，开展实践活动"疫情下的风筝课程"。学生在家中，有更多的时间和父母相处，风筝实验班的学生化身小小采访员，带着学校的采访任务单，在家里采访自己的爸爸妈妈。采访单上设计了一些问题，例如："爸爸妈妈，你们小时候喜欢什么样的风筝，理由是什么？爸爸妈妈，你们小时候亲手制作风筝吗？如果做过，遇到过什么问题，怎样解决的呢？你们有什么经验可以告诉我们吗？你们放飞风筝时是什么感受？你们对'金鸡风筝'有哪些了解？"家长们的参与，让学生能够从生活中捕捉到关于"风筝"的话题，两代人通过"风筝"这一主题在思想和情感上碰撞出了不同的色彩，为这个学习活动增添了一抹趣味性，更能够凸显出学习辅助者支架的作用。

表4-4　"风筝的故事"采访调查问卷

采访人：熊紫绚　　　　　　参与家长：廖秀君　　　　　　班级：三.五班

问 题	爸爸妈妈说	我听后的感悟
爸爸妈妈，你们小时候喜欢什么形状的风筝？理由是什么？	喜欢如老鹰等动物形状的，因为在生活中习惯了这些鸟类，有亲切感，而且自己手工做也很方便。	其实一切东西都是源于我们的生活和身边的事物，并且具有明显的时代特征。
爸爸妈妈，你们小时候亲手制作风筝吗？如果做过，遇到过什么问题，怎样解决的？	自己做过，遇到的问题是牢固性材料不好找，飞不高还容易烂。我们就在竹条上面蒙上一层油纸，再在上面粘一层纸，干了就会是硬的。	自己做虽然有乐趣，但是也要遇到很多问题，需要自己动脑、动手尝试去解决。

家长的作用非常重要，教师的作用也不言而喻，因为综合性学习具有实践性，从内容来说，是学生感兴趣的，与学生生活密切关联的问题；从学习过程的参与上来说，在综合性学习的过程中，强调的是学生亲身参与。另外，综合性学习还具有自主性，学生根据自己的兴趣爱好，自主选择学习内容和目标，自己组织活动过程，自己收集资料，并提出问题和解决问题。由此，要以学生为主体、教师为辅助的模式进行。教师既要调动学生的积极主动性，又要引导同学们群策群力，帮助学生发扬合作精神，通过策划和实施活动，教给学生合作的方法，培养学生的合作意识、协作精神和组织、协调的能力，让学生实现真正有效的合作。如教师可以在小组合作分工前根据学生特点分配好每个小组成员角色，或者引导学生自行进行角色分配和分工。在合作学习情景下，引入"贡献"的评价维度，每个小组成员根据自己的贡献得到个人的评价结果，避免出现"搭顺风车"的情况。在活动设计时，为加强团队互动的学习环节，教师也可以通过学生每个阶段的表现进行评价互动，促进学生们积极互助的行为。

此外，同伴互助也必不可少，语文综合性学习的组织是一个人员分工、协调、合作的过程。小组合作是语文综合性学习常常使用的、行之有效的活动形式之一。学生为了完成一个活动，常常需要在一起进行研究与实践，取长补短，互相帮助。他们在与同伴分工合作的过程中，逐步懂得合作的重要性，并由此主动去学习，掌握与人沟通、交流、合作的技巧。

成果展示阶段，既需要来自家长、专家的见证与鼓励，以增强孩子的自信，使其体验到成就感，又需要他们从不同角度提出建议，对孩子们进行评价，以利于其不断提高语文综合性学习的能力。家长可以以参与者的身份融入到成果展示的节目中，如文学素养高的家长可以和孩子一起诵读崇州诗人的佳作，社区工作人员可以从社区的角度提出如何扩大崇州诗人知名度的策略，专业人士可以为研究组献计献策，以便更深入地研究……学校、家庭、社会是孩子学习和生活的环境，只有三方面共同协作，形成合力，才能促进孩子的健康成长。

（三）实践反思，提质增效

语文综合性学习活动后，教师要培养学习小组总结和反思的习惯，引导小组从思所得、思所失、思所疑、思所难四个方面进行反思。思所得，无论是哪一方面有益的收获，都要将其归类整理，供以后活动中参考使用。思所失，引导学生敢于正视不足，吸取教训，及时补足。思所疑，思考活动中出现的，还未解决的疑惑，记录下来，促使今后对这一方面加深思考研究。思所难，是引导学生回顾活动中难以理解或难以操作的内容，反复思考，总结提升。教师利用表格等工具，让学生进行反思总结。这也是对学生的一种评价。学生在评价中反思，在反思中成长。（表4-5）

如"非遗"风筝研究组为了更好地反观学生课堂表现、小组合作能力以及学生个体情况，在设计风筝标志活动的最后环节，教师设计自评表，让学生自己"照镜子"和合作小组"照镜子"，促进学生的自我认知和小组团队的建设。

表 4-5　活动表现自评表

活动主题	姓名	班级	时间	自评	小组评价
活动环节	评价内容				
活动准备阶段	1. 自己是否乐意参加这次活动				
	2. 自己乐意接受承担的任务				
	3. 自己是否积极主动准备活动需要的资料（记录本、拍照的器材等）				
	4. 自己对小组分配的任务是否感到满意				
活动开展阶段	1. 自己是否积极参与活动，并想办法解决活动中遇到的困难				
	2. 当同学在活动中遇到困难，是否积极主动地帮助				
活动开展阶段	3. 在活动中是否能有自己的想法，并能和组员积极交流				
	4. 在活动中，能积极主动地和陌生人交流，懂得采访的技巧				
活动分享阶段	1. 能独立完成自己的作品，对自己的作品有一定的解读				
	2. 当别人对自己的作品有建议时，自己是否能虚心接受				
	3. 学会欣赏别人的作品，并能提出自己的见解				
	4. 能将自己的作品介绍给大家				
总　分：					

在中期活动中，要充分发挥教师、同伴、家长和专家作为辅助者支架的效用，关注学生在活动参与过程中的表现，了解学生的发展状况及发展中的需求，及时予以帮助。通过多种支架辅助，才能发展学生多方面的潜能，帮助学生认识自我，建立自信，促进学生在原有的水平上有所发展，从而提高学生的整体素质。

三、后期展示策略

（一）"展"字为核，进阶呈现

1. 展的作用。

在语文综合性学习中，要想让学生的学习有主动性，教师应该为其留够一定的空间来表现自我，让学生在学习中主动参与，获得成就感和乐趣。语文综合性学习中的展示环节无论是对教师的教学，还是对学生自身的发展，都能起到很好的推动作用。

（1）展成果，知学情。

在语文综合性学习中，让学生展示学习成果，可以检验学生自主学习和合作学习的效果，让教师能及时了解学生的学习情况。由于语文综合性学习不局限于课内，更多的是学生在课外、校外的学习，学习方式是以学生自主和合作学习为主。教师无法对每一个学生和每一组学生的学习情况进行跟踪，所以通过展示，教师可以清楚地掌握每一个学生的学习情况。如通过展示学生搜集到的资料，教师可以发现学生搜集的资料是否符合要求，内容是否全面，搜集的途径是否多样等问题，有助于教师充分了解学情。地方名人研究组在开展语文综合性学习"走近家乡名人"的展示活动前，先确定了活动的主题，及时给学生布置了活动的第一个任务：学生利用课余时间搜集整理蜀州名人的相关资料。展示时，有的学生讲名人的故事，有的学生背诵名人的诗词，有的学生讲自己在搜集过程中的感受。在学生交流展示的过程中，教师能很好地掌握学生搜集资料的情况，也能清楚学生的特点。

（2）展成果，树信心。

在常态的语文课堂教学中，只有少部分学生能得到展示的机会，大部分学生只能充当观众的角色。而在语文综合性学习中，教师会努力为学生创造更多的机会和条件，让每一个学生都能得到展示的机会。有的学生能得到在小组内展示的机会，有的学生能得到全班展示的机会，还有的学生能得到在校外展示的机会等。通过这样的展示，学生能逐渐从不敢表达到敢于表达，从羞于表达到自信表达，充分调动了学生的积极性，让学生从点滴的进步中，感受到成功的喜悦，从而帮助学生树立了自信，增强了学生的自我认同感。例如，实验三小研究组在对道明地名的研究汇报展示中，班上有一个孩子，他的文化课成绩每一科都处于班级的末尾，口语表达、朗诵、讲故事等能力都很弱。在小组合作学习中，小组的成员都非常照顾他，让他先选学习任务。在解说、朗诵、讲故事、画画等任务中，他权衡了半天，最后选定了画白塔的任务。在展示小组合作学习成果时，这位同学画的白塔，虽然塔身歪歪斜斜的，塔顶都没有画出来，但是他勇敢地将自己的作品展示给同学们看，并在展示的过程中为同学们讲述了画画的过程，介绍了白塔的结构。在整个展示过程中，虽然这个学生的语言表达磕磕绊绊，但是至少他敢于展示，敢于突破自我。从他的展示分享中，教师感受到了他参与展示的快乐，从他脸上洋溢着的成功分享后的那份喜悦，感受到了他正在逐步增强的自信。

（3）展成果，育能力。

教育是为了学生将来的发展，为学生的终身学习打下基础。在语文综合性学习中，学生通过展示，可以锻炼胆量、口头表达能力、分析问题的能力等，为将来走上社会，更好地适应社会作好准备。在语文综合性学习中，每个学生都有其自身特点，有的学生思维能力强但表达能力差，有的学生朗读能力强但行为能力差。在展示中，教师积极创造条件让学生展示自己，使学生得到全方位锻炼的机会，提高了学生的综合素质。例如，实验三小在对道明地名的研究过程中，学生通过小组合作查找关于娘娘岗、藏马沟、杨侯岛等地名的相关传说后，在课堂的展示交流环节，学生通过"讲地名故事，知故事由来""地名知识抢答""我来当地名小导游"等活动，既锻炼了勇于表达的胆量，又提高了口头表达能力，让学生变得乐于交流、善于交流。

又如，在展示"地方名人"的学习成果时，学生先要将搜集到的名人资料进行分类整理，在此过程中，学生搜集整理资料的能力得到了提升。此外，学生还要思考，以什么样的形式进行展示才能更好地呈现成果。有的小组以"名人博物馆"的形式展示，有的小组以情景剧的形式展示，有的小组以研究报告的形式展示等，不同的展示形式都不同程度地提高了学生的语文综合性学习能力。

2. "展"的内容。

因语文综合性学习具有连续性和阶段性，所以展示的内容也会因阶段的不同而不同。在初期，重在展示学生筛选出的问题、确定的主题、各小组形成的方案；在中期，重在展示学生个体学习情况以及小组整理出的尚未解决的问题；在后期，重在展示小组合作学习成果。在展示活动中，要注意展示内容贵在"精"，要重在展示学生的语文综合性学习过程，展示其小组分工的合理，搜集资料的多途径，解决问题的多方法。

3. "展"的方式。

在语文综合性学习中，展示的方式多元化才能让展示活动精彩纷呈。教师课前要引导学生根据自身的学习情况选择不同的展示方式。

从展示的组织来说，有个人展示、小组代表展示、小组集体展示等。如组内小展示由小组长组织，对展示中发现的问题能解决的在组内解决，不能解决的问题学习组长汇报给老师，便于教师把握学情，为班内大展示做好铺垫。对于活动中的"班内大展示"，一般采用小组集体汇报的形式来进行。小组根据内容的不同，选择自己喜欢的方式进行展示。这样不仅激发了学生合作学习的热情，而且演绎了精彩的展示。

从展示形式来说，有口头展示、书面展示、情境展示、实物模型展示等。这些展示方式要根据展示主题恰当灵活使用，在展示中可采用个别展示与小组展示相结合，口头展示与书面展示相结合，台上展示与台下展示相结合等形式。例如，在地方建筑文化综合性学习成果展示中，学生可以选择语言加图画的形式展示；在"非遗""金鸡风筝"文化综合性学习成果展示中，学生可以选择用图片加风筝小制作的方式进行展示；在地名文化综合性学习成果展示中，学生可以选择用演一演和讲一讲的形式进行展示。

4. "展"的层次。

在语文综合性学习中，展示活动要遵循学生的年龄特点，进阶呈现。教师可以依据学生低段、中段和高段制定相应的展示活动层次。

（1）低段：注重展示与生活的联系。

低段学生研究能力较弱，喜欢动手操作，所以低段学生的展示活动要注重与生活的联系。如在民俗文化综合性学习展示活动中，学生通过前期观看"元通清明会"上的兔灯，画出自己心目中的兔灯，然后动手制作兔灯，最后展示了自己动手制作的兔灯，还拉着兔灯在操场上游玩，展示活动热闹而充满童趣。在古建筑文化综合性学习展示活动中，学生将自己走进罨画池公园认识的"罨画池""窗""暗香亭"等字词写在各种形状的卡纸上，带到学校参加展示活动。在展示活动过程中，学生不仅认识了许多新字，还欣赏到了各种各样漂亮的卡片，既学到了知识又愉悦了身心。在地名文化综合性学习展示活动中，学生将认识的地名制作成形态各异的书签进行展示，既增强了对地名的认识，又提高了动手能力。

（2）中段：注重展示形式的多元。

中段学生具有了一定的知识积累和研究能力，所以中段学生的展示活动要注重形式的多样。如在地名文化综合性学习展示活动中，老师设计了"讲朱氏街的故事"中的"故事大王PK赛"展示活动，整个比赛活动气氛活跃，学生兴趣浓厚，对"朱氏街"这个地名有了更全面的认识，语言交流能力得到了提高。

教师还可以引导学生通过设计绘画（制表格、作画、设计黑板报、设计海报、画手抄报……）、身体运动（分角色表演、用舞蹈表达、用肢体语言表达……）、音乐韵律（设计背景音乐、打节拍唱歌、制作简易乐器、唱歌、演奏……）、人际沟通（小组合作学习、参与公益性活动、参与社会调查、主持特定班会……）、自然观察（收集和分类资料、记观察笔记、拍照、录视频、旅游见闻、养护植物、饲养宠物……）等方式来展示。地方名人研究组在开展"今天陆游着哪个朝服合适呢？"展示活动时，学生将自己对人物形象的理解结合宋朝朝服的特点，进行了设计和制作，有的小组制作了一张张精美的剪贴画，有的小组则手绘了许多精美的图片等。不得不说，语文综合性学习的展示形式多样，注重学科融合，学生在提高语文学习能力的同时又得到了美的熏陶，特别是对学生进行了文化的渗透，可谓一举多得。

（3）高段：注重展示提升思维。

高段学生的研究能力逐渐增强，具有了一定的创新能力，所以高段学生的展示活动要注重思维的提升。在组织展示活动时，教师要引导学生选择更有助于思维提升的展示方式。如选择汇报表演的展示方式，既可以体现学生对研究成果的内化，又促进了情感的交流、思维的交锋。选择辩论比赛的展示方式，可以让学生在辩论中进行思维的碰撞，提高认知。如以在地文化为载体的语文综合性学习成果展示活动中，学生对古建筑和现代建筑谁更优、门窗花饰是美还是迷信、模仿古建筑是好还是不好、老建筑的去和留、现代建筑能否取代古代建筑、是否该修复古建筑、"元通清明会"是否该一直传承下去等问题，都可以通过辩论的方式来展示学生思维提升的过程。

5."展"的指导。

在语文综合性学习的展示活动中，教师是活动的组织者和指导者。教师的组织可以保障展示活动的有序进行，教师对学生的指导可以提高学生展示的质量，所以教师对展示活动的组织和指导要有针对性和有效性。

（1）规范用语，指导表达有序。

在展示活动中，教师要规范学生的展示交流用语，培养学生良好的展示交流习惯。展示交流时，要求学生努力做到大胆、大声、大方，谦虚地表达自己和组员的意见。如"我们组认为……""我的看法是……"，注意语言要简洁、准确、有条理，要敢于客观真实地发表自己的观点，还可以使用一些发问性的语言，如"大家有问题吗？""有没有同学补充？""哪个小组有更好的见解？"要求每位学生将规范的展示交流用语熟记于心，这样既有利于学生在初始阶段能迅速进入角色，保证展示活动的快节奏、高效率，又能提高学生有序表达的能力。

（2）培训组长，指导小组合作。

在展示活动中，小组长的主要职责是对本组成员进行分工，组织全组人员有序地开展讨论交流、动手操作、探究活动。教师应该重视对小组长的培训，指导小组长根据组内成员的特长进行合理分工。例如，胆子大些、语言组织能力强的组员当"汇报员"，思维敏捷的组员来回答其他组的质疑，字写得好的组员当小组记录员。为了激发组内每个成员的责任意识、团队意识，这种分工不是一成不变的，而是要根据实际情况定期动态轮换和定期调整，从而达到小组内各成员共同提高的目的，提高合作学习的有效性。另外，上台展示交流时，小组长要做好小组成员间的协调工作，如帮忙调整放映PPT；同学有质疑，汇报交流的同学答不上来时，本组成员可以帮忙解答；如果需要结合板书的，组内的其他同学可提前在黑板上写好等。

（3）关注细节，指导学生互动。

在展示活动中，交流的精彩和有效源于台上台下学生间的互动。台下的学生要学会认真倾听，及时记录关键词，要善于思考提出问题；不随意打断同学汇报，在倾听的过程中，如有异议，可以先举手，但必须等同学汇报完一个环节，再质疑。台上展示交流的学生也要注意细节，例如，展示交流的学生要用板书协助说明观点时，一定要侧身而立，不要挡住旁边同学的视线；小组集体展示交流时，最好小组成员全部站到讲台上或是教室内比较醒目的位置，这样便于其他组的同学能够更好地互动交流。

"非遗"风筝文化研究组，在开展《我们与风筝的约定》的汇报展示环节中，以小组为单位上台展示，小组展示后，其他小组成员现场指出问题，提出建议。小组在组长的组织下，结合大家提出的意见，再次整合资料，再进行第二次的全班交流，如果还没有达到效果还可以进行第三次，这样大大提高了活动的有效性。

（二）两"定"联动，一境一明

1. 确定展示环境。

首先，在进行语文综合性学习展示时，首先要激起学生汇报的兴趣，增加学生汇报的热情。教师要善于导入，可以用情绪、语言、实物、音乐、图片等激起学生的兴趣，营造气氛，激发学生的展示激情。同时，教师要为学生悉心营造一种尊重、民主、和谐、安全的展示氛围，要让学生"敢于展示，会展示"。教师需要秉承道德的准则，使用"合道德"的方式，保障学生的话语安全和人格安全，让学生在身心愉悦、人格健康、精神自由、生命自主的学习环境和学习过程中，充满强烈的表现欲，体验到展示的愉快和幸福。只有这样，学生才会敢于表达出来，展示才能真正成为观点的交流、智慧的碰撞。教师的评价和鼓励对学生"敢于展示"也非常重要，当学生的展示得到教师和同学的赞赏时，会增强学生的自信，让学生愿意表达、敢于展示。在展示前，教师给予学生充分的指导，让学生逐渐学会展示。

其次，以现代信息技术为手段，提供有利于学生展示的环境。在小学语文综合性学习活动中，充分利用信息技术，将汇报到的事物、情景再现于课堂，将多项智能技术与汇报相结合，激发学生汇报兴趣，使汇报展示达到最佳。如地方名人研究组在开展"走近唐求"语文综合性学习展示活动时，小组学生将收集的街子古镇的图片、唐求的诗作等资料制作成精美的PPT利用多媒体展示出来，让其他学生直观地感受到街子古镇现今处处能见唐求的影子。在开展"轻叩诗歌的大门"展示活动时，教师把学生喜爱的诗歌显示在大屏幕上，配上插图和音乐，使学生完全沉浸在诗歌所表达的情感中，读起诗歌来也更有韵味了。

最后，公平展示机会，促进学生发展。教师应为每个学生提供自我表现、自我塑造的均等机会，让处于不同水平、不同层次的学生都有机会显露头角，体验成功。为此，教师可以发挥学生团体的力量，让学生自愿组合，组成不同的小组，鼓励或支持学生展示汇报。地方名人研究组在开展"寻天府诗人 觅唐求足迹"的语文综合性学习展示活动中，每个小组都有主题，小组成员汇报时也分工明确：有的介绍唐求的生平，有的讲述唐求的故事，有的朗诵唐求的诗篇等，小组展示的内容丰富，思路清晰。

2. 确定展示内容。

汇报展示的前提是目标明确，分工合作。参与活动的小组成员要明确自己的职责，众人各司其职，合作完成任务。由于各年龄阶段的学生能力不同，即使是同一阶段的学生发展都会存在差异。因此对于汇报内容的确定，需要针对性地制定，这样更具有科学性，便于学生高效地完成学习任务。展示时，得让每一位小组成员都有事可做，在汇报展示的时候才会有话可说，才会有相应的课堂互动，这有助于提高课堂汇报的效果。在地方名人的语文综合性学习展示活动中，明确每个小组展示汇报的主题，如"唐求青年时期的经历""唐求为官时的事迹""唐求老年时期的境遇"以及"唐求诗歌的赏析"等。在地名文化的语文综合性学习展示活动中，每一个小组展示的主题各不一样，有的展示"以名人命名的地名文化"，有的展示"以方位命名的地名文化"，还有的展示"以神话故事命名的地名文化"……每个小组又由组长具体安排小组成员汇报。在明确任务的驱动下，学生汇报展示时有的放矢，既避免了展示的重复，又保证了展示的全面。

（三）凸显思维，创意为要

语文综合性学习要凸显学生思维，提升学生的创新意识和能力。教师要引导学生善于观察、善于思考、勤于实践。学生创意要以解决现实问题、实现文化的古为今用为目的。例如，在地方名人文化语文综合性学习展示活动中，学生通过展示"以地方名人文化为内容，为崇州设计一张城市名片"等，达到了宣传崇州的目的。学生以陆游祠为背景，以陆游诗的名句"江湖四十余年梦，岂信人间有蜀州"为名片的内容，让人们对崇州厚重的文化底蕴有了深刻的领会。课后研究组对制作的所有名人档案进行分类整理，形成一本《蜀州名人档案册》。"非遗"

金鸡风筝研究组有效利用学校和马尔康结对的资源，为马尔康学生介绍"金鸡风筝"在颜色、图案、设计、制作中的特色；马尔康学生结合自己的地方文化，设计制作有藏族文化的风筝，如藏文风筝、藏服风筝、藏寨风筝，从而实现了文化的融合。地方民俗文化研究组的学生欣赏各式各样的兔灯后，设计制作有创意的兔灯。学生在设计制作的过程中，进一步感受传统文化的魅力，想象力得以充分展现，在设计中融入自然、人文和文化，如设计嫦娥兔灯、月球兔灯、帆船兔灯。这样的设计，培养了学生多学科融合能力和创新能力，真正实现五育并举。地名文化研究组引导学生将自己整理的地名信息制作成地名书签，书签上有学生亲手绘制的地方特产图片，书写有学生自己设计的宣传语。

活动后期的展示，既是对学生语文综合性学习效果的展示，又是对学生语文综合性学习过程的反思和总结，更是学生相互学习、共同提高的机会。

第三节　具有多元性的课程评价

基于在地文化的小学语文综合性学习课程评价体系包括评价意义、评价对象、评价内容、评价原则、评价结果运用以及量表设计。

一、评价的意义

（一）诊断与修订

评价基于在地文化的小学生语文综合性学习课程的目的是分析课程设置的合理性，对课程实施的有效性进行诊断，并对课程进行修订。通过评价，进行反复的修订有利于让课程尽可能地趋于完善。同时，课程实施过程的诊断与修订有助于发现学生在课程学习中的不足，为教师调整教学行为提供依据，从而提高课程实施的有效性。

（二）督促与激励

评价对教师和学生具有督促和激励作用。需要在基于在地文化的小学语文综合性学习课程中，对师生进行前期、中期和后期评价。这些评价，对学生的课程学习动机和教师的课程活动实施具有很大的激励或督促作用，可以有效地推动课程开展。

（三）了解目标达成度

对实施的基于在地文化的小学生语文综合性学习课程的结果进行评价，通过将预定目标与真实结果比较对照，了解课程达成目标的程度。例如，学生成长目标：掌握综合性学习的方法，综合性学习能力得到提升；教师发展目标：提升教师小学语文综合性学习课程的开发能力；教学改革目标：改变崇州市小学语文综合性学习仅仅基于教材、受限于语文课堂、缺乏跨学科和与生活综合的现状，形成基于地方优秀传统文化的小学语文综合性学习课程开发体系；文化传承目标：让崇州市地方优秀传统文化得以最大限度地传承和理解。

（四）判断成效

通过评价对基于在地文化的小学生语文综合性学习课程、学生和教师进行全面的衡量，判断课程实施后的成效，对课程实施后的效果进行全面把握。学生方面的效果：形成热爱家乡文化的感情，增强文化自信；进一步提高学生的综合素质，培养创新精神；提高语文综合性学习能力等。教师方面的效果：提高自身的课程开发和语文综合性学习的教学能力；教师主动成为崇州地方优秀传统文化的传承者；教师组织学生开展语文综合性学习活动的方式得以转变等。

二、评价对象

评价对象包括基于在地文化的小学语文综合性学习课程的元评价、对教师开展语文综合性学习教学活动的评价，以及对学生语文综合性学习能力的评价。

三、评价原则

（一）过程性原则

语文综合性学习是一门师生亲历体验的课程，一方面要重视对学生在活动过程中的表现评价，只要学生经历活动过程，对自然、社会和自我形成一定的认识，获得了实际的体验和经验，就应该肯定其活动价值，给予积极的评价；另一方面要重视教师在教学活动中的表现评价，关注教师在教学活动中是否为学生搭建好了活动支架，是否引导学生体验活动过程等方面。

在进行民俗文化研究时，在"吉祥物创意设计""美食推介会""我是小导游"课程实施过程中，从最开始的搜集材料到最后的成果展示，每一个学生都在这个过程中获得成长。在这个过程中，评价应该关注学生是否能熟练运用知识在语文应用的环境中去发现问题、分析问题和解决问题；是否具有一定的审美鉴赏力和文化理解力；是否具有运用不同手段和方法对信息进行处理、筛选的能力……这样的评价，更能促进学生语文素养的提升和语文综合性学习能力的形成。

（二）多元性原则

语文综合性学习强调评价标准和评价主体的多元化。一方面要鼓励并尊重学生富有个性的自我表现方式，如演讲、表演、写作、绘画、制作等，评价不应只由教师来决定，而是要通过讨论、协商、交流等多种形式，将学生自我评价、同学互评与指导教师评价结合起来。另一方面对教师的评价要着眼于语文综合性教学的多方面，如语文综合性学习活动目标的确定、活动理念的体现以及活动方式的呈现等。

例如，名人文化研究中，教师开展了演讲张露萍烈士"干一场"的故事，表演她英勇就义的情形，写调查报告等活动。评价时，通过小组讨论、师生协商等多种形式，将学生自我评价、同学互评与指导教师评价结合起来。

（三）反思性原则

在语文综合性学习活动中，要充分发挥评价的教育、改善和促进功能。评价既要指引教师对活动组织中的目标、教学手段等方面进行反思，达到教师的自我改进，提高语文综合性教学水平的目的，又要让学生反思自己的学习活动。要培养学生对活动过程（特别是细节）的记录习惯，要通过活动过程、交流和活动成果汇报，让学生对问题和方法进行讨论和交流，分享和思考成果，从而达到自我反思的目的。

如在地名文化研究的"走进广场"语文综合性学习活动中，学生通过分组收集广场资料并进行整理，对自己的资料作进一步的筛选，将图片和文字进行组合，最后形成汇报资料。评价后，学生便在小组中进行讨论、反思、总结和分享。如在汇报课中照着PPT读，影响了他们的发挥，也缺乏互动，所以在这次活动及评价后，学生们也在反思中找到了自己的不足，达到自我改进的目的。

（四）激励性原则

因语文综合性学习教学活动的复杂性，一方面，评价要重在激发教师的教学兴趣，鼓励教师不断完善教学活动设计和实施，引导教师尽可能地呈现出优秀的语文综合性学习活动。另一方面，评价要重在发现和肯定学生身上蕴藏的多种潜能、闪光点，通过表扬、鼓励、表彰等方法鼓励学生大胆想象、创造和实践，激励与维持学生在活动过程中的积极性、主动性和创造性。

如民俗文化研究课题组进行"创意兔灯"的设计、制作过程中，教师既要对表现好的学生进行表扬，也要关注表现不太好的学生，通过贴红花、画笑脸、盖印章、颁发奖状等方式，对这部分学生给予更多鼓励，增强他们的获得感，提高他们的积极性和参与性。

四、评价内容

（一）课程元评价

课程元评价包括对课程目标、课程内容、课程实施和课程成果总结等的评价。基于在地文化的小学生语文综合性学习课程是一门学习地方优秀传统文化并在学习过程中培养和提高学生的综合实践能力的课程。课程评价要求学生：一是对崇州地方优秀传统文化了解、吸收、继承、创新，提高自身文化修养；二是从在地文化出发，发现当前现实中的具体问题，掌握并运用综合实践能力去解决，以此促进自身的综合素养。

（二）对教师的评价

教师教学的评价：指对教师开展的基于在地文化的小学语文综合性学习课程活动进行的评价，包含对活动的目标、活动环节、活动方式、学生学习方式的组织等方面的评价，以促进教师不断改进和提高自身的语文综合性教学能力。

（三）学生的评价

学生是课程实施的主体，是课程内容主要的接受者。对学生在课程学习中的具体情况进行评价，重在对学生语文综合性学习能力和对崇州地方优秀传统文化继承的评价。分为低、中、高三个学段，包括对地方优秀传统文化的了解与传承、搜集与整理能力、合作探究能力、表达能力等方面进行评价。

五、评价结果运用

评价结果主要运用在于：一是根据结果指导学生的综合性学习应贴近生活，强调在实现语文学习目标的同时，追求积极、健康、和谐的生活方式，提高学生与自然、社会和他人互动中的应对能力；二是监测与反思教师在语文综合性学习各环节中的教学目标设定、教学策略等；三是明确地方优秀传统文化对学生的影响以及学生对其的创新性继承；四是进一步强化评价的整体性、过程性与多元化等。

六、各类评价量表

（一）课程开发评价量表

表4-6　基于在地文化的小学生语文综合学习课程开发评价量表

评价对象	评价内容	综合评价		
		合理	一般合理	不合理
课程目标	1.课程目标具有全面、科学、现实意义			
	2.课程目标引导学生在地方优秀传统文化方面形成了传承与创新意识			
	3.课程目标体现了发展学生的语文综合性学习能力			
	4.课程目标强调了学科的综合性，体现了跨学科融合、主题式学习和项目式学习等学习方式			
	5.课程目标实现了从被动学习到主动学习的转变			
课程内容	1.课程内容是否符合课程目标			
	2.课程内容涵盖了小学语文综合性学习能力的培养与地方优秀传统文化			
	3.课程内容符合学生年段身心发展特点			
	4.课程内容具有可操作性			
	5.课程内容体现了语文与社会实践相结合			
课程实施	1.具备相应的活动操作手册			
	2.实施过程体现语文性、综合性			
	3.教师能根据实际情况做出调整，具有灵活性			
	4.教学是否考虑了家、社区等教学资源			
	5.课程实施有助提升学生语文综合性学习能力			
	6.课程实施有助培养学生对地方文化的认同感、传承自觉			

		较好	一般	较差
课程评价	1. 课程评价采用了形成性评价、总结性评价、效能评价和内部评价，评价多元化，注重差异性			
	2. 评价信息有专人负责搜集			
	3. 根据评价对课程开发进行进一步完善			

本量表用于评估课题组在开发基于在地文化的小学生语文综合学习课程的合理性。本评价量表共19项，主要包括课程中的四大要素，即课程目标、课程内容、课程实施、课程评价。课程目标从目标设计的科学性、学生能力提升、地方文化传承创新、学生学习方式等的合理性进行评价；课程内容针对课程所设置的体系的合理性进行评价；课程实施从课程的设计、操作性、灵活性的合理性等进行评价；课程评价从评价方法、评价资料收集、评价后的完善进行评价。

（二）课程实施评价量表

表4-7　基于在地文化的小学生语文综合学习课程实施评价量表

评价对象	评价内容	综合评价		
		较好	一般	较差
教　师	1. 学期初制订教学计划、安排好教学进度			
	2. 设定适合学生年段特点与课程特点的教学目标，目标明确、具体、切实可行，符合学生实际			
	3. 教师能根据小学语文综合性学习能力培养选择合理的优秀地方文化资源			
	4. 教学环境的选择与设置有利于师生互动和同学间的交流与沟通			
	5. 教师的教学设计能体现语文性、实践性、综合性、探究性等特点			
	6. 教学活动中体现以学生为主体、合作探究为主轴、实践为主线、与生活相融合的教学原则			
	7. 教师语言流畅、规范，具有生动性和启发性。思维清晰			
	8. 在教学活动中，教师有对学生进行即时、生成性、激励性的评价			
	9. 能从教学实施的反思中，提出课程整体或局部的修缮问题，有利于对课程进行重构与改进			

本量表用于评估子课题学校教师在实施基于在地文化的小学生语文综合学习课程的科学性与合理性。本评价量表共9项，主要包括教学中的三大要素，即教学目标、教学内容和教学实施。

（三）课程成效评价量表

表4-8　基于在地文化的小学生语文综合学习课程成效评价量表（低段学生）

评价项目	评价内容	综合评价							
		自评		他评		师评		家长评	
		较好	一般	较好	一般	较好	一般	较好	一般
情感态度	1. 对周围事物有好奇心								
	2. 对活动内容感兴趣								
	3. 有与人合作、参与讨论、表达自己见闻和想法的愿望								
	4. 讨论时态度自然大方，有礼貌；有表达的自信心								
资料收集	5. 能按老师的要求，在家长的指导下收集资料，用图文等方式记录								
	6. 能初步整理收集到的资料，读正确、读通顺，了解大概意思								
合作讨论	7. 能认真听别人讲话，了解主要内容								
	8. 能就感兴趣的内容提出问题，结合地方文化的阅读共同讨论，发表看法								
	9. 积极参与讨论，发表自己的意见								
成果展示	10. 各种形式诵读童谣								
	11. 能用文字、图片、表演等生动形象的形式表达自己的学习过程和研究成果								
文化认同	12. 写出你所知道的地方优秀传统文化								
	13. 你以什么方式传播地方优秀传统文化？								

表4-9　基于在地文化的小学生语文综合学习课程成效评价量表（中段学生）

评价项目	评价内容	综合评价							
		自评		他评		师评		家长评	
		较好	一般	较好	一般	较好	一般	较好	一般

情感 态度	1. 积极参与活动，兴趣浓厚，乐于与人合作								
	2. 能认真倾听，能就不理解的地方向人请教，就不同的意见与人商讨								
	3. 讨论时态度自然大方，有礼貌；有表达的自信心								
资料 收集	4. 根据内容和要求，有目的地收集资料								
	5. 学习通过上网、查阅图书、采访等途径收集资料，做好记录								
	6. 能对收集到的资料进行初步筛选，分类整理								
合作 讨论	7. 能发现并提出学习和生活中的问题								
	8. 能把握他人说话中的主要内容，简要转述								
	9. 讨论时能清楚明白地表达自己的观点								
成果 展示	10. 能在教师的指导下组织有趣味的语文活动								
	11. 能根据活动内容，采用多种形式生动形象地进行展示								
	12. 能制作地方文化的名片、绘本、撰写导游词、制作活动小报等展示活动所得								
文化 认同	13. 写出你所知道的地方优秀传统文化								
	14. 你以什么方式传播地方优秀传统文化？								
	15. 古为今用，地方优秀传统文化给你什么启示？								

表 4-10　基于在地文化的小学生语文综合学习课程成效评价量表　（高段学生）

评价 项目	评价内容	综合评价							
		自评		他评		师评		家长评	
		较好	一般	较好	一般	较好	一般	较好	一般
情感 态度	1. 积极参与活动，主动与人合作								
	2. 听人说话认真、耐心，与人交流能尊重和理解对方。								
	3. 乐于参与讨论，敢于发表自己的意见								
	4. 注意语言美，抵制不文明的语言，学习辨别是非，善恶美丑								

左侧竖排书名：文化育人 的学科实践 ——基于在地文化的语文综合性学习课程构建

资料收集	5. 根据内容和要求，有目的地收集资料							
	6. 为解决与学习和生活相关的问题，利用图书馆、网络等信息渠道，获取资料							
	7. 对收集到的资料进行筛选，分类整理							
合作讨论	8. 讨论时能抓住要点，简要转述							
	9. 表达有条理，语气语调适当							
	10. 能就活动主题组织组员进行讨论，整理讨论纪要							
成果展示	11. 策划简单的校园活动和社会活动，学写活动计划和活动总结							
	12. 能通过专题演讲、主题辩论、比较赏析等方式展示活动成果							
	13. 写出你所知道的地方优秀传统文化							
文化认同	14. 你以什么方式传播地方优秀传统文化？							
	15. 古为今用，地方优秀传统文化给你什么启示？							

本量表用于课题组评价学生在教师实施课程教学后；对课程内容的掌握情况、能力提升等方面进行评价，以切实反映课程落实的效果。本量表分低、中、高的年段特点设计了三段相应的评价量表，每个量表包括情感态度、资料收集、合作讨论和成果展示四个部分。

第五章

基于『非遗』『金鸡风筝』的课程案例

第一节　课程结构和内容

　　本课程是崇州市第二实验小学根据学校所处区域内在地文化的独特性和学校师生的实际情况构建。第二实验小学地处金鸡乡彭庙村，这里有着悠久的"非遗"文化——"金鸡风筝"扎制技艺。该技艺在2009年入选四川省级非物质文化遗产。学校通过调查问卷了解到，47.4%的学生喜欢"金鸡风筝"但不了解，96%的学生认为该保护"非遗""金鸡风筝"，但不知道保护与传承的方法。

　　"非遗"风筝课程研究组在进行在地文化综合性学习课程研究时发现，现在的学生综合性能力较低，如解决问题能力、搜集处理信息能力、组织策划能力、合作能力、语言表达能力等都亟待提高。所以课程研究组在总课程组的指导下，以"非遗""金鸡风筝"为载体构建了小学语文综合性学习课程。本课程的构建历经两个阶段：第一阶段基于低、中、高三个年段学生的不同认知，选择不同的内容。这一阶段的选择比较零散，不成体系。第二阶段在深挖"非遗""金鸡风筝"的历史文化的基础上，将"金鸡风筝"文化以结构化成体系的形式呈现。这一阶段将学生思维有梯度有层次地呈现，有助于培养学生的结构化思维。从以上两个阶段可以看出，第一阶段是基础，第二阶段是核心。

一、课程结构框架图

　　课程结构框架图如图5-1所示。

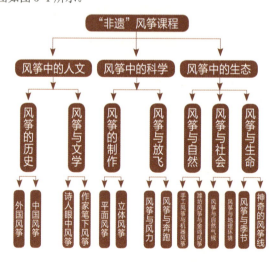

图5-1　"非遗""金鸡风筝"课程结构框架图

二、"五育融合"的课程版块

"非遗""金鸡风筝"课程框架分为"风筝中的人文""风筝中的科学"和"风筝中的生态"三大版块。"风筝中的人文"版块指向学生核心素养中的"人文底蕴""责任担当"主题，重点落实"文化修养""社会参与"的课程目标。"风筝中的科学"版块指向学生核心素养中的"健康生活"主题，重点落实"社会参与""文化传承"的课程目标。"风筝中的生态"板块指向学生核心素养中的"自主合作、科学精神"的主题，重点落实"自主发展创新意识"的课程目标。

"非遗""金鸡风筝"课程三大板块的活动主题指向了"立德树人，五育并举"的培养目标，构建了五育相融下的"非遗"风筝课程。"风筝中的人文"重点落实智育；"风筝中的科学"重点落实体美劳三育；"风筝中的生态"重点落实德育。

"非遗""金鸡风筝"课程围绕"崇州金鸡"这一场域，将风筝元素贯穿于跨学科课程之中，带领学生走进"非遗"金鸡风筝、认识"非遗""金鸡风筝"、参与"非遗"文化传承与弘扬。在"学生为本、凸显特色、素养养成"的指导思想下，立足课程目标、学情和场域资源，根据目标导向及资源最大化利用的原则，在明晰板块定位与确定课程内容的基础上，研究组制定了各项学习主题和实践活动。每个板块由二至三个数量不等的学习主题构成，并匹配各自所对应的驱动性学习任务。

"风筝中的人文"版块带领学生走近"非遗""金鸡风筝"传承人，在致敬传承人中传承"非遗"金鸡文化。

"风筝中的科学"版块以"风筝的制作"与"风筝的放飞"两个作为主题内容，通过实地参观、技艺探秘、动手制作、风筝创新等活动，学生学习"非遗"风筝制作的基本知识与基本制作技能。在小组合作学习中，学生学会如何在自主探究的基础上选择合作伙伴组成同质或异质小组，并懂得如何与伙伴展开探究活动等，提升自我的合作能力，并最终实现自主发展。

"风筝中的生态"版块依托周边资源，进行"风筝与自然""风筝与社会"和"风筝与生命"三个主题的探究，了解放飞风筝的自然环境与地理因素，风筝线对于风筝的重要性等问题，在体验中进行纵横对比，感受"非遗""金鸡风筝"的发展与变迁，唤醒"非遗"文化传承的紧迫感与使命感。

三、课程实施场域类型

不同的课程内容特征决定了课程实施活动的场域类型。"风筝中的人文""风筝中的科学""风筝中的生态"三大板块的学习内容采用"风筝＋学校课堂""风筝＋家庭"和"风筝＋社会实践"的不同场域类型来实施开展活动。（表5-1）

表5-1 "非遗""金鸡风筝"课程设计表

教学课程	课程目标	课程内容	课程实施	课程评价	课时
风筝+学校课堂	1.通过"风筝"这一主题的学习能够培养学生在不同学科上的核心素养 2.培养学生交叉学科间综合思维力 3.培养学生的动手、审美、语言表达、几何思维、实践探究等方面的能力 4.通过有趣的学习过程培养学生对传统文化的喜爱	风筝与语文	与"风筝"有关的各类文学作品的学习	征文比赛	2课时
		风筝与美术	鉴赏、主题设计、展示	设计、展示活动	2课时
		风筝与数学	三角形的稳定性、角度的把握	知识讲解小视频的拍摄、相关实验的成果检验、与学科相关的书面考试	2课时
风筝+家庭	家庭共同学习的契机，激发学生的创造力	风筝的分享、制作和使用	完成风筝设计的表格填写，包括风筝的名字、设计理念、是否成功起飞等	以学生制作风筝过程中的美术设计、科学实验、文学作品、数学模型、义卖活动、学生历史讲解视频等为主要评价内容，可以采取网上投票或线下评比优秀展示等具体评价环节。	4课时
风筝+社会实践	在实践中促使学生在沟通、表达、动手以及思维发散等多方面能力升华	风筝的宣传、义卖、捐赠等活动的策划	以学习小组的方式进行风筝的相关活动，指导老师监督，学生实施		4课时

四、灵活的课程设置

（一）将国家基础性课程融入"非遗"金鸡风筝课程

"非遗""金鸡风筝"研究组充分把握国家基础性课程学科特点，优化安排学科内容，利用风筝课程对国家基础性学科内容进行合理补充与拓展。"非遗"风筝研究组在语文、数学、音乐、美术、科学、信息技术、道德与法治、体育学科中分别融入风筝与童谣（文学）、风筝与音乐，风筝与制作（绘画）、风筝与家乡文化、风筝与运动几个版块，将综合实践活动融入风筝与社会。

（二）课后服务开设"非遗""金鸡风筝"课程

"非遗"金鸡风筝团队依托课后服务，利用每周二和周四下午的课后服务时间，采用教师走教、学生走班的形式，开设风筝绘画、风筝刺绣、风筝读本等课程。学生在社团活动中学会刺绣与风筝的融合，制作了平面风筝与立体风筝，微型风筝与中型风筝，并在放飞自己制作的风筝中获得了快乐体验。

（三）家校共同体共享"非遗""金鸡风筝"课程

"非遗""金鸡风筝"研究组利用学校慧玩节开展风筝义卖活动，利用节假日时间进行风筝研学活动，让学生、教师、家长共同参与风筝课程。通过"非遗""金鸡风筝"课程空间架构，将"非遗"的种子渗透到了每一个参与到这个研究的家庭中，而且还将这种影响扩散到了社会，走进了"金鸡风筝"工厂、成都"非遗"集市、"羊马风筝"节、崇州市传统文化展示会，以小导游的方式走进罨画池公园等。

研究组通过将崇州金鸡"非遗"风筝文化资源转化为第二实验小学特有课程，改变了传统学科教学模式，以课程开发的学科融合理论为指导，培养学生交叉学科综合能力，来实现课程开发的多元途径。

第二节 "纸鸢飞处是童年——风筝的设计制作"活动案例

【活动对象】

小学低段学生。

【学情分析】

课程标准对第一学段（1、2年级）中关于综合性学习的目标是这样要求的：（1）对周围事物有好奇心，能就感兴趣的内容提出问题；（2）结合语文学习，观察大自然，用口头或图文等方式表达自己的观察所得；（3）热心参加校园、社区活动，用口头或图文等方式表达自己的见闻和想法。对照课标要求，结合二年级学生的情况，设计了二年级学生画风筝的学习活动，先让学生感受"金鸡风筝"的魅力，再学习各种优秀风筝的设计方法，自己能设计创制风筝，能体会放风筝的乐趣。

【活动目标】

1. 通过学习本课了解风筝历史，了解"金鸡风筝"。

2. 通过了解"金鸡风筝"来热爱我们本土文化。

3. 能用自己的方法设计创作风筝。

4. 体会放风筝的乐趣，感受亲子时光。

5. 加强孩子的体育运动，有利于身心健康。

6. 了解风筝起飞的初步科学知识。

【活动类型】

学科拓展

【活动流程】

第一阶段，风筝制作；第二阶段，风筝设计；第三阶段，放飞风筝；第四阶段，Logo设计。

【活动实施】

一、第一阶段：课前准备，布置制作风筝主题特色作业

1. 安排周末特色作业，主题——制作风筝。

要求：和大人一起制作空白微型风筝，为课堂教学做准备。

制作过程参考制作步骤：准备一根 50 厘米和一根 60 厘米的木条。

第一步：在 50 厘米木条中间画条线，刻个小口子；60 厘米木条在 15 厘米处做标记，在 2 根木条的两端各切 1 个缺口，约 3 厘米，居中切开。（图 5-2）

图 5-2　风筝制作步骤图 -1

第二步：将 2 根木条捆绑在一起。记得将 2 个标记结合捆绑，一个是已经锯出小口子的，一个是 15 厘米，两个 X 型包扎捆绑，打结。（图 5-3）

图 5-3　风筝制作步骤图 -2

第三步：用结实的线将风筝支架全部固定，注意支架两边对称与平衡。（图 5-4）

图 5-4　风筝制作步骤图 -3

第四步：制作翅膀即风筝面，让它飞翔。找出一张足够大的纸（如果不够可以拼一张），纸张最好能结实一些，然后用铅笔在线的边缘画出示意线，再留出大约 3 厘米的宽度方便骨架有足够空间，并用透明胶带将线和纸粘贴到一起。（图 5-5、图 5-6）

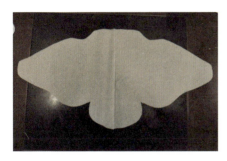

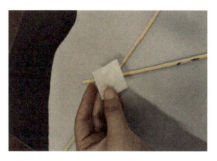

图 5-5　风筝制作步骤图 -4　　　　　图 5-6　风筝制作步骤图 -5

第五步：打孔。第一个孔在风筝底部 60 厘米那条木条 15 厘米处。第二个孔在两根木条交叉点下方。每个孔，正反两面都贴上透明胶带。（图 5-7）

图 5-7　风筝制作步骤图 -6

第六步：穿线。将线缠绕在木条上之后，从孔中穿出。将 2 条线连到一起，打个活结，这样可以调整风筝的角度，连接放风筝的线。

第七步：装饰美化。可以用轻薄的色彩画出你喜欢的风筝图案。（图 5-8）

图 5-8　风筝制作步骤图 -7

第八步：准备放飞。也可加上尾巴，简易风筝就做好了。

2. 查看作业完成情况，并适当帮助孩子调整。

3. 帮助孩子完善风筝的制作，并评价。

4. 小结：锻炼学生动手能力，加强亲子关系，了解风筝制作过程。

5. 反思："风筝"艺术是中华民族的传统文化之一，它融科技、娱乐、文化等要素于一体，是孩子们喜欢的娱乐活动。

二、第二阶段：课堂教学，美化设计风筝

1. 风筝成品展示。

2. 导入课堂：出示古诗《村居》。（诗歌朗读完拿出背后藏的风筝在教室放一放）。

3. 简介风筝历史：风筝发明于中国东周春秋时期，至今已有 2500 多年历史。相传墨翟（dí）以木头制成木鸟，研制三年而成，是人类最早的风筝（PPT 播放图片）。

4. 实验二小地处中国四川崇州金鸡乡。

有一个漂亮的风筝，让学生猜在哪里做的。风筝来自金鸡，2011 年，"金鸡风筝"扎制技艺被列入四川省级非物质文化遗产名录。

学生能让"金鸡风筝"变得更漂亮吗？有哪些办法，可以在小组讨论一下。

讨论主题：风筝的图案设计，风筝图案含义，风筝的色彩搭配。

5. 学生说一说自己的建议和点子。教师表扬学生们的点子太棒了，然后启发学生：祖国别的地方还有很多漂亮的风筝，一起去欣赏学习一下。

（播放精美风筝 PPT 图案，出示具有民族图案的风筝——几何风格、现代风格）

6. 颜色的共同点： 色彩艳丽、轻薄。

欣赏一下绘画过程。边绘画边讲解方法步骤，播放风筝绘画过程。总结绘画过程。

7. 风筝创作：（1）设计具有自我风格的图案；（2）上色注意色彩搭配；（3）画面调整。

（学生开始创作，教师巡视指导，实时给学生提出指导意见，多与学生交流沟通，帮助他们寻到最佳设计。）

8. 作品展示：让学生们说说最喜欢哪个设计。

9. 小结：风筝不仅可以承载梦想，寄托愿望，作为金鸡人，更要学会传承与创新。

10. 反思：课堂设计亮点是抓住学生喜欢风筝，热爱设计的心理，以简单方法设计制作风筝。但风筝有些地方需要改善，例如，增加风筝的形态，大胆运用颜色，可结合一些新的图案和设计方法，开阔学生的创作能力。

三、第三阶段：将课堂成果用于实践，组织风筝放飞活动

【活动目标】

1. 加强孩子和家长的亲子活动，促进亲子关系。

2. 在放风筝活动中达到体育锻炼的目的，增强学生体质。

3. 了解风筝的飞行规律，渗透物理知识。

4. 体会生活乐趣，体味多彩人生。

【活动流程】

活动第 1 项：家长和孩子带上风筝到学校集合。

活动第 2 项：放风筝注意事项讲解。

活动第 3 项：家长志愿者讲解风筝放飞技巧和方法。

活动第 4 项：活动开始，孩子们在家长和教师组织下安全有序放风筝。

放风筝的场所应该避开这些地方：高压线、高楼。

放飞风筝时应该注意：（1）不在雷雨天气放风筝；（2）注意路上行人安全；（3）注意自身安全；（4）注意奔跑速度和周围环境。

设计意图：提出安全问题，保障放风筝的安全。

5. 小结：加强亲子关系，感受放风筝的乐趣，还可以锻炼身体。

6. 反思：注意过程中总结放飞方法，能够自主放飞风筝，注意人身安全，家长必须全程陪同。

四、第四阶段：我的 Logo，我做主——风筝教学设计

【活动目标】

1. 价值体现：学生通过网上查阅资料，明白 Logo 的设计要点，以及设计 Logo 怎样才有特色，同时在设计具有地方特色的 Logo 时，要兼顾传统与时尚的结合。

2. 责任担当：在活动的过程中，不同的同学有着不同的分工，为确保探究活动目的达成，不管是尽自己所能独立完成小组内的任务，还是与他人合作共同完成任务，都能增强学生的责任感与使命意识。

3. 问题解决：在教师的引导下，积极主动去探寻设计风筝 Logo 的线条、色彩的运用；图案、主题、设计要点的呈现。小组成员通过谈论、查询、走访、请教等活动方法，培养发现问题和解决问题的能力。

4. 创意物化：利用美术课学到的图案设计要点、语文课涉及的非连续性文本知识、数学课学会的比例分割，实现学科间知识的融合，设计出独特的作品，从而培养学生热爱地方"非遗"的意识。

【活动流程】

提出设想，小组分工，分组设计，交流分享，总结评价。

【活动过程】

1. 质疑导入，引发探究。

风筝走廊的打造，不仅成为学校一道亮丽的风景线，同时也成为风筝实验班的一张名片。学生思考、交流，请同学和家长一起出谋划策设计具有地域和学校特色的 Logo。

2. 小组分工，明确任务。

（1）小组同学确定各自职责，人员进行安排。

（2）分工表：组长、副组长、记录员、中心发言员、后勤保障人员。（表5-2）

表5-2　小组人员职责分工表

序号	分工	职责
1	组长	统筹安排（具有领导能力）
2	副组长	协助组长管理小组成员（具有一定协调能力）
3	记录员	整理小组资料（书写比较好，倾听习惯好）
4	中心发言员	表达小组的观点（语言表达和逻辑思维能力强，能准确表达小组的观点）
5	后勤保障人员	乐于劳动，乐于为小组服务

3. 资料准备，分组设计。

（1）收集设计logo的素材，包括：图片、文字字体、颜色搭配、图形。

（2）学习设计logo的理念，以及遵守的一些原则。

（3）商量设计的Logo主题、意图和图案。

（4）分工行动，完成任务。

4. 汇报交流，公正投票。

（1）小组汇报，交流各组设计的Logo。

（2）选取心仪的Logo，每个小组有两票，最多能有一票投给自己，另一票必须投出去，并交流投票的理由，得票最高的组为优胜组，作品将有幸成为风筝Logo的代言人。

（3）汇报要求：①全体小组成员一起展示；②交流各自分工；③交流自己参与过程；④小组汇报设计理念和作品；⑤推荐自己作品优秀之处；⑥交流个人收获。

（4）小组投票，说明缘由。

（预设一：小组可能先投给自己小组，因为作为参与者，他会认为小组同学付出了许多，作为对小组的认可；另一票会投给其他组，原因可能是小组的合作很默契，分工也很明确，每个小组同学都发挥了自己的价值。）

（预设二：可能两票都投给其他组，因为小组成员认可其他组比自己小组做得好，并指出自己小组需要改进之处，如：合作时小组不够团结、每个人都按照自己的想法，没有考虑小组同学的协作、设计的思路的确和其他组逊色一些，由此鞭策小组同学继续努力，争取下次能有更好展现。）

（预设三：两票都不想投，可能是小组同学听了各自的介绍以后，认为还没有选到最为满意的Logo，应该把各个小组的优点结合起来，重新进行设计。）

（5）学生思考，我们该从哪些方面评价小组的优劣？

（6）学生回顾刚才的评价，其实不管小组表现怎样，都应该从自身出发，对照自评表，进行打分。（表5-3）

表 5-3　活动表现自评表

活动主题		时　间	
姓　名		班　级	自　评
活动环节	评 价 内 容		
活动准备阶段	1. 自己是否乐意参加这次活动		
	2. 自己是否乐意接受承担的任务		
	3. 自己是否积极主动准备活动需要的资料（记录本、拍照的器材）		
	4. 自己对小组分配的任务是否感到满意		
活动开展阶段	1. 自己是否积极参与活动，在活动中遇到困难想办法解决		
	2. 当同学在活动中遇到困难，是否积极主动地帮助		
	3. 在活动中是否能有自己的想法，并能和组员积极交流		
	4. 在活动中，能积极主动地和陌生人交流，懂得采访的技巧		
分享阶段	1. 能独立完成自己的作品，对自己的作品有一定的解读		
	2. 当别人对自己的作品有建议时，自己是否能虚心接受		
	3. 学会欣赏别人的作品，并能提出自己的见解		
	4. 能将自己的作品介绍给大家		

教师：听了各个小组的汇报，发现同学们通过此次活动有很大的进步，有了创新意识、合作意识、包容意识，这样才能从个体走向集体，这才是参与活动真正的目的。

5. 小结：通过此次活动，借助"非遗"风筝这一载体展示了中国风筝文化，学生逐渐学会了设计风筝、制作风筝、美化风筝、风筝放飞，切身体会了风筝的全部制作过程。

6. 反思：了解"金鸡风筝"，传扬中华文化。加深了中外两国小朋友的情意，促进了中国文化的输出。同时关注孩子的成长，找到正确引导孩子学习的方法，加强亲子关系，做到家校共育。

（本案例由崇州市第二实验小学　黄晓娟　提供）

第三节 "像风一样自由——风筝的设计制作" 活动案例

【活动对象】

小学中段学生。

【活动主题】

综合实践课程：像风一样自由。

【学情分析】

本班学生55人，男生31人，女生24人。在生活中，学生们或多或少接触过风筝，对风筝是"熟悉又陌生"。这次活动课准备前期，学生们显示出很高涨的情绪，对于"做风筝""放风筝""说风筝"每个阶段都产生了浓厚的兴趣。本活动融合各学科，有助于提高学生的综合实践能力。

【活动目标】

小学三四年级，由于语文综合性学习具有开放性、自主性、实践性、探究性等基本特征，因此，小学语文综合性学习应注重学生的自主学习、体验、交往和研究探索。

1. 鼓励学生通过各种各样的学习渠道来获取信息，提倡生活中学习语文，激发学生的学习兴趣。

2. 在实践中培养学生的观察能力、表达能力、组织策划能力、创新能力、动手能力等。

3. 锻炼学生提取关键信息的能力，以及小组协作能力。

【活动类型】

学科融合式

【活动流程】

第一阶段，以家庭为单位制作风筝；第二阶段，以小组为单位放飞风筝，梳理出放飞风筝的条件；第三阶段，课堂呈现，学习如何提取关键信息。

【活动实施】

一、第一阶段："风筝 + 科学"

学生通过在家制作风筝，了解风筝整体构造。

1. 选取木条，并将木条用美工刀切成大小均匀的60厘米长、4～6毫米粗的木条待用；同时准备直尺、工具。（图5-9）

图 5-9　准备风筝制作材料与工具

2. 制作雏形，让它成形。找出一张足够大的纸（如果不够可以拼一张），纸张最好能结实一些，然后用铅笔在线的边缘画出轮廓示意线，将风筝的轮廓形状勾勒出来，风筝的正面用马克笔在上面绘制自己喜欢的颜色或图形。再留出大约 3 厘米的宽度，画一条折合线，并用透明胶带将线和纸粘贴到一起。（图 5-10）

图 5-10　设计绘制风筝图案步骤

3. 找出 6 根木条，以三角形交叉的形式固定在制作好的风筝纸上，并用胶水粘在风筝翅膀的两边作固定，不让风筝翅膀飞行的时候变形。（图 5-11）

图 5-11　搭建固定风筝骨架

4. 固定好风筝骨架之后，将风筝图形做加工，使风筝看上去更美丽。打孔，第一个孔沿风筝底部 60 厘米那条木条 15 厘米处，第二个孔在两根木条交叉点下方。每个孔正反两面都贴上透明胶带，然后再将线缠绕在木条上之后，从孔中穿出。将 2 条线连到一起，打个活结，这样可以调整风筝的角度，最后用胶水粘上风筝的小尾巴。（图 5-12）

图 5-12　风筝打孔、穿线调试制作

5. 准备放飞风筝。

6. 小结：在此次活动中，学生了解了风筝的历史文化，从中感受中国传统文化的博大精深，丰富多彩，为家乡在风筝文化中的地位感到自豪。在制作之前，学生会去查阅网上各种风筝的形态，仔细观察风筝的外形，学习如何做一个有眼光的小小观察员。在家长的帮助下，学习合作，学会和家长沟通，表达自己的见闻和想法，通过各种材料制作好风筝，从中体会实践的快乐。（图 5-13）

图 5-13　风筝制作流程图

7. 反思：在第一阶段进行时，教师给学生播放过很多关于制作风筝的视频及材料，大家都跃跃欲试。但在前期，也有很多学生面对问题产生逃避的想法。于是，教师引导学生与家长配合，表达自己的想法，学会合作，养成动手、表达、总结的习惯。在此次活动中，无论学生做的风筝形状怎么样，他们在动手的过程中都体会到快乐。

二、第二阶段：风筝＋自然

1. 体验感受放风筝的过程。

做好风筝后，孩子在直接体验放风筝过程中，会遇到一些问题（如：风筝飞不了？风筝为什么飞不高？风筝为什么一下就掉下来呢？），从实践中找寻答案。学生会自主观察适合放飞风筝的天气、地形、方法等，通过小组自评来进行放风筝活动。学生以小组为单位，相约到宽阔的地方拿出自己制作的风筝放飞，激发同伴间的配合意识与协作精神，学会利用各种条件来达到放飞风筝的目的。从这个活动中，以小组自评的形式来总结风筝放飞成功或者失败的原因。每个组员放飞风筝后，小组成员集体讨论，由组长执笔，用描述性语言对小组成员合作情况、解决问题能力及改进方面等内容进行评价，从中得到学生对评价体系的再认识。（图 5-14）

图 5-14　体验学生放风筝

学生在放风筝之后，总结出自己放风筝的经验，把有利于风筝飞行的条件和不利于风筝飞行的条件作一个分类，以小报的形式展现出来。

2. 总结：放风筝过程中，学生可能只从单一方面分析得失，但是通过小组结队协作后，学生可以从多方面观察总结风筝飞行的各种条件。学生在合作中学会分享自己的想法，也从中学会倾听，总结出让自己成长的经验。

3. 反思：在小组活动中，教师让学生们自由组队，并设立小组长、记录员、发言员，使小组的每个成员都加入其中，每个小组展示出来都各有千秋。希望在以后户外活动中，加强对小组协作的要求，学生从中了解，不只是在课堂上才会出现小组合作，在日常生活中，合作学习也是促使自己进步的一种方式。（图 5-15）

图 5-15　学生绘制的风筝主题手抄报

三、第三阶段：风筝＋语文，风筝＋音乐

1. 激趣导入，引出课题。

教师通过播放风筝节视频，让学生谈谈自己对风筝的感受，引出当堂课题，并说一说自己在放风筝时发生的故事。从学生的讲述中，提出今天课程展示所要探讨的问题"为什么有的风筝可以成功起飞，有的风筝不能？"。

2. 分享心得，交流感悟。

学生通过小组第二阶段活动，从自己总结的经验中再次提炼出放飞风筝成功或失败的原因；用放飞时收集的图片、视频及自己做的手抄报进行展示，并从学生的分享中引导学生学习如何提取关键信息。（图5-16）

图5-16 学生绘制的风筝主题手抄报

教师准备教具（磁铁板），学生通过同学分享的手抄报提取出风筝放飞的条件，并及时贴在黑板上。当学生提取完风筝起飞的重要条件后，作出阶段总结。如风筝线、材料、时间、风力、地理、方式、速度、季节、天气……

3. 创设情景，小组协作。

教师出示PPT，给出小组协作要求，并设立组长，记录员，发言员，让每个人参与进来。小组从总结出来的条件中，写出自己小组商讨后认为其中最重要的三个条件。小组讨论完后，上台依次展示出小组讨论的结果，选择条件的原因。汇报时以小组形式发言。在每个小组汇报时，带动其他小组进行互动，最后通过小组互评，达到评价目的。（表5-4）

表5-4 风筝起飞"大事件"（一）

序号	条件	原因
1	一个空旷平稳的地方	可以为起跑留出充足的空间
2	人少，风筝少的地方	以免风筝缠绕在一起
3	不宜放得太高	以免控制不住，弄丢风筝或弄伤自己
4	不要在阴雨雷电天气放风筝	以免出现雷击事件
5	要有风的天气	没有风飞不起来
6	要有提线牵引	因为断线的风筝在短暂的飘远之后必定会掉下来

风筝起飞"大事件"（二）

序号	条件	原因
1	地点	放风筝地点选平坦、空旷的地方、避开建筑物和树木、高压线、公路、铁路等
2	时间	放风筝一般在春天，因为春天的风力比较稳定，风筝较容易起飞，而且天气温和，百花盛开
3	天气	选择晴朗明媚的天气，避免雷雨天气遇到雷击情况
4	高度	风筝不宜放过高，否则难以控制，且可能出现断线情况
5	型号	儿童选择小型风筝，避免对儿童造成伤害
6	风筝的选择	选择骨架牢靠，线绳结实的风筝
7	风筝线	需要用尼龙线，钓鱼线，因为光滑不易断
8	穿着	要穿运动装，戴墨镜，戴手套，手不易划伤

风筝起飞"大事件"（三）

序号	条件	原因
1	选择温和的天气	避免阴天，扬沙等极端天气
2	选择空旷的地方	以免给自己带来伤害，或给他人带来困扰
3	与他人保持一定距离	以免风筝线缠绕，失去控制
4	小孩子放风筝时，大人要在旁边	以免孩子玩得高兴，忽略身边的危险

4. 小组总结分享完后，教师做总结。

在生活中，放风筝是学生最常见的活动方式。学生通过自己的实践得出了这么多风筝起飞的重要条件，以后在放风筝的过程中，要时刻注意这些条件，让自己的风筝越飞越高。

（1）实践动手，融入创意。生活中的任何事，学生要学会自己实践亲为，让自己的想法融入自己的创作之中。

（2）善于观察，汇总思考。学会与他人协作完成任务，在过程中开动脑筋善于观察，将自己的想法与他人的想法汇总在一起，可能会碰撞出更多新奇的想法。

（3）交流汇报，抓住重点。筛选、提取和整合语言文字信息并进行汇报。

（4）优化评价，共同成长。正确认识评价目的，注重评价的激励作用。让每个学生参与进来，使课堂丰富多彩，同时促进学生语文素养的提升。

5. 融入歌声，放飞理想。

从学生的故事、分享、总结中，导引到高鼎所著《村居》的诗歌，学生们在背诵的时候，也能从中感受风筝自古以来都是文人墨客歌颂赞扬的对象。改编《村居》，师生齐唱，升华感情。

教师根据学生在整个实践活动过程中的行为、情绪情感、参与程度、努力程度等表现进行评价，并提出方向，作为一个阶段目标的总结，让学生对下一次活动翘首以待。在课堂最后，教师还会让学生提出自己小组在风筝课程中感兴趣的问题，发现问题的同时试着寻找答案。对问题的产生不心存畏惧，积极解决，并且学会在实践中解决遇到的问题。将这些没有解决的问题，作为延伸，成为下一阶段的活动主题。

6. 第三阶段活动总结：在这一系列活动中，学生通过各种各样的学习渠道来获取信息，提倡生活中学习语文，激发学生的学习兴趣，在实践中培养学生的观察能力、表达能力、组织策划能力，创新能力等。在本次活动结束后，可通过学生总结出来的风筝起飞条件，再进行一次综合实践课程，让学生自己再放风筝，掌握风筝起飞特点，提高放风筝技巧。从风筝飞行过程中，感受风筝与自然的结合。

7. 第三阶段活动反思：在学生提取关键信息、关键词语之后，教师应该再从学生提取的条件里为学生梳理方法，将这些条件再次提取。如：天气、场地、季节，再次提炼就得到"自然因素"。

在课堂最后，在学生讲述与风筝的故事过程中引导他们对故事内容进行提问，将问题引入下一阶段的研究。

（本案例由崇州市第二实验小学　王川　提供）

第四节　""金鸡风筝'从这里起飞"活动案例

【活动对象】

小学高段学生。

【活动主题】

金鸡风筝在这里起飞。

【设计背景】

这堂课教学设计以成都市级课题"基于地方'非遗'文化的小学语文综合性学习课题的开发研究"为依托，以风筝读本为载体，在课堂中以问题为起点、活动为主线，通过创设情境、列举实例等活动，培养学生自主、合作、质疑、思辨的能力，提高其在学习中发现问题和解决问题的能力。

【学情分析】

对于五年级的学生，大部分学生收集整理资料方面已经具有一定的能力，小部分学生在收集整理、语言组织上稍微薄弱。

【活动目标】

价值体现：学生通过了解"金鸡风筝"过往及现状，增强文化自信。

问题解决："金鸡风筝"工厂有必要开展下去吗？通过学习，学生学会提取和筛选有效信息。

责任担当：努力了解"金鸡风筝"，传承风筝文化。

创意物化：制作形式多样的风筝及宣传作品。

【准备阶段】

教师准备：教学 PPT、"非遗"读本、视频。

学生准备：收集"非遗"相关资料、小组分工。

【活动形式】项目式

阶段一：收集风筝、了解各地风筝的历史以及代表作品。

阶段二：整理总结，分享各地风筝资料，讨论各地风筝。

阶段三：分析风筝现状，将"金鸡风筝"与各地风筝进行对比。

阶段四：讨论"'金鸡风筝'工厂有必要开下去吗，如何解决'金鸡风筝'的现状"。

【活动流程】

一、阶段一：收集风筝，了解各地风筝的历史以及代表作品

1. 激发兴趣，整理收集资料。

课前布置任务，以小组为单位收集关于各地风筝的资料。小组内整理资料，并总结出内容。

表5-5　语文综合性实践活动小组调查计划表

小组成员	具体分工	任务安排	调查方法
组长：李月 组员：李岚 余星月 李西	发言汇报：组长 记录笔记：李岚 收集资料：组长、组员	发言汇报：组长 记录笔记：李岚 收集资料：组长、组员	1. 询问他人 2. 查阅资料 3. 查阅书籍
组长：米浩宇 组员：汪亦悠 何宸西 唐云畅	发言汇报：组长 记录笔记：唐云畅 组长、组员收集资料	发言汇报：组长 记录笔记：唐云畅 组长、组员收集资料	1. 询问他人 2. 查阅资料 3. 查阅书籍
组长：熊紫绚 组员：罗镁含 胡宇 姚瑞琦	发言汇报：组长 记录笔记：罗镁含 组长、组员收集资料	发言汇报：组长 记录笔记：罗镁含 组长、组员收集资料	1. 询问他人 2. 查阅资料 3. 查阅书籍

设计意图：初步形成收集资料、整理资料的能力。

2. 反思：五年级学生在收集整理资料方面已经形成了一定的能力，小组能够合理进行分工，同时，收集资料比较全面、整理资料比较规范。与部编版语文五年级下册第三单元"研究报告"进行融合，为"研究报告"的学习进行了铺垫。

二、阶段二：整理总结，分享各地风筝资料，讨论各地风筝

风筝有很多种，如图5-17、5-18、5-19所示。

图5-17　硬翅风筝

图5-18　立体风筝

图5-19　动态风筝

1. 全班分享收集的资料，小组进行补充。

（1）北京风筝：代表作是京燕风筝，被誉为我国风筝的绝品之最。

（2）潍坊风筝：潍坊被称为世界风筝之都，代表作有硬翅风筝、软翅风筝。

（3）阳江风筝：代表作有灵芝风筝。

2. 合作交流，明确方法。

通过对各地风筝的介绍，知晓收集资料可以从哪些方面入手；可以运用什么方法，采用什么形式。学生各抒己见。

三、阶段三：分析风筝现状，将"金鸡风筝"与各地风筝进行对比

1. 通过介绍各地风筝，得出结论——各地风筝的发展呈蒸蒸日上，繁荣昌盛的景象。

2. 利用校本书籍知晓"金鸡风筝"现状，崇州金鸡也是风筝的发源地，"金鸡风筝"的发展是否和全国风筝的发展状况一样呢？

3. 得出结论。

（1）曾经的"金鸡风筝"在清朝有300多家工厂（了解到"金鸡风筝"工厂多）。

（2）"金鸡风筝"是中国最大的风筝制作基地之一（了解到是最大的工厂之一）。

（3）形成了四大风筝体系（有四大体系）。

（4）曾经的"金鸡风筝"很壮观。

（5）曾经的"金鸡风筝"很鼎盛。

（6）"金鸡风筝"的种类繁多，工艺复杂。

4. 小组中心发言人补充"金鸡风筝"内容。

5. 对比各地风筝与"金鸡风筝"，得出"金鸡风筝"从繁荣走向了衰败的结论。

6. 分析"金鸡风筝"工厂衰败的原因，进行小组讨论，发表意见。

（1）小组讨论"金鸡风筝"衰败的原因。

（2）记录原因。

（3）选出中心发言人负责小组汇报。

7. 得出结论。（1）"金鸡风筝"的宣传不到位。（2）年轻人不喜欢放风筝。（3）"金鸡风筝"挣不到钱了。（4）手艺人太少了。（5）"金鸡风筝"的图案、样式太老旧。（6）造型工艺复杂。

设计意图：通过收集资料将各地风筝与"金鸡风筝"进行对比，发现"金鸡风筝"已经由繁荣昌盛走向了衰败，而其他地方的风筝却在一步步走得更好更稳更有名气。同时也为下一阶段的学习做铺垫。

8. 反思。本环节是方法指导、推进研究。在小组汇报过程中发现大部分学生的自主学习能力、口语表达能力都很不错。这一环节也锻炼了学生的口语交际能力。在小组汇报阶段可以提前让学生将收集到的资料做成PPT，这样汇报时更加美观大方，清晰明了，也让学生充满了兴趣。在学生汇报的过程中，教师也可以出示一些各地风筝的图片，以激起学生的兴趣，引发共鸣。

四、阶段四："金鸡风筝"现状如何解决

1. "金鸡风筝"有必要继续传承发展下去吗？

教师小结：因为"金鸡风筝"不光是风筝，它还是一种文化，更是中华优秀传统文化的风筝。不能说丢就丢，所以必须要传承这种文化。

2. 填写任务清单，找到"金鸡风筝"工厂衰败的原因。（小组讨论见表5-6）

3. 尝试找到改变方法，解决问题。

表5-6　小组讨论任务单

"金鸡风筝"工厂衰败原因？	如何解决问题？
1. 大部分年轻人不喜欢放风筝 2. "金鸡风筝"的宣传不到位 3. 手艺人太少了 ……	1. "金鸡风筝"的工艺制作 2. 可以改变"金鸡风筝"的图案 3. 改变手艺人的想法 ……

4. 找到原因，如何解决问题？（小组发言人进行汇报）

总结：（1）想要继续发展传承下去的策略是进行大力宣传，在宣传上要进行创新。让更多人知道"金鸡风筝"，提高知名度，可以借助网络宣传、贴海报、发传单、举办活动等方式。（2）可以改变"金鸡风筝"的图案。加入一些卡通图案，也可以加入一些潮流图案元素进去。（3）可以改变风筝的形状，设计立体的风筝。（4）可以改变"金鸡风筝"的制作工艺。

5. 思考：完全丢掉"金鸡风筝"的制作工艺吗？如果完全丢掉"金鸡风筝"的传统制作工艺，那么"金鸡风筝"还能被称为"金鸡风筝"吗？（不能，因为"金鸡风筝"靠的就是传统的手工艺。）

6. 总结：（1）可以将传统工艺和现在的工艺进行融合。（2）可以将古代原有的手工艺与现在的手工艺进行创新。（3）让手艺人将风筝手艺传承给年轻人。（4）传承的前提是让手艺人明白传承的重要性，改变手艺人的想法。（5）身为崇州人，身为金鸡人，要拓展认知。

五、播放崇州"羊马风筝"节视频，产生共鸣

1. 总结：政府意识到了"非遗"文化的重要性，为了保护传承"非遗""金鸡风筝"也想了许多的办法，比如说每年四月，崇州羊马风筝节吸引了各地爱好风筝的人士参加，这也是一种宣传保护"金鸡风筝"，保护非物质文化遗产的方式。

设计意图：培养学生自主学习的能力、小组合作能力、语言口头表达能力。

2. 反思：学生都有自己的想法，分析了很多关于"金鸡风筝"衰败的原因，例如手艺人思想老旧、电子产品在逐步取代传统艺术……并且也尝试解决方法。对于"金鸡风筝"工厂开展下去的问题，各抒己见，进行了积极的讨论，锻炼了学生的思辨能力。例如，大力宣传"金鸡风筝"，让"金鸡风筝"走进家庭，改变风筝样式……最后播放关于"金鸡风筝"的宣传视频、羊马风筝节、实验二小老师和同学制作的风筝，得出结论：其实这看似普通的风筝，是金鸡的文化灵魂，更是崇州的"非遗"象征。所以，它既是"金鸡风筝"，也是崇州风筝，更是中国风筝。

但在汇报分析的过程中，教师对于学生一些天马行空的想象、提出的疑问，没有第一时间给予反馈回复，需要总结并改进。

（本案例由崇州市第二实验小学　杨偲瑞　提供）

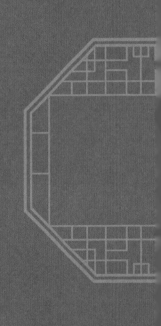

第六章

基于名人文化的课程案例

第一节　课程结构和内容

　　本课程是七一实验小学以崇州地方名人文化为载体构建的小学语文综合性学习课程。崇州为历史文化名城，有关的诗人和名人有很多，例如，曾在崇州做通判的爱国诗人陆游、"一瓢诗人"唐求，曾任蜀州刺史的高适，曾到崇州游历的诗人杜甫、范成大、宋诗开山鼻祖梅尧臣、文与可、"唐宋八大家"之一欧阳修、《华阳志》的作者常璩、北宋名医唐慎微等。家乡名人留下了丰富的文化遗产，将这些名人文化的精髓与语文综合性学习结合起来，把当地丰富的人文资源作为语文学习的延伸，不仅能激发学生关注家乡的热情，丰富学生的语文素养，还能传递优秀的崇州名人文化，同时对语文课程建设以及语文教师的专业化发展也有着重要意义。研究组的教师在总课题组的指导下，课程的构建历程经历了由单一到多元，由关注门类到关注文化，由注重优势发展到注重特色发展的过程。

一、课程结构框架图

　　研究组建构了"纵向＋横向"的双向发展性课程体系。（图6-1）

图6-1　基于名人文化的小学生语文综合性学习课程开发的双向课程体系

二、课程内容纵向体现目标化

　　语文综合性学习以语言课程整合为基点，强化语言课程与其他课程的联系，强调语文学习与生活的结合，促进学生语文素养的整体推进与协调发展。它是一种既能体现小学生身心特点，语文知识综合运用，听、说、读、写能力整体发展，又能体现语文课程与其他课程沟通，书本学习与实践活动紧密结合的活动性学习方式。课题组根据地方名人文化资源和学校课程教育特点设立相关课程，结合新课标对不同学段学生语文素养的培养要求，设计出适合本学段学生的课程内容，再将培养目标巧妙地融入课程内容，通过开展主题式、学科融合性、项目式等形式的学习，让学生的语文素养得到发展。

研究组教师组织学生到唐求故里街子古镇探访唐求的足迹这一主题活动，每个年段都设计了此项活动。但由于年段不同，活动的内容、目标就有所不同。在低段，将朗诵唐求的诗歌、讲唐求的故事作为活动的主要内容，培养学生朗诵和口语表达能力；在中段，通过寻访当地老人、寻找唐求踪迹、欣赏唐求诗歌、写写"我眼中的唐求"等活动，提高学生口语交际能力、写作能力、观察能力；在高段，通过实地考察、对收集的资料进行整理归类、思考唐求对今天的街子古镇的影响等，培养学生的整理资料、审辩思维等能力。同样的主题，因为学生年段的不同，设计的课程内容也就不同，活动的目标也呈螺旋式上升。

三、课程内容横向体现具体化

（一）两个分段

本课程在开展过程中，教师将其分为：研究中的过程分段和学生在学习中的任务分段。不同年段的学生任务分段情况如下。

1. 低段：走近名人，开展开放式学习。例如，走进宫保府，参观杨遇春故居，倾听他的故事，了解他的英雄事迹。

2. 中段：探访名人，开展学科融合性学习。例如，开展"走近唐求"的社会实践活动。学生活动前，通过信息技术学科的融合搜集资料，应用已有的数学知识设计合理的出行线路和乘车方式；活动中，再次应用数学知识对唐求广场进行测量，应用美术知识描画唐求的画像；活动汇报时，学生通过已有的音乐知识，选择适合的音乐作为自己汇报时的背景音乐，让自己的汇报更有代入感。通过多学科的融合，使学生对唐求的认识更加深刻立体。

3. 高段：探究名人，开展项目式学习。如走进罨画池，寻访陆游踪迹，搜集陆游在蜀州做官时的诗歌，并根据陆游到蜀州的时间轴，将陆游诗歌进行排序：第一首就是被称为"罨画池畔第一诗"的《初到蜀州寄成都诸友》，中间部分为陆游在崇州写的反映崇州自然、社会风貌的诗歌，最后是陆游离开崇州后表达对崇州怀念、赞美之情的诗歌。当读到"江湖四十余年梦，岂信人间有蜀州"时，学生对家乡的认同和热爱油然而生。

（二）三个融合

1. 语文与多学科融合。以走进名人为主题开展小学语文综合性实践活动，在活动中融入数学、美术、音乐等课程元素，例如，在美术课堂上为名人设计服装，在音乐课堂上创编名人儿歌并歌咏。

2. 语文和生活相融合，解决语文与生活割裂的问题。语文和生活是一个不可分割的有机体，新课程形势下更要注重语文教学与生活的关系，语文是反映生活又服务于生活的一种工具性学科。例如：开展"小导游选举活动"，学生化身小导游向游客介绍名人故居——陆游祠、宫保府、街子古镇等。

3. 课内与课外相融合，即课堂呈现与课外实践活动相结合。这其实是一种教学研究路径：网上查找搜集资料→课堂反馈，发现问题→实地考察，解决问题→课内分析，总结经验→完成报告形成档案。

（三）四个语用

四个语用包括听、说、读、写。听，指听名人故事；说，说名人事迹，说对名人诗歌的理解，说名人对家乡的贡献等；读，读名人传说，读名人作品，读对名人的评价等；写，写一写名人作品，写一写名人故事，写一写自己的感受等。

四、课程设置

根据学校实际情况，充分利用语文课堂教学时间和课后延时托管时间，合理安排语文综合性学习。1—6 年级每周安排 1~2 节课。

第二节　"寻天府诗人，觅唐求足迹"活动案例

【活动主题】

寻天府诗人，觅唐求足迹。

【活动对象】

二年级学生。

【活动背景】

优秀的地方传统文化，给人以美的享受和爱的教育，而优秀的地方名人故事，更能给学生树立榜样，增强学生的自豪感，培养学生对家乡、对祖国的热爱之情。更值得一提的是，开展有意义的课题研究会让学生在查找资料、参观访问、合作探讨、亲子互动等一系列语文综合实践活动中，体会到收获的快乐、增强自信、增进亲子关系，语文综合能力也会得到不同程度的提高。

在中华民族璀璨的历史文化中，积淀了无数的智慧与丰厚的情感。唐求，这位常年隐居于山野的诗人，常徘徊于味江河畔、身骑黄牛随欲而行的老人，他的诗及其透露的情感，依旧飘在味江河畔。在崇州这片天空之下，尽管唐求已离我们那么遥远，却依然耀眼，当人们穿越时空，寻觅他的足迹时，人们已然在慢慢地接近他。若专注于他时，人们又会发现，这位长须飘冉的老人，是多么性情至纯、笃好雅致。恍惚之间，人们仿佛能望见那江水如练、青山如黛中，身骑黄牛、边走边吟咏诗句的唐求，或听空山鸟语互答，或遇渔樵老翁劳作，触发灵感，得一两句好诗，就着身边的闲石，或伏在逍遥的牛背，匆匆记下便塞进身边的葫芦瓢中，而后慢慢打磨出一首诗来。味江上，那浸透葫芦里的一排排诗句，令其得"一瓢诗人"的雅称。

唐求，是崇州的诗人。他的诗篇是崇州的乡土文化。学生探寻诗人唐求的足迹，感知唐求的古诗，便能感受古蜀的魅力，了解家乡的历史文化，便能爱家爱国。

【学情分析】

小学二年级学生由于学习知识储备薄弱，以及自身的年龄特点。进行这种开放性的学习活动具有一定难度。因此，课题组的教师在开展本次活动时，采用项目式的学习方式，将本次活动分为访前热身、实地寻访、课堂展示与汇报三个阶段进行。

二年级的学生学习积极性高，对未知事物充满好奇心，实地寻访环节的设计，让学生和家长共同参与，很好地凸显了学生的主导地位，使这次活动显得更加丰富有趣。

【活动形式】

项目式学习。

【活动目标】

1. 学生能通过小组合作，搜集、整理与分享唐求资料，体会唐求的人间文精神与情怀。

2. 学生能用普通话，正确、流利地朗读、诵读唐求诗词，讲述唐求故事。

3. 学生能通过实地走访唐求故居、探寻唐求故事，感受人物情感，并根据了解的资料，画出自己心中的唐求。

4. 学生能通过小组合作探求与分享，发觉自己喜欢的古诗，并赋在人物画像旁。

【活动流程】

第一阶段访前热身：将全班学生分成四个大组，各大组自定组名，规定各大组活动的子主题；选出组长和副组长，组长负责组内分工安排，副组长负责检查资料搜集整理情况。

第二阶段实地寻访：以亲子活动的形式，先集体学习、参观，再以家庭为单位分组采访、记录、整理、汇报，要求有主题、有组名、有口号、有分工。

第三阶段课堂汇报：各组学生和家长对自己调查搜集的资料进行汇总和整理后，分组制作好PPT，并对小组人员进行汇报分工。在课堂展示的环节中，每组成员将自己组的活动成果进行现场汇报交流，并与同学们有效互动。

【活动实施】

一、第一阶段：访前热身

1. 图片激趣，谈话导入。

（1）出示街子古镇牌坊的图片，让学生猜是崇州的什么地方。

（2）当学生观察到牌坊正反面的文字，引出唐求。

2. 共探唐求。

开拓学生思维，引导学生从多个角度探寻唐求。

3. 访前热身。

（1）小组交流实地考察中会遇到的困难。

（2）全班交流解决困难的办法。

（3）分小组并确定组员分工。

4. 邀请家长。

邀请家长陪同学生实地考察。（图6-2、图6-3）

图6-2　街子古镇牌坊

图6-3　街子古镇牌坊

二、第二阶段：实地寻访

1. 活动安排。

确定实地考察时间、统一着装、携带物品、确定交通工具。

2. 了解概况。

邀请当地解说员对唐求的生平进行解说和介绍，学生记录，并确定本小组采访重点。

3. 分组寻访。

（1）以六个家庭为一组进行分组。

（2）确定好自己队伍的名称和口号。要求富有特色，简洁响亮。

（3）分组调查、访问和记录有用信息。（表6-1）

表6-1 综合性学习活动学生评价表

年级 班 第 小组 姓名：						
评价项目		具体内容	评价等级			
小组评价	情感态度	1. 积极参与活动	A	B	C	D
		2. 主动提出设想建议				
		3. 不怕困难和辛苦				
	合作交流	1. 主动和同学配合				
		2. 乐于帮助同学				
		3. 认真倾听同学的观点和意见				
		4. 对班级和小组的学习做出贡献				
	学习技能	1. 活动方案构思新颖独特				
		2. 活动方案细致周全、切实可行				
		3. 会用多种方法搜集处理信息				
		4. 实践方法、方式多样				
	实践活动	1. 积极动脑、动口、动手参与				
		2. 会与别人交往				
		3. 活动有新意				
		4. 关注社会、关注环境的意识				
	成果展示	1. 表演、竞赛、汇报等				
		2. 成果有新意				

三、第三阶段：课堂汇报

1. 唐求故事我来讲。

故事一：《"傻官"唐求》

为什么当时的人称唐求为"傻官"呢？是因为在他结婚的时候，当地的土匪头目和财主送给他的银子，他全都送给老百姓开沟引水，还日夜专心致志地研制水车，改善穷人生活，完全忘记了自己是官。

他还有一件让人觉得"傻"得非常出奇的事。蜀帝王建，命李行简带着重金去聘他入朝，他却把官袍和印信放在那儿，两袖清风跨着青牛飘然而去。别人用银子都买不到的高官，有人出高价让他去做，他却不干！

故事二：《"傻官"不傻——挖沟引水，改善人民的生活》

唐求其实不是"傻"，而是他有自己的想法。有一次，皇帝因为读了他的一首诗，感动得泪流满面，想要重用他。但唐求想到自己的性格不适合官场，就把救下自己的恩人推荐给皇帝重用，而他却化装潜回家乡。在兵匪战斗中，在青城县（今街子）带着人民一起挖沟引水，改善人民的生活。从这里可以看出，其实唐求并不"傻"。

师小结：从上面的小故事中我们知道唐求是一位不求名利、一心为民做实事的好官。

故事三：《"一瓢诗人"的来历》

唐求到了晚年的时候，特别喜欢喝酒，也特别喜爱作诗，他会把自己创作好的诗篇塞入自己随身携带的酒壶中，不给别人看。当他老了的时候，他就把这些酒壶随手扔入味江里，任它随波漂流，并祝愿：如果这诗瓢不沉没，有缘得到的人就知道我这一辈子的苦心了。葫芦漂到了新渠，有人认得是唐山人的诗瓢，便划船去捞起来，打开葫芦，里面的诗大都已经浸水被毁，只剩下十之二三了。人们这才开始竞相传阅从葫芦瓢里得到的三十五首半诗。所以人们称他为"一瓢诗人"。

这三个小故事浅显易懂，趣味性强，拉近了学生与家乡名人的距离，学生不仅理解了故事内容，还了解唐求是一位不求名利、一心为民的好官，也是一位优秀的诗人。

2. 唐求诗词我来诵。

古诗一：

题常乐寺

（唐）唐求

桂冷香闻十里间，殿台浑不似人寰。

日斜回首江头望，一片晴云落后山。

古诗二：

山居偶作

（唐）唐求

趋名逐利身，终日走风尘，

还到水边宅，却为山下人。

僧教开竹户，客许戴纱巾，

且喜琴书在，苏生未厌贫。

古诗三：

边将

（唐）唐求

三千护塞儿，独自滞边陲。

老向二毛见，秋从一叶知。

地寒乡思苦，天暮角声悲。

却被交亲笑，封侯未有期。

前两首诗中提到的地名，一是家乡的常乐寺，一是味江，熟悉的地点让学生很亲切，也对他们理解古诗起到了一定的铺垫工作，更利于学生走进名人诗词。第三首诗离学生生活虽远，但让学生了解了唐求诗题材的丰富性，有利于全面了解唐求及其诗作。

3. 教师总结。

引导学生从多方面搜集资料，多角度、全方位地看待、了解一个人。

4. 活动成果。

学生的实地探寻结果展示。（图6-4、图6-5、图6-6、表6-2）

图6-4　我与唐求的合影

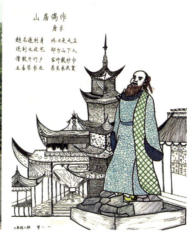

图6-5　我心中的唐求

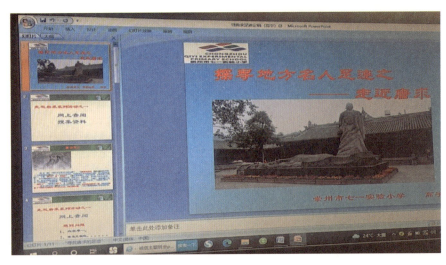

图 6-7　课堂展示 PPT

表 6-2　材料梳理汇总表

	少年唐求	青年唐求	晚年唐求
生平经历	饱读诗书 年少有才	上任县令 造福乡民	隐居乡野 写诗投瓢
相关地名	街子古镇	唐公祠	味江
唐求故事	"傻官"唐求	挖沟引水，改善人民的生活	"一瓢诗人"的来历
唐求诗歌	题常乐寺	山居偶作	边将

效果与反思：这次活动通过共享环节中的"唐求故事我来找""唐求故事我来讲""唐求诗词我来诵"这三种方式进行，可操作性强，学生乐于参与，积极性高。通过浅显的故事加深了学生对故乡名人的了解。从宣传家乡名人和传承家乡文化的角度出发，教师还可以加入"家乡名人我来夸"这一环节，让学生把自己从故事中感悟到的人物的美好品德和从诗词中领悟到的诗人高雅情操通过自己的话语表达出来，加深对故事和诗词的理解，也培养学生的自豪感和表达能力。

（本案例由崇州市七一实验小学　高宇　杨平　王艳君　提供）

第三节 "'家祭无忘告乃翁'——陆游的爱国情怀"活动案例

【活动主题】

"家祭无忘告乃翁——陆游爱国情怀"。

【活动对象】

小学中段学生。

【活动背景】

在中华民族璀璨的历史文化中，积淀了无数的智慧与丰厚的情感。陆游是曾生活在崇州的诗人，他的诗篇是崇州的乡土文化其中之一。学生探寻诗人陆游的足迹，感知陆游的古诗，便能感受古蜀的魅力，了解家乡的历史文化，激发爱国爱家的情感。

这位壮志难酬的诗人，在蜀地工作、生活了整整八年，足迹踏遍巴山蜀水，对这里的一草一木都产生了深厚的情谊。这短短的八年时间，也成为陆游一生中最重要的阶段，是他一生中最辉煌、最洒脱的岁月，让他魂牵梦萦，终身难忘。

在崇州这片天空之下，陆游依然耀眼，尽管他已离我们那么遥远，但当我们穿越时空，寻觅他的足迹时，我们已然在慢慢地接近他。若专注于他，我们会发现，这位诗人是多么性情至纯，笃好雅致。恍惚之间，我们仿佛能望见那江水如练、青山如黛中，边把酒言欢边吟诵诗句的他。

【学情分析】

挖掘崇州市本土名人优秀文化课程，开发小学语文综合实践活动课程，让学生爱国从爱家乡做起。崇州有丰富的传统文化资源，如果加以挖掘、开发和建设，让学生从身边的历史文化开始，了解家乡、热爱家乡，增强对家乡的认同感，树立民族自信，有助于弘扬中华优秀传统文化。这一课程的实施，既是符合学生需求，也是弘扬传统文化的需要。

基于以上因素，教师选择了学生们熟悉的陆游广场、陆游祠的中心人物——陆游来进行研究学习，让学生们掌握综合性学习的方法。学生通过综合性学习能有效地运用调查法、访谈法、文献法、行动研究法、经验总结法等进行研究，培养学生综合性学习能力。具体包括综合表达能力、人际交往能力、搜集处理信息能力、多渠道解决问题能力、组织策划能力等，理解并传承地方优秀传统文化。通过学习，学生对崇州优秀传统文化有了更深的理解，更加热爱地方传统文化，并有了传承地方优秀传统文化的意愿。

【活动目标】

1. 通过生平、成就、爱好等方面全面了解陆游。

2. 培养学生合作探究能力，收集、处理、运用资料的能力。

3. 通过剧本表演，更深刻感受陆游的爱国情怀。

4. 在学习中，小组成员相互帮助、共同合作，通过收集、诵读、表演，培养学生的语文综合性学习能力。

5. 通过收集爱国情怀诗歌，培养学生爱国情怀。

【活动类型】

主题式研究。

【活动流程】

第一阶段：收集、分析陆游的相关生平、事迹和作品。

第二阶段：课堂展示陆游诗作。

第三阶段：品析、表演陆游的爱国诗文。

【活动实施】

第二阶段：课堂展示陆游诗作。

【活动过程】

一、第一阶段：收集、分析

1. 通过网络搜索、图书查阅、实地采访等方法，广泛收集陆游生平事迹及相关作品。

2. 将所收集相关资料按照生平、事迹、作品及其他进行分类整理。

3. 根据自己感兴趣的分类资料自由组合成学习小组。

4. 在小组内深入学习相关资料，并做好展示交流准备。

二、第二阶段：展示、交流

1. 走近陆游。

（1）教师激情导入。

陆游是南宋著名爱国诗人，他是诗歌作品存世量最多的诗人。由于陆游生活在民族矛盾和阶级矛盾十分尖锐复杂的时代，所以他常常为分裂的祖国而忧虑，为受煎熬的人民而悲愤。他不仅成为南宋一代诗坛领袖，而且在中国文学史上享有崇高地位。今天，就让我们轻叩陆游诗词的大门，感悟他深沉的爱国情怀。

（2）引入诗歌《示儿》。

①全班朗读，引出陆游。

②了解陆游写《示儿》的背景，认识陆游是一位爱国诗人。

示 儿

（宋）陆游

死去元知万事空，但悲不见九州同。

王师北定中原日，家祭无忘告乃翁。

（3）了解陆游。

①抢答陆游生平和在崇州事迹的相关知识。

②认识陆游在崇州所居住的地方——陆游祠。

③了解陆游祠的价值。

④欣赏罨画池美景，激发学生的学习兴趣。

2. 学习陆游诗。

（1）学习《初到蜀州寄成都诸友》。

初到蜀州寄成都诸友

（宋）陆游

流落天涯鬓欲丝，年来用短始能奇。

无材藉作长闲地，有愧留为剧饮资。

万里不通京洛梦，一春最负牡丹时。

襄赕报与诸公道，罨画亭边第一诗。

①了解陆游写下这首诗的背景。

教师：当时陆游对任职蜀州通判一职是不满意的，对蜀州这个地方也缺乏认知。这时占据他思想的是郁闷和抱怨，把他派到长闲地来是用其所短，但有愤懑却说不出来，只能在朋友间发发牢骚，连头发都愁白"欲丝"了。蜀州这个远在天涯的长闲地根本不是他愿意来的地方。

②学生在了解了陆游写诗的背景后，感受陆游的心情，从而体会诗所表达的思想感情。

③学生采用多种形式朗读。

（2）学习《暮春》。

暮 春

（宋）陆游

忙里偷闲慰晚途，春来日日在东湖。

凭栏投饭看鱼队，挟弹惊鸦护雀雏。

俗态似看花烂熳，病身能斗竹清癯。

一樽是处成幽赏，风月随人不用呼。

①了解陆游写诗背景。

教师：生活毕竟不是一潭死水，美丽的蜀州给诗人弹起了动听的琴声。州衙旁边的东阁红梅，飞红点点，幽香扑鼻；苑内三千官柳绽吐新枝，婀娜妩媚；罨画池边百花争妍，蜂舞蝶喧；

城东百亩东湖，鱼鸟相戏。他们在罨画池边捉蝶、赋诗，排遣胸中的烦闷，出乎意料地对蜀州产生了浓厚的感情，所以陆游为蜀州写下了《暮春》。

②学生用踏浪的方式朗读诗，体会陆游对蜀州的热爱。

（3）学习《夏日湖上》。

夏日湖上

（宋）陆游

乌帽筇枝散客愁，不妨胥史杂沙鸥。

迎风枕簟平欺暑，近水帘栊探借秋。

茶灶远从林下见，钓筒常向月中收。

江湖四十余年梦，岂信人间有蜀州。

①了解写诗背景。

教师：这年秋天，陆游的第六个儿子降临蜀州。这使陆游更加把自己和蜀州系在一起，于是他萌发出要"终焉于斯"的念头，准备将来瞑目之后就托体于蜀州大地，可见他对蜀州爱之深切，"江湖四十余年梦，岂信人间有蜀州！"是陆游情系蜀州的深刻写照。陆游写下了《夏日湖上》来寄托对蜀州的不舍与赞美。

②学生用多种方式朗读诗，使其对崇州产生浓厚的兴趣，从而爱上脚下这片土地。

三、第三阶段：整理、创作

1. 爱国诗文我来找（小组合作，收集、整理陆游的爱国诗篇）。

陆游自言"六十年间万首诗"，今尚存九千三百余首。其中许多诗篇写了抗金杀敌的豪情和对敌人、卖国贼的仇恨，风格雄奇奔放，沉郁悲壮，洋溢着强烈的爱国主义激情，在思想上、艺术上取得了卓越的成就。

面对这么多的诗文，学生自发合作，将收集到的资料进行分析、整理、综合，最后精选出了小学中段学生容易理解并且适合汇报展示的十八首爱国诗。

2. 爱国诗文我来诵。

诵与读是两个不同的概念，"诵"是抑扬顿挫地念，是一种能表现语气、语调、韵律的以声传情的表达方式，它注重对内容的感受、体验和欣赏。

教师在活动前让学生了解诵读古诗文的一般要求，即诵读古诗文要采用吟诵的方法，做到语气舒缓、抑扬顿挫。学生针对所选的诗文讨论该首诗应该有的诵读要求，分组练习诵读，自己制作PPT并配乐，进行诵读展示。

3. 爱国诗文我来品。

"品"即品味，意思是仔细体会、玩味。"诗须沉潜讽诵，玩味义理，咀嚼滋味，方有所益。"只有经过反复的诵读，设身处地进入诗文的境界，仔细品味每个重点词句的含义，细致感受其中刻画的形象美，才能深入地领略作品的情致和趣味，从而获得审美的愉悦。

品味古诗文可以从用词、修辞手法及其表达效果、表现手法等方面进行。

（1）教师指导。

教师首先以《示儿》这首诗为例，教学生抓住关键词"但""悲""无忘"，体会作者至死不忘祖国统一的爱国情怀。通过引导诵读，学生体会到《示儿》采用直接描述，直抒胸臆的手法，这样的表现手法让学生深切感受到陆游渴望收复失地、祖国重新统一。

（2）个人品位、小组交流。

（3）汇报品鉴（进行摘录）陆游爱国诗形式主要有以下几种。

直抒胸臆，如《书愤》《出师》；托物言志，如《卜算子·咏梅》（《梅花绝句》）；借景抒怀，如《关山月》；以梦述怀，如《十一月四日风雨大作》。

4. 爱国诗文我来写。

（1）组织学生参观陆游书法作品和别人写的陆游的诗文，从参观学习中体会这些诗文的美感，激发学生主动书写的欲望。

（2）学生临摹或者自己工整书写，在临摹书写的过程中再次感受语言的魅力，体会诗文中的家国情怀。

（3）展示学生的作品。如书法角、室外过道上展示学生的作品，让学生更有传承和宣传陆游经典诗文的自信。

5. 爱国诗人我来演。

学生在收集梳理有关陆游爱国诗文时，会明白陆游的一生大致可以分为几个阶段，每个阶段有不同风格和内容的爱国诗文，根据这些诗文创作的背景，串起大致能反映陆游生平的主要经历。因此，鼓励学生自由组合创作剧本并进行表演。

（梳理诗文背后的主要事迹→合作创作→分组表演）

【活动总结】

陆游在蜀州虽然只有短暂的一年多时间，但对蜀州的感情十分深厚。即使晚年回到浙江山阴老家，也还写了许多纪念蜀州的诗篇。可以说蜀州对陆游影响重大，而陆游更是为蜀州的发展做出了极大的贡献。陆游报效国家，誓死恢复中原的一片孤忠，在生前虽然遭到统治者的冷遇，但是在身后却赢得了千千万万人的理解和尊重，千秋万代，传颂不已。这份对国家的忠诚，以及这份对人民的赤子之心值得我们赞扬、学习。

【活动成果】

朗诵四首诗词：小组讨论选择一首诗来朗诵→小组分工，讨论朗诵的形式→小组练习→小组汇报朗诵。

教师指导：有的小组成员发言，组内补充，流畅、有序，我不得不表扬学生们会合作、会倾听；有的小组成员发言，其余小组质疑，那一种激烈，那一种生动，让我倍受振奋，我忍不住夸赞道：真学习，就是倾听中带着思考，思考后勇于表达！在这个过程中，我穿插于其中，灵活机智地评价、巧问、点拨，学生们有茅塞顿开的醒悟，有柳暗花明的惊喜！

（本案例崇州市七一实验小学　张利　马静　赵珮　提供）

第四节　"崇州好儿女——张露萍"活动案例

【活动对象】

小学高段学生。

【活动主题】

崇州好儿女——张露萍。

【活动背景】

崇州是一个有着丰富文化底蕴的城市，自古以来，人才辈出。家乡名人为我们留下了丰富的文化遗产，将这些名人文化的精髓与语文综合性学习结合起来，把丰富的人文资源作为语文学习的延伸，不仅能激发学生关注家乡的热情，丰富学生的语文素养，还弘扬了崇州优秀文化，激发学生热爱家乡、热爱祖国的思想感情。

张露萍1921年出生于崇庆县（今崇州市）一个贫寒的知识分子家庭。她是电影《风声》中地下党员"老鬼"的原型，是我党打入军统内部的巾帼特工，是一位用生命书写不屈意志的中国共产党人，是一朵永不凋零的巾帼玫瑰！

教材六年级下册第四单元让学生们看到了中国共产党在中国这片广袤的土地上绘就的壮美画卷，了解了李大钊、董存瑞等革命英雄的事迹，爱国热情被点燃。当得知我们家乡有个革命英雄张露萍时，大家迫切想要了解她、走近她。

【学情分析】

六年级的学生已经具备了自己收集、整理资料的能力，也具备了合作探究的能力，能够分小组进行学习活动，也能在小组内充分交流。于是我们课题组教师在开展本次活动时，采用主题式的学习方式，将本次活动分为了解张露萍、寻找张露萍、走近张露萍三个阶段。活动采用校内、校外相结合的方式，学生收集、整理资料问题不大，教师应指导小组的分工和展示交流的方式，让学生有目的地进行探究，切实提高综合实践能力。

【活动目标】

1. 通过查阅、采访、实地考察等途径收集资料，感知张露萍烈士的英雄事迹，体会张露萍烈士英勇顽强、勇于牺牲的革命主义精神。

2. 通过查阅、采访、实地考察等活动的开展，培养学生的组织能力、合作能力、解决学习和生活中问题的能力，提高学生综合实践和创新能力。

3. 通过对家乡张露萍烈士的探究活动，培养学生的家乡认同感，增强学生对家乡的热爱之情。

【活动类型】

主题式

【活动流程】

本次活动用时一个月，采用校内、校外相结合的方式，活动分为三部分：了解张露萍、寻找张露萍、走近张露萍。整个活动按照以下三个阶段来进行。

第一阶段：了解史实，确定主题，制订小组计划。

第二阶段：走出课堂，分组实践，收集相关资料。

第三阶段：回归课堂，展示交流，形成活动成果。

【实施过程】

一、第一阶段：了解史实，确定主题，制定计划

1. 创设情境，引出主题。

（1）教师播放电影张露萍牺牲的视频片段，学生谈感受。

（2）学生想了解张露萍哪些方面的知识。（表6-3）

2. 交流话题，提炼活动主题。

（1）学生交流想研究的主题，汇总相关研究主题，例如，张露萍的家庭、张露萍的求学经历、张露萍是怎么样走上革命道路的、张露萍的革命经历、张露萍牺牲的原因、在狱中和敌人作斗争的情况、张露萍的战友们，等等。

（2）教师引导学生梳理统整主题，并形成四个主题：张露萍的家庭、张露萍的求学经历、张露萍革命经历、露萍广场。

3. 确定小组研究的主题。

（1）学生根据特长、兴趣自由选择组长，成立研究小组。

（2）分组协商下一阶段活动细则，例如，活动的时间安排、出行方式、活动的分工等。

表6-3　张露萍主题调查资料收集表

组名：露萍广场组　　　　　　　　　　　时间：2021年10月

学校	崇州市七一实验小学	班级	六年级七班
研究主题	了解露萍广场	组长	陈雨泽
组员	张涵渝、羊逸周、吕瑞涵、宋承釜、羽梦蝶		
研究目的	拓展知识		

研究情况	一、露萍广场基本情况 露萍广场在崇州市中心，那里矗立着一座汉白玉雕像，那便是革命英雄——崇州女儿张露萍。1985 年底，中共崇庆县委、崇庆县人民政府在罨画池畔为张露萍塑造了一座汉白玉雕像，碑铭： 白玉有幸再展英容，凝铮铮忠骨，与岷山同在； 画池无言永寄哀思，留耿耿丹心，共西江长存。 2003 年，中共崇州市委，人民政府将雕像迁到唐安露萍广场。 二、露萍广场的现状及教育意义。 每逢清明或其他重大节日，成千上万的人们自发地赶来，缅怀张露萍和她的战友，接受革命传统教育。在这里，一批批新入党、新入团的人们，在鲜艳的红旗下向烈士宣誓，学习先烈们的献身精神，继承前辈们的事业，坚持立国之本，走好强国之路。

4. 本阶段活动总结与反思：在此阶段，通过谈话导入、师生交流、小组分工等方式，帮助学生明确本次综合实践活动的意义目的，即要以张露萍研究为中心，培养学生对家乡的热爱之情；立足史实，丰富学生对家乡的认识；立足活动，拓展学生的文化视野。这一阶段的活动以校内课堂活动为主，做好主题的梳理和整合。通过小组活动计划的制订，下一个阶段校外考察活动的顺利开展有了保障。

二、第二阶段：走出校园，分组实践，收集资料

本阶段历时两周，以小组为单位展开活动。

1. 了解张露萍。

（1）上网搜集有关张露萍的相关资料，了解张露萍本人和她背后的故事。

教师引导学生收集名人资料，应该从名人的籍贯、主要经历、贡献等方面进行收集。在收集资料时，将网上的语言吸收然后转化成自己的语言。

（2）去图书馆寻找与张露萍有关的书籍，并将相关内容抄写下来，整理成文章。

小组在去图书馆之前，组长提醒组员，在公共场合一定要遵守相关规则。图书馆查找资料，要保持安静、爱护书籍、摘取有价值的资料。

2. 寻找张露萍。

（1）查阅崇州历史，记录张露萍当时的社会背景并采访张露萍的邻居。了解张露萍在崇州的童年生活以及她在成都的求学经历、家庭情况。

（2）实地考察露萍广场（图 6-7），重点了解露萍广场的修建以及所发挥的作用，从而进一步了解张露萍烈士。

图 6-7　露萍广场的照片

3. 走近张露萍。

（1）阅读相关书籍，观看相关视频资料，体会张露萍对中国革命所做的巨大贡献和她英勇顽强、视死如归的精神。

（2）到图书馆再次阅读张露萍的相关历史资料，学生们对关心的问题进行了讨论和提问，探寻人物成长的足迹。

（3）采访崇州文管所的老师，请他给学生们讲解有关张露萍的故事。通过故事《不能忘却的纪念》《干一场》，学生们对张露萍的了解更加深入全面，张露萍英勇的形象深刻入学生们的心里。

4. 本阶段的活动总结与反思。

本阶段的活动主要是在校外完成，各小组全方位、多角度地呈现出一个立体式的张露萍故事框架。以张露萍为中心，以多种形式的实践活动为抓手，让学生走近张露萍。这样既锻炼了学生的实践能力，拓展了学生的文化视野，又丰富了学生的学习经历，培养了学生的合作意识。综合实践活动的优越性得到了最大程度的发挥。

三、第三阶段：展示、交流小组活动成果，总结评价

1. 学生成果展示。

（1）英雄故事我来讲，5 个学生参加张露萍故事的讲演。

（2）英雄品质我来赞，14 名学生完成了一篇高质量的活动感悟。

（3）英雄形象我来画，3 个学生创作了有关张露萍的绘画作品。

（4）英雄事迹我来记，全班展出了 28 份以张露萍为主题的手抄报。

2. 综合实践活动评价表。（表 6-4、表 6-5）

表6-4 教师评价表

学生姓名：　　　　　　　　年　月　日

评价项目	评价要点	评价标准	评价等级			
			A	B	C	D
小组评价	1. 目标明确	符合情感态度、实践能力、综合知识、学习策略的培养目标				
	2. 内容综合	贴近学生的生活实践、社会实践、信息技术实践				
		内容综合、宽泛、符合学生身心发展的规律，促进个性发展				
		丰富学生的体验，培养学生的爱国热情				
		收集张露萍烈士的资料较丰富				
		围绕主题，融合了多门学科知识				
活动过程	1. 组织形式	走入社会，面向社会				
		组织形式多样				
	2. 学生活动	方法得当，体现探究式、合作式学习方式				
		活动过程中，主体性得到充分发挥				
	3. 教师指导	教师是活动合作者、参与者、指导者				
		指导方法形式得当				
	4. 活动步骤	活动导入贴近学生的实际				
		学生亲自实践，动手、动脑、动口				
		活动拓展延伸				
		各实践环节有机结合				
活动效果	1. 学生体验活动	自主思考、设计、操作和解决问题，有真实体验，活动中真切感受张露萍的爱国热情				
		多元评价贯穿于活动全过程				
	2. 学生参与活动	学生主动、活动面大、人人有分工				
		以"活动促发展"，能力得到提高				
	3. 学生知识面和学习策略	知识面有所拓宽				
		学习方法、方式多样，学会学习				
		具有创新精神和意识				

总评：

表6-5　学生评价表

活动内容＿＿＿＿＿＿班级＿＿＿＿＿姓名＿＿＿＿＿时间＿＿＿＿＿

评价项目	评 价 要 点	自评	互评	师评
1. 在活动中参与的态度	1. 认真参加每一次活动			
	2. 努力完成自己承担的任务			
	3. 做好资料积累和处理工作			
	4. 主动提出自己的设想			
	5. 乐于合作，能和同学交流，尊重他人			
2. 在活动中获得的体验	6. 善于提问，乐于研究，勤于动手			
	7. 关心活动的进展，有一定的责任心			
	8. 能对自己进行"反思"			
	9. 实事求是，尊重他人想法与成果			
	10. 不怕吃苦，勇于克服困难			
3. 在活动中学习方法的掌握	11. 能用多种途径获取信息			
	12. 能运用已有的知识解决问题			
4. 在活动中实践能力的发展	13. 有求知的好奇心，探索的欲望			
	14. 独立思考、自主学习，主动发现问题、提出问题，寻求解决问题的方法			
	15. 积极实践，发挥个性特长，施展才能			

注：1. 评价结果分为A、B、C、D四个等级

2.A表示好，B表示较好，C表示一般，D表示尚可

3. 本阶段的活动总结与反思。

本阶段是学生以实践活动为支撑，以所学知识为依托，其发散思维、质疑意识显著增强，加深了学生对张露萍本人的认识，增强了学生对家乡的认同感和热爱之情。最后，学生填写了综合实践活动评价表，对此次活动进行了评价。学生实践成果的汇报展示了小组合作的研究成果，提高了团队凝聚力。同时还张扬了学生个性，深化了知识内涵，回归了研究本色，实现了教学目标，达到了活动效果，是本次实践活动的总结和升华。

四、成果展示

1. 张露萍相关档案。

（1）张露萍的家庭。

1921年7月3日出生在四川省崇庆县（今崇州市）一个贫苦的私塾教师家庭，共有四姊妹。她的父亲余泽安富有民族意识，常常给女儿们讲花木兰、岳飞、文天祥等民族英雄的故事，希望她们长大后做有民族气节的中国人。张露萍还在小学念书的时候，在崇庆师范读书

的大姐被四川暂编师师长余安民强娶为妾。二姐病亡，父亲因交不出"国防捐"被关进大牢。家庭的不幸遭遇，在张露萍幼小的心灵里埋下了对旧制度仇恨的种子。

（2）张露萍的求学经历。

张露萍，四川人，原名余家英，在延安"抗大"学习时改名黎琳、余慧琳，之后化名张露萍。1937年秋，在成都蜀华中学读书时加入"中华民族解放先锋队"，同年赴延安。先后毕业于陕北公学，抗日军政大学。1938年10月加入中国共产党，后在文联任秘书一职。

（3）张露萍的革命经历。

1939年秋天，受中共中央组织部和社会部派遣，黎琳由延安经上海转重庆，到中共中央南方局从事地下工作，主要负责领导中共中央南方局在国民政府军统局秘密发展的张蔚林、冯传庆、赵力耕、王锡珍、陈国柱、杨洸等人进行秘密斗争。为了工作方便，组织决定让黎琳和张蔚林以兄妹的身份活动，因此黎琳改名张露萍，以军统职员家属身份，担任军统局内中共地下特别支部书记，直接与南方局联系，传递情报。从1939年10月至1940年3月，她多次截获了军统局重庆电讯总台收发的国民党军政绝密情报，避免了我党的一些重大损失。这些情报的泄露，使得蒋介石十分震怒，命令戴笠限期查清泄密原因。

1940年3月，张蔚林不小心烧坏收发报机真空管，引起戴笠怀疑，张露萍等人受牵连被捕，关押在军统局重庆稽查处看守所。为对付敌人审讯，张露萍改名为余慧琳。在看守所，张露萍同志为保护中共中央南方局和重庆地下党组织作出了重大贡献。

1941年春，张露萍等人被转囚于息烽集中营，在狱中地下党临时支部的领导下，坚持斗争，经常对难友们宣传党的政策，介绍延安情况，鼓舞难友斗志，揭露蒋介石政权的黑暗统治和息烽集中营惨无人道的罪行。

1945年7月14日，张露萍等7人被国民党军统特务枪杀于息烽县城南部3公里的快活岭。

1953年10月，中央人民政府批准张露萍为革命烈士。

（4）露萍广场。

露萍广场位于崇州市中心，那里矗立着一座汉白玉雕像，那便是革命英雄——崇州女儿张露萍。1985年底，中共崇庆县委、崇庆县人民政府在罨画池畔为张露萍塑造了一座汉白玉雕像，碑铭：

> 白玉有幸再展英容，凝铮铮忠骨，与岷山同在；
> 画池无言永寄哀思，留耿耿丹心，共西江长存。

2003年，中共崇州市委，崇州市人民政府将雕像迁到唐安露萍广场。

每逢清明或其他重大节日，成千上万的人们自发地赶来，缅怀张露萍和她的战友，接受革命传统教育。在这里，一批批新入党、新入团的人们，在鲜艳的红旗下向烈士宣誓，学习先烈们的献身精神，继承前辈们的事业，坚持立国之本，走好强国之路。

2. 手抄报。（图6-8）

图6-8　学生绘制的手抄报

3. 活动评价表。（表6-6、表6-7）

表6-6　教师评价表

学生姓名：　　　　　　　　　　　　　　年　月　日

评价项目	评价要点	评价标准	评价等级			
			A	B	C	D
小组评价	1. 目标明确	符合情感态度、实践能力、综合知识、学习策略的培养目标				
	2. 内容综合	贴近学生的生活实践、社会实践、信息技术实践				
		内容综合、宽泛、符合学生身心发展的规律，促进个性发展				
		丰富学生的体验，培养学生的爱国热情				
		收集张露萍烈士的资料较丰富				
		围绕主题，融合了多门学科知识				
	3. 实践性强	有具体的操作性				
		难易适当，实践性突出				

活动过程	1. 组织形式	走入社会，面向社会					
		组织形式多样					
	2. 学生活动	方法得当，体现探究式、合作式学习方式					
		活动过程中，主体性得到充分发挥					
	3. 教师指导	教师是活动合作者、参与者、指导者					
		指导方法形式得当					
		活动导入贴近学生的实际					
		学生亲自实践，动手、动脑、动口					
	4. 活动步骤	活动拓展延伸					
		各实践环节有机结合					
活动效果	1. 学生体验活动	自主思考、设计、操作和解决问题，有真实体验，活动中真切感受张露萍的爱国热情					
		多元评价贯穿于活动全过程					
	2. 学生参与活动	学生主动活动面大、人人有分工					
		以"活动促发展"，能力得到提高					
		知识面有所拓宽					
	3. 学生知识面和学习策略	学习方法、方式多样，学会学习					
		具有创新精神和意识					

总评：

表 6-7　学生评价表

评价项目	评 价 要 点	自评	互评	师评
一、在活动中参与的态度	1. 认真参加每一次活动			
	2. 努力完成自己承担的任务			
	3. 做好资料整理工作			
	4. 主动提出自己的设想			
	5. 乐于合作，能和同学交流，尊重他人			
二、在活动中获得的体验	6. 善于提问，乐于研究，勤于动手			
	7. 关心活动的进展，有一定的责任心			
	8. 能对自己进行"反思"			
	9. 实事求是，尊重他人的想法和成果			
	10. 不怕吃苦，勇于克服困难			
三、在活动中学习方法的掌握	11. 能用多种途径获取信息			
	12. 能运用已有的知识解决问题			

四、在活动中的实践能力的发展	13. 有求知的好奇心，探索的欲望			
	14. 独立思考、自主学习，主动发现问题，提出问题，寻求解决问题的方法			
	15. 积极实践，发挥个性特长，施展才能			

注：1. 评价结果分为 A、B、C、D 四个等级

　　2. A 表示好，B 表示较好，C 表示一般，D 表示尚可

（崇州七一实验小学 杨险　宋丽娟　甘珂于）

第六章　基于名人文化的课程案例

第七章

基于古建筑文化
的课程案例

第一节　课程结构与内容

　　本课程是辰居小学以地方古建筑文化为载体构建的语文综合性学习课程。研究团队依托崇州现有的丰富的古建筑文化资源（始建于唐、兴盛于宋的罨画池、全国唯一与绍兴沈园并重的陆游纪念专祠"陆游祠"、全省保护最完整、成都地区唯一的木结构文庙等），秉承"语文教学跟生活实践相结合，实现课内外衔接"的指导思想，通过丰富的实践活动，如实地考察、查阅文献、走访相关人员等进行资料的收集与整理，形成"课内外结合、学用结合"的教学策略，逐步构建了基于地方建筑文化的语文综合性学习课程结构。

一、课程结构框架图

　　实例如图 7-1 所示。

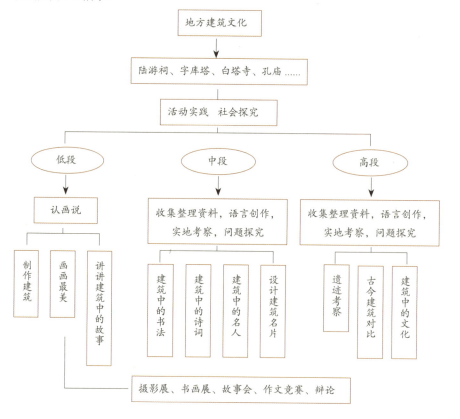

图 7-1　地方建筑文化课程构架图

二、课程主题

本课程从几个方面对崇州地方建筑文化特别是对崇州境内的陆游祠、罨画池、隋代白塔、字库塔等各具特色的建筑进行研究。一是建筑的不同细节。如罨画池内形状各不相同、纹饰风格迥异的各种"窗"和各式各样的"门",探究其类别、外观及蕴含的寓意。门有门的讲究,垂花门、广亮大门、衡门……窗有窗的样式,长窗、短窗、槛窗、支摘窗……飞檐翘角、红砖碧瓦,造型独特,古朴雅致,值得研究与品位。其中的楹联、碑文、牌匾兼具书法美与历史文化价值,值得细细品读。二是建筑的不同类别。如庙、塔、桥、祠等,研究不同类别的建筑功能与社会价值。三是对同一种建筑进行专项的研究。如崇州境内的古塔(包括道明的白塔、街子的字库塔、怀远的回澜塔等),探究其基本构造、功能、历史及作用等;又如对崇州古桥进行探究等。

三、课程实施阶段

本课程的实施过程需要经历七个阶段:通过问题触发→主题确立、分析问题→关联内容、建立小组→确定并分析计划→分工实施→开展活动、展示成果→评价总结。(图7-2)

图7-2　学生语文综合性学习实践活动阶段图

四、课程内容和形式序列化

研究团队根据学生的年龄特点,在对古建筑文化的探究和学习中,分为低、中、高段,选择相应的课程内容和学习形式。

(一)低段:重在认知

低段学生主要认识建筑的名称,如门、桥、窗的种类及样式,追根溯源认识"门、桥、窗"等汉字的演变过程,了解跟建筑相关的故事,欣赏相关的简单的古诗等。由于低段学生活泼好动,在开展语文综合性学习时,研究团队主要组织学生通过画一画建筑的形状、讲一讲建筑中的故事、制作建筑档案等活动来学习古建筑文化。成果展示主要通过摄影展、故事会等生动活泼的方式开展。

(二)中段:重在实践

中段学生主要欣赏建筑中的书法美,了解其寓意;欣赏相对复杂的古诗词,了解相关的人物等。中段学生有了一定的自我约束能力，课程实施主要倾向于动口、动手方面，如：制作关于地方建筑文化的思维导图、简单解说词、手抄报、画册等，让他们在介绍自己的成果时进一步训练表达能力。成果展示可以通过书画展、制作思维导图、作文竞赛等方式开展。

（三）高段：重在提升思维

高段学生主要研究古建筑的各个组成部件的名称及内涵，欣赏相关的文言文，古今建筑对比等。高段学生有了自己的主见，课程实施主要倾向于思维的提升，如写研究报告、策划简单的活动、写活动计划和总结、设计海报和连环画册子，进行演讲活动，能担任讲解员、小导游等角色。成果展可以采用辩论会、报告会等形式开展。

五、课程课时设置

本课程课时设置采用"集中＋分散＋灵活"的形式。集中是指教师利用语文课堂进行语文综合性学习的指导和学习成果的交流和分享。分散是指学生以小组或者家庭为单位进行语文综合性学习的考察、调查、资料搜集等综合性实践活动。灵活是指利用地方、学校可自主使用的课时开展课程学习。

第二节 "觅窗之美，享创之趣——童眼赏窗，走进罨画池公园"活动案例

【活动对象】

小学低段学生

【活动主题】

本次活动的主题是"童眼赏窗——走进罨画池公园"，围绕主题设置了五个阶段，分别是：字源识"窗"，以窗开花——说说生活中含窗的词语；游园赏窗；趣谈收获；巧做书签；我型我秀。通过五个阶段让学生了解家乡古建筑（罨画池公园里的窗）的有关知识，如窗的形状、花纹、寓意等，提高学生的认知水平。

【学情分析】

本次课程授课对象是小学低段的学生，该学段的学生对周围事物有好奇心，能就感兴趣的内容提出问题，能结合语文学习观察生活中的事物，能用口头或图文等方式表达自己的观察所得。但是他们的逻辑表达、协作能力、创新意识、审美能力都有待提升。

【活动目标】

1. 认知目标：通过活动，让学生了解家乡古建筑（罨画池公园里的窗）的有关知识，如窗的形状、花纹、寓意等，提高学生对窗的认知水平。

2. 能力目标：在活动过程中，培养学生的观察能力、实践能力和语言表达能力；培养学生的创新意识、探索精神和协作能力，增强审美能力。

3. 情感目标：让学生感受活动给他们带来的乐趣，在动手、动脑实践中体会成功的喜悦。

【活动类型】

主题式教学要求学生在学习情境中进行自主的探讨和学习，充分重视学生主体作用的发挥。因此，本课程设置"童眼赏窗——走进罨画池公园"的课程主题，围绕罨画池公园里的窗展开教学，让学生在这一主题下通过自主探究，发现窗之美，通过实践享受创造的快乐。

【活动实施】

一、第一阶段：字源识"窗"，以窗开花——说说生活中含窗的词

孩子们，今天我给大家带来了一个有趣的字，请孩子们一起去看看。（图7-3）

1. 播放视频，了解窗的起源。

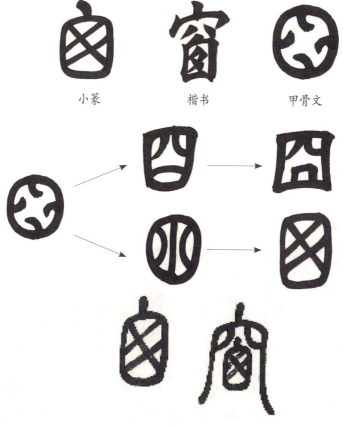

图7-3　"窗"字演变图

2. 让学生用"窗"组词。

3. 让学生开火车读词语。

窗户→窗帘→窗台→天窗→门窗→铁窗→纱窗→十年寒窗→窗明几净→同窗故友→打开天窗说亮话

4. 以 PPT 出示窗的童谣,全班读。

<table>
<tr><td align="center">(一)</td><td align="center">(二)</td></tr>
<tr><td align="center">开　窗</td><td align="center">剪窗花</td></tr>
<tr><td>叫声春风小姑娘,</td><td>小剪刀,手中拿,</td></tr>
<tr><td>为啥走得这样慌?</td><td>我学奶奶剪窗花,</td></tr>
<tr><td>她说要到小河边,</td><td>剪梅花,剪雪花,</td></tr>
<tr><td>打开小河玻璃窗。</td><td>剪对喜鹊叫喳喳,</td></tr>
<tr><td>窗子一开亮晃晃,</td><td>剪只鸡,剪只鸭,</td></tr>
<tr><td>冰雪一化水汪汪,</td><td>剪条鲤鱼摇尾巴,</td></tr>
<tr><td>鸭子鹅儿跳下河,</td><td>大红鲤鱼谁来抱?</td></tr>
<tr><td>身上泥巴都洗光。</td><td>哦!再剪一个胖娃娃。</td></tr>
</table>

设计意图:通过本次活动,学生们了解到窗的演变,激发了他们探寻字源的兴趣,也激发了他们在生活中积累字词的兴趣,将语文课堂从课内延伸到课外。

二、第二阶段:游园赏窗

用心观察,有序表达。

1. 播放 PPT ,回顾学生们快乐的赏窗之旅。(图 7-4、图 7-5)

图 7-4　戟门孔踪—侧窗户

图 7-5　八角景图

此窗是八角景，有不等边八角形和不规则的梯形组成的花纹。

你最喜欢哪扇窗？它的形状、花纹、寓意是什么呢？请拿出你的照片和观察记录单，把你最喜欢的窗户介绍给同桌听吧。

2. 同桌相互介绍自己（表 7-1）。

"童眼赏窗"公园游览记录单

姓名：_____
1.我最喜欢的窗户位于_____（填具体位置），它是_____（形状），花纹是_____，寓意是_____。
2.在公园里，我新认识的生字有_____。
3.抽生介绍，相机点评。
4.学生可以采取自己喜欢的语言方式进行介绍。
5.乐于合作，能和同学交流，尊重他人

设计意图：回顾赏窗之旅，有序介绍自己观察所得，在培养学生们语言表达能力的同时，训练其倾听的能力。

三、第三阶段：趣谈收获

生活中趣味识字。

1. 教师：同学们都有一双会发现的眼睛！在观察的过程中，你认识了哪些生字呢？请把认识的生字和同桌交流。你可以像老师这样说：我在公园里认识了（　　　　）字，请你跟我读。

2. 全班交流。

抽生交流，并将卡片贴在黑板上。（图7-6）

图7-6　学生贴图

3. 在游览公园时，除了识字，学生还有其他收获吗？（诗歌、对联）学生谈收获。

设计意图：通过此次活动，让学生明白"生活处处有学问"，养成留心观察、用心积累的好习惯。

四、第四阶段：巧做书签

1. 做书签前期准备。

（1）请一个心灵手巧的学生，亲手做一张精美的书签并拍制成视频发送到班级微信群。

制作步骤：

①学生准备：一张比较硬的纸，可以是卡纸，也可以是购物纸袋等，准备剪刀、彩笔、套尺、流苏。②开始设计：勾勒边框，线条。③留白处进行诗词填写。④在硬纸板上进行临摹制作。⑤剪下成形。⑥系流苏。

（2）在微信群中认真观看制作小视频。

要点：通过观看制作书签的小视频，明晰制作的具体过程。

在家和家长一起动手制作小书签。（图7-7）

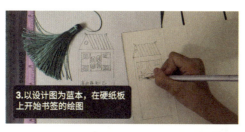

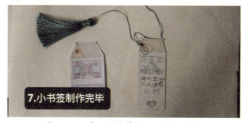

图 7-7　书签制作流程（组图）

设计意图：通过家长和学生共同制作书签，激发和调动家长参与学生学习活动的积极性，培养家长的家校共育意识。同时，学生亲手制作书签，培养学生的动手能力、审美能力。进一步提高学生对窗的审美鉴赏能力。

五、第五阶段：我型我秀

1. 展示书签。

（1）用一两句话介绍自己的书签。

导语：你能介绍一下自己的书签吗？可以这样说：这是我和谁一起制作的书签，我们在上面写了什么，画了什么。当然，你也可以用自己的话来说。

书签秀

这是我和_____（谁）一起做的书签，我们在上面写了_____，画了_____。

（2）同桌交流。

教师在教室里巡视，聆听部分学生的发言。

（3）班内交流。

抽部分学生展示，鼓励学生大胆发言，用自己的话叙述自己制作小书签的过程。

2. 评选优秀书签。

请评委老师评选出优秀书签。（图7-8）

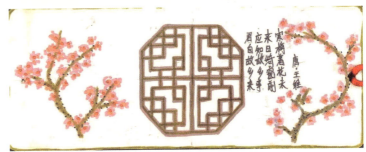

图 7-8　学生制作的精美书签（组图）

3. 颁奖，获奖学生与评委合影。（图 7-9）

图 7-9　获奖学生与评委合影

4. 教师总结：同学们今天表现得特别棒，我们通过观察别人做的优美的书签，知道了怎样做一个让人赏心悦目的书签。你们结合收集的古诗和名言，亲手制作自己独特的窗书签。请孩子们向在座的老师分享你制作书签的过程吧！

设计意图：给学生们提供展示的舞台。学生通过介绍自己的书签，简单介绍了自己制作书签的过程，培养了学生的语言表达能力，逻辑思维能力，增强了学生的自信心。

（本案例由崇州市辰居小学　唐珊　李素萍　陈凌荣　提供）

第三节 "探秘家乡古塔"活动案例

【活动对象】

小学高段学生。

【学情分析】

本次课程授课对象是小学高段的学生，该学段的学生对自我、他人、家庭、社会有了一些浅显的认识，养成了一定的好习惯，随着他们社会生活范围的不断扩大，进一步认识了解社会成为他们迫切的需要。他们大多活泼积极，好奇心强。同时，学生已经初步具备一些基本的综合性实践能力，如能提出学习和生活中的问题，有目的地搜集资料，共同讨论；能结合语文学习，观察大自然，观察社会，用书面或口头方式表达自己的观察所得；能在教师的指导下组织有趣味的语文活动，在活动中学习语文，学会合作；此外，在家庭生活、学校生活中，能够运用语文知识和能力解决简单问题。但大部分学生并未完全掌握相关的学习方法，自主学习能力和合作意识有待提升，独立完成实践活动有一定难度。因此，教师要创设情境，加强指导，让学生在实践活动中掌握方法，提升能力。

【活动目标】

1. 了解崇州古塔的历史文化知识，激发对家乡历史文化的热爱之情。

2. 在小组活动中完成学习任务，在解决真实情景问题的过程中，开展多样化的言语实践活动，学习搜集、整理、运用资料。

3. 在交流展示中，发展学生的听说读写语文素养，学会反思总结，学会沟通合作，促进核心素养的全面提升。

【活动类型】主题式教学

主题式教学要求主题设置具有吸引力，且切实可行，对教和学都有一定的价值和意义。因此，本课程设置"探秘崇州古塔"的课程主题，围绕崇州的古塔开展教学，让学生在"崇州古塔"大主题下通过讨论、自主探究去挖掘小的主题作为题材，在实践中习得方法并提升能力。

【活动流程】

第一阶段：漫步家乡，识古塔。

第二阶段：漫步家乡，寻古塔。

第三阶段：漫步家乡，话古塔。

【活动实施】

第一阶段：漫步家乡，识古塔

一、识古塔

1. 佛国神境寻塔源。

猜谜导入，引出"古塔"

出示谜语：头戴尖尖铁帽，身穿八角龙袍，四面无依无靠（谜底：塔）。

师生共同交流，分享收集有关古塔的资料，初步了解古塔的来历。

小结：塔历史悠久，造型特点突出，是古代劳动人民智慧的结晶。这些各具特色的古建筑，盛满了时间的美酒，散发着迷人的香气，让人忍不住频频驻足凝望。这节课，就让我们一起走进时间的长河，走进过往，去探寻古塔建筑中的文化美——揭题。

2. 妙不可言造"塔"字。

出示不同字体的"塔"字。

要点：最早中国没有塔这种建筑类型，也没有"塔"这个字。东晋葛洪的《字苑》里首次出现"塔"这个汉字。

观察塔字的结构，引导学生了解"塔"字的造字过程。

要点：塔字在古汉语中又写作"墖"，就字义来说，它由三部分组成，即"土""合"和"田"。土既代表土木建筑，又代表土冢之意；合则有坟墓或楼阁内密闭建筑空间的意思；田字呢，它象征了佛是主宰，居统治地位，有无边的法力。就字音来说，它既采用了"佛陀"一词的音韵，较"佛图"等名称更简洁；又与汉语的"他"字音相同，意味着这是外来之物。就字形来说，去了提土旁，墖字的右边极像一座顶部尖尖的佛塔。

二、明对象

1. 出示家乡的三座古塔的图片和简介。（图7-10）

街子古镇——字库塔　　道明镇——白塔　　怀远镇——汉源洄澜塔

图7-10　崇州古塔

2. 明确调查对象。

明确调查对象：本次语文综合性实践活动围绕家乡的字库塔、白塔、汉源洄澜塔这三座塔展开。

调查主题示例：塔的构造、塔的分类、塔的妙用、塔的故事……

三、知方法

1. 设想调查方法。工欲善其事，必先利其器。思考搜集资料的途径有哪些？

（1）同桌讨论。（查找图书、网络搜索、实地考察、请教别人，等等）

（2）指导学生如何搜集资料。

①查找图书。要点：查找图书要注意确定图书类别。

②网络搜索。要点：首先要抓住关键词进行检索，然后根据网页显示的标题、内容摘要等初步判断搜索结果，选择可能符合自己需求的链接打开。仍然找不到有效信息时，可以调整关键词重新搜索。打开链接时，要注意网络安全，抵制不良信息。

（3）小结：搜集资料的渠道有不同的特点。查找图书获取的资料往往比较权威，网络搜索方便快捷，请教他人可以进行交流互动。当然，在调查过程中可以综合几种方法，灵活运用。

2. 针对调查过程中可能出现的诸如：安全、资源较少等问题，引导学生思考应对策略。

四、定计划

本次综合性学习以小组合作的形式开展，主要任务是搜集关于崇州古塔的资料，如塔的构造、塔的分类、塔的妙用、塔的故事等，学生可以根据自己的设想来组建小组。

1. 学生根据个人研究主题自由组建小组，老师根据情况作适当调整，使每一项内容皆有人查。

2. 回顾小组合作要求：各组推选一名组长，每位组员承担相应的任务，分工的同时能够合作。

3. 指导学生思考活动计划如何制订。

思考：计划需要包含哪些内容？用什么形式来写？

要点：（1）确定组员分工；（2）讨论确定活动时间、活动流程和展示形式；（3）写活动计划（表格、提纲、时间轴，等等）。（表7-2）

表7-2　小组活动计划安排表

小组	活动计划
组　长	
组　员	
时　间	
地　点	

活动内容	
活动过程	搜集资料：　　　　　　整理资料： 准备展示：　　　　　　展示交流：
活动分工	
展示过程	
填表时间：	

4. 小组合作制订计划。

小结：外出调查要注意安全，最好在家长的带领下结伴外出，避免发生事故。调查时要注意分工合作，要带上手机、照相机、录音笔等设备记录。

5. 领取活动调查表。

每个学生领取一份活动调查表，小组合作展开调查后，将收集到有关家乡古塔的资料填写在上面。

6. 确定调查时间。

本次活动的调查时间为三个星期，调查收集资料期间，可将遇到的问题、收获的经验记录下来，后续将开展几次阶段性汇报进行交流。

7. 课后根据活动计划开展调查活动。

8. 活动小结与反思。第一阶段"漫步家乡，识古塔"环节旨在激发学生对此次活动的浓厚兴趣，因此教学形式较为丰富，不仅有谜语、图片，也有师生的交流分享，让学生在互动中初步了解一些有关古塔的知识。此外，这一环节也要初步拟定调查计划，为后续的调查活动做好准备。

第二阶段：漫步家乡，寻古塔

一、回顾教师"寻古塔"的收获导入

1. 谈收获：谈话导入寻古塔之谈收获。

（出示 PPT：道明镇白塔的图片，白塔始建于隋的舍利宝塔。位于竹编之乡道明镇白塔山顶的白塔禅院内。前俯广袤的川西平原，背靠青山，右临明镜般的白塔湖。塔有七级，呈方形，高七八丈。）

2. 引导学生寻找搜集资料的方法（古建碑文类文字记录）。

二、尝试分析问题，探究搜集方法

1. 自主发现问题。

（1）问题引入：怎么搜集寻古塔的方法？（出示 PPT：寻古塔之发现问题）

（2）学生说搜集资料方法。

（3）师生共同交流，分享可以通过哪些途径搜集资料。

2. 探究更多搜集资料的方法。

（1）组内探究更多搜集资料的方法，小组内交流怎么调查全面的古塔资料。

（2）班级内交流。（实地考察、采访周边居民，等等。）

（3）教师补充。（拜访专业人员，访古建筑的匠人，他们对古塔结构特点、意义应该也有所了解。崇州有文化馆，文化馆工作人员常年和家乡的各种传统文化打交道，古塔也属于中国传统文化的一部分，拜访文化馆的专业人士是不错的选择。）

（4）了解县志。（出示县志：记载一个县的历史、地理、风俗、人物、文教、物产等书籍。）

引导学生记录时，对文字性资料可以拍照记录后再提取重要信息，对于声音资料可以通过录像、录音的方式记录。

三、总结布置组内任务

1. 实地调查活动，有很多事情需要做，例如，调查内容分工，实地调查之前准备，预设调查活动中可能出现的问题，预设解决方案，接下来需要在小组内共同解决这些问题。

2. 活动小结与反思。

此阶段学生已经开始着手进行调查，为了让学生顺利完成任务，并从中学会搜集整理资料的方法，教师要适时开展推进课，了解学生的任务进程，发现学生遇到的问题，及时解决。（表7-3、图7-11）

表7-3 "探秘家乡的古塔"调查表

姓　名		学　号		
调查方法	实地考察□ 网络搜索□ 查阅资料□ 询问他人□			
塔　名		所在地		
修建时间		材　质	土塔□ 石塔□ 木塔□ 砖石塔□	高　度	（　　　）米
形　制		类　型	密檐式□ 楼阁式□	作　用	供奉舍利，葬僧礼佛□ 导航引渡，指桥标路□ 观敌瞭望，军事防御□ 装点河山，美化风景□ 寄托愿望，趋吉避凶□ 登高眺远，愉悦身心□
				外观 示意图	

相关的历史故事	
相关的文学作品（如诗歌、对联、文章等）	

（注：在方框中打"√"，其他内容请用蓝色钢笔或黑色签字笔进行填写，不确定的内容请用铅笔填写。字迹工整！）

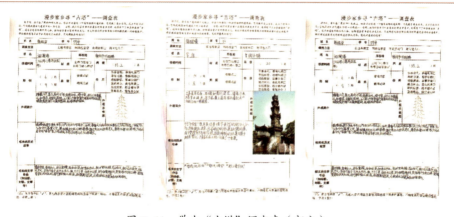

图 7-11　学生"古塔"调查表（部分）

第三阶段：漫步家乡，话古塔

一、活动导入

PPT 展示古塔的照片。领略街子字库塔、道明白塔、怀远洄澜塔三座古塔的风采。

二、回顾活动

这次语文综合性实践活动已经从"漫步家乡，识古塔"；"漫步家乡，寻古塔"进行到了第三个阶段——"漫步家乡，话古塔"。在寻古塔环节，制定了探寻崇州古塔的调查计划；应用网络搜索、查阅图书、请教他人、实地考察等方法，同学们搜集到了大量的资料，顺利完成了"漫步家乡，寻古塔"调查表的填写。

总结"寻古塔"环节，展示、交流小组合作的调查结果，并学习用手抄报的方式，将搜集的有关崇州古塔的资料写下来，画下来。

设计意图：回顾前期的调查活动，明确本堂课的学习目标。

三、汇报展示

1. 汇报成果。

选择三个小组汇报展示，其他同学根据活动评价表当评委。

（各个小组贴上词条）

第一小组——四大部分说构造，第二小组——条分缕析话分类，第三小组——五花八门谈妙用。

设计意图：汇报展示环节是对此次活动的一个总结和展示，既能锻炼学生的语言表达能力，也能从小组的汇报中直观地看到每个小组的调查成果，为接下来的评价环节奠定基础。（图7-12）

图7-12 学生课堂展示汇报

2. 交流评价。

（1）组内自评。

采访三个小组的组长，怎么评价今天的表现。

（2）观众点评。

学生点评，展示。

教师点评。

3. 反思小结。

在小组合作中，学生肯定还有很多想说的，因此，课后每个小组完成小组反思记录单，把在活动中的收获、遇到的问题、对活动的建议和意愿填写在这张表格上。

四、创意宣传

1. 范例引路。

引导学生思考可以通过哪些创意活动进行宣传。

2. 头脑风暴。

利用搜集到的图文资料，小组合作交流推广家乡古塔的展示活动。（板书：创意表达）

要点：

诗歌朗诵会：可以把收集到的有关古塔的诗词歌赋整理起来，开展一个诗歌朗诵会。

讲故事比赛：可以围绕家乡古塔背后有意思的历史故事举行讲故事比赛。

剧本编演：还可以把这些故事改编成剧本，演一演。

知识竞赛：把有关家乡古塔的知识设计成不同类型的题，举行一个知识竞赛，就像我们的党史知识竞赛一样。

思维导图：将这些资料分门别类，绘制成思维导图。

宣传海报：可以为家乡的三座古塔设计出宣传海报进行展示交流。

【活动小结与反思】

此阶段学生将整理好的资料，制作成PPT，以小组为单位进行展示。展示完毕后，采取多种不同的方式进行活动评价。在评价过程中，教师可以引导学生拟定相关的评价标准，还可以直接出示有关的评价标准。展示评价结束后，可以引导学生思考后续的活动形式。（表7-4、表7-5）

表 7-4　小学语文综合性学习活动评价表

评价要素	小　组	等　级
1. 小组合作：分工明确，成员配合默契 2. 语言表达：语言表达流畅，讲解自然大方，有手势动作，与观众有互动 3. 汇报形式：汇报形式多样(有图片、文字、视频或其他形式)，PPT制作精美 4. 汇报内容：资料丰富，逻辑清晰，有结论和观点	第一小组	
	第二小组	
	第三小组	

评价等级：优秀☆☆☆☆☆　良好☆☆☆☆　达标☆☆☆　再努力☆☆

表 7-5　小学语文综合性学习活动小组反思记录单

活动名称		小组成员		填表时间	
				年　月　日	
我们的思考	1. 在本次活动中，我们小组的活动成果是：＿＿＿＿＿＿				
	2. 在本次活动中，我们小组表现最成功之处（或值得大家进步的地方）是：＿＿＿＿＿＿ ＿＿＿＿＿＿＿＿＿＿＿＿＿＿＿				
	3. 在本次活动中，我们小组成员＿＿＿＿在＿＿＿＿＿＿＿＿＿方面表现最为突出，帮助解决了＿＿＿＿＿＿＿＿＿＿＿＿				
	4. 若要活动取得更好的效果，我们小组可改进之处是＿＿＿＿＿＿＿＿＿＿，改进的方法是＿＿＿＿＿＿＿＿＿＿＿＿				
	5. 通过此次学习活动，我们小组最想说的是＿＿＿＿＿＿＿＿＿＿＿＿ （建议或愿望等）				

（本案例由崇州市辰居小学牟鑫　陈春利　周雪梅　提供）

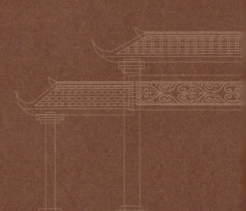

第八章

基于民俗文化的课程案例

第一节 课程结构和内容

本课程是学府小学课题组以崇州民俗文化为载体构建的小学语文综合性学习课程。崇州在源远流长的历史中形成了多彩的民风民俗，体现在饮食、生产活动、节令、集会等多个方面，其种类丰富，组织形式灵活多样。民俗文化研究团队以最具本土特色、富有教育价值的民俗文化资源为切入点，"取其精华"，挖掘崇州民俗文化对小学生身心健康发展以及文化适应产生积极作用的部分，让丰富的本土民俗文化资源为教育教学发挥更大的作用。在研究组的反复研究下，最终确定以民俗文化中的"元通清明会"为载体，构建小学语文综合性学习课程。在研究初期，教师通过查阅崇州地方县志、走访元通古镇当地长者、观看"元通清明会"相关视频等途径，感受"元通清明会"的民俗文化，深入了解"元通清明会"的文化底蕴。研究组通过"走出去""请进来"的方式，加强对教师的培训，让大家对课程体系的构建有了更清晰的认识和思考。经过一次次的培训、研究、讨论、修改，最终形成以"画境崇州、多彩民俗"为主题的课程结构。所构建的课程充分体现了学生的年龄认知特点，体现了阶段性、连贯性和学科融合。

一、课程结构框架图

框架图示例如图 8-1 所示。

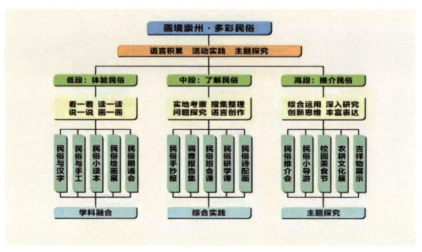

图 8-1 民俗文化课程结构框架图

二、课程主题

学府小学以"元通清明会"为线索，以"画境崇州、多彩民俗"为主题，通过"语言积累、活动实践、主题探究"等形式构建整个课程，开展了一系列关于崇州民俗文化的语文综合性学习实践体验活动。"元通清明会"作为"川西三大盛会"之一，是崇州最具特色的民俗文化。"元通清明会"中最具代表的民俗文化有祈福祭祀、民俗巡游、农耕文化、美食文化构成元素。清明会中的"金牛闹春"祭祀祈福仪式分为请神祈福、迎神受福和送神谢福等部分，既保留了传统的经典风俗，又融入了崇州独特的民俗习惯。其中"兔灯祈福"是元通历史悠久的民俗活动，兔子被当地人视为吉祥之物，兔灯祈福巡游到哪里就意味着把吉祥和好运送到了哪里。清明会适逢春耕季节，各类手工艺人和商家提供上百种农具和作物，如竹笋、棕刷、川芎、清油、土陶用品、棕编等。同时，还有来自各地的土特产品汇聚，琳琅满目，传承着川西独特的农耕文化。此外，元通美食也给游客们带来惊喜，尤其是被人称道的元通古镇"四朵金花"——豆花、蹄花、脑花、油花——色香味俱全的美食，让来自各地的人们流连忘返。立足于这些丰富多彩的民俗文化资源，构建颇有地方特色的小学语文综合性学习课程，既有效提升学生的语文素养，又培养了学生对家乡优秀传统文化的热爱。

三、课程内容

语文综合性学习，不仅应是语文本身知识的传授，更应是各科知识的综合运用。因此必须在各学科之间铺路架桥，从语文学科延伸到音乐、美术等学科之中，实现学科之间的整合，强调运用各学科知识来探寻新知识，注重学生视野的开阔，全面提高学生的语文素养。

（一）低段：体验民俗

该学段的课程内容以"学科融合"为途径，采取"看一看、读一读、说一说、画一画"等形式，设置"民俗与汉字""民俗与手工""民俗小读本""民俗绘画展""民俗朗诵会"等活动课程，学生能在丰富多彩、有趣生动的活动中切实感受到"元通清明会"的热闹、有趣。课程以教学的直观性原则为依据，选择合适的现代化教学手段，引导学生形成对"元通清明会"的清晰认识，增加学生对崇州民俗文化的感性认识。例如，在语文课上，老师给学生播放"元通清明会"相关视频，让学生多角度感知民俗文化，并且了解"清明"两个字的演变，让学生在多种情境下识字。同时，教师给学生讲解兔灯的由来、意义，带领学生体验"兔灯祈福"这一历史悠久的民俗活动。

此外，课程尊重学生的主体性需求，根据低段学生的学习兴趣和需要设置活动，能有效激发学生的学习热情，调动学生的积极性和主动性，使学生在自由、轻松的教学氛围中对崇州民俗文化进行自主探究，变"要我学"为"我要学"。鼓励学生互相分享交流自己基于活动所积累的对于"元通清明会"的认识和看法，以及在课程活动中形成的学习成果。例如，在美术课上，学生们拿起画笔画起各式各样的兔灯，而后由每个班推荐出优秀作品，在学校艺术节时进行全校的汇展，让全校师生都从绘画中来感知民俗文化的魅力。

（二）中段：了解民俗

该学段课程内容以"了解民俗"为主题，以"综合实践"为途径，设置"民俗手抄报""调查报告集""民俗班会课""民俗研学课""民俗诗配画"等课程，通过"实地考察、搜集整理、问题探究、语言创作"的形式，让学生走进"元通清明会"，探究"元通清明会"的起源、规模、发展过程，了解"元通清明会"背后更多的民俗文化。在这一学段的课程内容中，因学生的感知、注意、记忆、思维和想象等认知能力水平已经有所提高，将更为强调学生在教育活动中的主体地位，尊重学生的自主意识，坚持五育并举的育人方向，促使学生全面发展。对于崇州民俗文化的学习不再局限于知识的堆叠积累，而是掌握知识与发展能力的和谐统一，学生以搜集到的民俗知识为基础，制作手抄报、撰写调查报告、创作诗配画，学生在一系列的操作与实践中不断深化对民俗文化认识的同时，也促进了自身能力的提升。

（三）高段：推介民俗

该学段以"主题探究"为途径，通过"综合运用、深入研究、创新思维、丰富表达"等形式，设置了"民俗推介会""民俗小导游""校园美食节""农耕文化展""吉祥物展示"等课程，鼓励学生综合运用各学科知识进行主题式、项目式学习。例如，开展为"元通清明会"撰写推介词为主题的探究式课程。推介的内容由学生通过小组探讨的方式决定，首先学生在小组内讨论出推介的重点内容，如美食文化、农耕文化、祭祀文化，然后再分工搜集相关资料，最后汇总后形成组内的推介词。小组推荐一名代表在全班进行展示，而后选出最佳推介词。在研究过程中，学生学会从民俗的艺术价值、经济价值、人文价值等方面对"元通清明会"进行推介，从一系列综合性学习活动和生活中提高他们主动探究、团结合作、勇于创新的能力。同时，远古先民对农耕文化的尊重、对富足丰收的向往、对国泰民安的信心也得到了传承。

四、课时设置

根据各年段学生年龄特点，学校将民俗文化课程有计划地安排到各年级，1—6 年级每周利用托管时间安排一课时。

第二节　"体验民俗——感知'元通清明会'"活动案例

【活动对象】

小学低段学生。

【学情分析】

对低段学生的核心培养目标是培养学生对周围事物、现象的好奇心，促进学生通过观察、比较、思考以及动手发现和提出问题，初步培养其提出问题和解决问题的能力。低段年级学生的活动内容涉及学生生活、好奇心等方面，要充分考虑学生的年龄特征、兴趣爱好、认知水平及个体差异。因此，我们设计以观察和体验为主，贴近学生的兴趣爱好、操作性强的活动内容。

【活动目标】

1. 学生了解地方民俗并喜爱地方民俗，培养热爱家乡、热爱中国传统文化的感情。

2. 学生认识兔灯并动手绘画兔灯、做兔灯，以及带着兔灯去游清明会。

3. 培养学生的观察能力和参与活动的能力。

【活动类型】

学科融合。

【活动流程】

第一阶段：让学生初识兔灯。

第二阶段：带领学生画兔灯、做兔灯。

第三阶段：将学生的兔灯画和兔灯进行展览，组织学生游兔灯。

【活动实施】

一、第一阶段：美术学科融合——识兔灯

准备各种各样的兔子灯实物和图片，实物摆在教室周围，多媒体播放图片，激发学生的学习热情。

要求：教师在教室里布置一些兔子灯作品，让学生直观地欣赏优秀美术作品，激发学生的学习兴趣。

1. 给学生欣赏和观察时间，体会兔灯审美与实用双重功能的特征。

2. 通过提问和引导的方式，让学生认知兔灯。

3. 通过多媒体展示与教师讲解，让学生了解和学习兔灯相关文化知识，扩大眼界、提高审美能力。（图8-2）

图 8-2 教师讲解兔灯

4. 小结：精彩纷呈的艺术欣赏、课堂内容的新鲜感能激发学生学习传统文化的兴趣，让他们在愉悦中不知不觉地掌握所学的知识，使传统文化教育教学变得更加生动、有趣，从而使学生对传统文化产生浓厚的兴趣。

5. 反思：教师在教学设计之初，进行教学内容的探讨，发现学生对兔灯的构造有着浓厚的兴趣，更能引起美学的认知。教师在课堂中进行的传统教育以及介绍兔灯由来，更能让学生有提笔欲试的感觉。教师相互学习、分享经验、反思、探讨与教育实践有关的问题，更能提升不同学科教师的新理念，并将新理念融于教学的实践智慧。

二、第二阶段：美术学科融合——画兔灯、做兔灯

1. 创设情境，引出主题：多媒体展示兔灯图片，引入清明节兔灯文化。

2. 教师：兔子灯来到了我们的课堂上，请同学们观察兔灯的特点。在观察的过程中，对比自然界中兔子的特点（出示图片或播放视频）。

3. 欣赏名作，探究学习。

结合课件，师生共同了解国画作品，感受传统文化的美感。

想一想：画面表现的是什么？

找一找：画面中都有哪些角度变化？

议一议：画面传达出怎样的意境？

徐霖（明）《菊石野兔图》故宫博物院藏

沈铨（清）《雪中游兔图》日本泉屋博古馆藏

冷枚（清）《梧桐双兔图》北京故宫博物院藏

陶成（明）《蟾宫月兔图》故宫博物院藏

4. 画兔灯。教师出示绘画步骤：（1）设计图案；（2）搭配色彩；（3）装饰图案；（4）整理完善。出示作业要求，请学生阐述自己的创作思路，然后完成一幅兔灯作品。教师适时进行辅导与展评。（图8-3、图8-4）

首先，学生完成并介绍自己的作品。其次，你最喜欢哪个同学画的兔灯？能谈谈你喜欢的理由吗？再次，老师最喜欢的作品是……他／她的构图饱满，造型新颖，色彩鲜艳。最后，教师给学生讲解有关兔子灯的民俗文化。

兔子灯是一种古老的中国传统手工艺品。其制作简单，所以村里人家家户户都会扎。"过灯"的民俗兴于唐朝，人们把兔子视为吉祥之物，兔子灯所到之处就意味着把吉祥和好运送到了那儿。人们沿用这一吉祥物来迎神接福，其中寄寓的是古代劳动人民祈求神灵保佑，期盼来年五谷丰登、人畜兴旺的美好愿望。灯彩艺术体现了中华民族的才智巧思，它融抽象构成、拟形雕塑、平面书画、复合装饰和光动机制于一体，是一种具有浓郁民族特色的综合空间艺术。兔灯祈福巡游活动从元通古镇世代相传的民俗文化活动"拉兔灯"演变而来，每年清明时节，家家户户就会让自家的小孩拉着扎好的兔灯沿街巡游，沿用这一吉祥物来送吉接福。

背一背下面这首童谣。

《清明谣》（广西童谣）

清明时节听啼鹃，儿女家家拜墓田。

糯饭一盂鸡一只，竹篮挑上侍人肩。

图 8-3　学生讲解绘画图

图 8-4　学生绘画图

5. 做兔灯（图8-5）。兔子灯是一种古老的中国传统手工艺品，其制作简单易上手，小朋友们动手来做一做吧！

材料（工具）：粗铁丝（约5米长）、钳子、硬纸、彩纸、白色胶带。

制作方法：

第一步：兔身。准备两个椭圆铁丝，要求大小、形状一致，两个小圆将两个大椭圆交叉固定，两个小圆固定在椭圆前后两端。

第二步：兔头。准备两个稍小的椭圆铁丝，将最顶端连接，固定于兔身上，用作兔头。

第三步：耳朵。尾巴准备两个扁的小椭圆铁丝，与头部呈30度角连接，准备两个小圆（可以根据身体大小自己调整），交叉固定，放于身体尾端。

第四步：底座。把孩子的废旧玩具车的轮子拆下来，准备两根木棍，将车轮连接在木棍两端，制作出可以拖动的兔子灯笼底座，安装上蜡烛。

第五步：装饰。准备彩色纸，用白纸糊在兔子身上，用彩纸根据自己的爱好随意装饰。

图 8-5　兔灯图

教师查看作业完成情况，并适当帮助学生调整。

帮助学生完善兔灯的制作，并评价。

6. 小结：经过对比和思考，以及实践体验的结合，学生理解较深，学习效果非常好。在课堂教学中，引导学生提出有价值的问题，更助于学生的实践。在进行作品展示时，学生互相提出问题，互相质疑、修正，让自己的作品质量提升。

7. 反思：在课程改革中，结合崇州"元通清明会"的地方特色，使传统文化得以传承和发展，并充分发挥文化中蕴含的教育意义。通过教师的解读，使学生认识文化、了解文化，并感受文化中的美，从而让传统文化不再晦涩难懂，而是活灵活现地呈现在学生面前，其审美价值也能得到充分的体现。语文课通过与美术学科的融合，教师在授课过程中，注重引导学生去思考、去感悟。利用地方传统文化去培养学生的审美能力，用文化中蕴含的思想去提高学生的道德水平，用历史的积淀去培育学生形成强烈的爱国精神等，同时结合地方传统文化，提升传统文化在美育中的作用，交流分享地方传统文化之美。

三、第三阶段：美术学科融合——游兔灯

通过带兔灯游清明会祈福，提高学生多方面的能力。活动过程中，注重对学生核心素养的培养和发展，落实立德树人的教育宗旨，丰富学生文化视野，培养责任担当和成长意识。通过实践活动，让学生的学习和健康都得到发展和提升，并且注重对学生今后长远发展的教育与影响，从而落实核心素养中的"文化传承与理解"。

经过前期做兔灯的活动后，学生带着兔灯去游清明会，祈福来年五谷丰登、人畜兴旺。在课堂上，教师先让学生了解清明会游兔灯的历史以及游兔灯的意义，引导学生更深入了解民俗文化，拓宽视野，提高文化修养和个人情操。（图 8-6、图 8-7）

图8-6 学生拉兔灯　　　　图8-7 家长学生拉兔灯游清明会

在"感知'元通清明会'"这一综合实践活动中，学生通过识兔灯、画兔灯、做兔灯和游兔灯来了解"元通清明会"。在活动中，语文学科和美术学科相融合，走出学校学习环境，学生通过实践活动体验民俗文化。教师通过介绍'元通清明会'的来历和风俗，延伸到家乡是如何过节日的，指导学生制作精美的彩灯，为家乡的节日增添一抹色彩。引导学生增强自身的集体荣誉感，弘扬中华民族的传统美德，热爱自己的家国。教师在授课时，应更加注重品德教育与学科知识的充分结合，让学生在欣赏美术作品、学习美术思想、提高美术技能的同时，充分使用德育的力量，帮助学生构建正确的人生观、世界观和价值观。

（本案例由崇州市学府小学　杨枚　郑宵怡　赵含华 提供）

第三节　"了解民俗——走进'元通清明会'"活动案例

173

【活动对象】

小学中段学生。

【学情分析】

新的课程改革方案确立了研究性课程的地位，要求更好地贯彻教育部制订的新课程计划，促使学生主动探索、全面发展。崇州丰富的民俗文化资源，是开展研究型课程的教育资源。课题组前期开展了针对学生语文综合性学习现状及学生对崇州优秀民俗文化的了解程度的情况调查。通过对调查结果的分析，学校发现学生收集、分析、处理信息的能力薄弱，自主、合作、探究、多渠道解决问题的能力不足，语文学习方面的创新能力有待提高，口语交际能力欠佳。通过访谈、调查，学校还发现师生对崇州优秀民俗文化了解有限，师生缺乏对家乡民俗文化的深度理解和认同感。

【活动目标】

1. 了解并传承地方优秀传统文化。

2. 培养学生综合性学习能力。

【活动类型】

主题式。

【活动流程】

整个活动共分活动准备阶段（前期方法指导）、活动实施阶段（中期活动实施）、成果展示阶段（后期成果展示）三个阶段，活动计划时长为四周，共四个课时，活动对象是小学三、四年级的学生。

【活动实施】

一、第一阶段：准备阶段

1. 创设情境，引出活动主题。

（1）多媒体展示：播放具有崇州特色的图片，引入民俗文化。

（2）提问思考：什么是民俗文化？介绍你所了解的民风民俗？（可以是一样小吃，一种风俗习惯，一个民间故事等）

（3）师生共同确定主题：走进"元通清明会"。

2. 学生讨论，确定内容。

（1）"元通清明会"有哪些内容？你比较关注哪些民俗文化？

（2）如果让你出一期手抄报，你准备设置哪几个栏目？

（3）如何向同学或朋友介绍"元通清明会"中的民俗文化？

讨论：如果调查"元通清明会"，该从哪些方面来进行？

师生共同交流选出最需要关注的问题，设计方法和途径调查这些内容。

3. 反思：在前期准备阶段，以"问"字引路，生成主题，进而制订方案。教师以问题的类型将学生进行分组，通过让学生查资料、书籍、拜访知晓者、实地考察等方式，由小组共同解决问题。通过这样的活动，学生在撰写活动方案时，会考虑得更细致，预设的问题也更充分。

二、第二阶段：实施阶段

1. 创设情境引入新课。

2. 制订活动方案。

（1）明确各组活动课题。

（2）小组讨论制订方案，教师巡视指导。

3. 交流完善活动方案。

（1）各个小组展示介绍自己小组的活动方案。

（2）完善方案。（表8-1）

表8-1　小组方案规划表

主题内容	小组任务	组长	人数	指导教师	活动形式
了解"元通清明会"由来	信息收集				查阅、上网、采访
收集与"元通清明会"相关的人物故事	信息收集				上网、查书、查报
上网搜索、查找书籍,收集与"元通清明会"有关的知识和图片	信息搜集				上网、采访
了解"元通清明会"的佳肴美食、节日小吃的制作方法	收集、访问				调查、访问、上网
了解当地文娱活动	调查访问				访问、考察、上网

（3）各小组成员讨论实践活动分工，填写好小组成员分工表。（表8-2）

表8-2　小组成员分工表

组　员	负责工作
	收集"元通清明会"的来历
	查找与"元通清明会"有关的诗歌、故事
	收集与"元通清明会"相关的人物传说
	收集与"元通清明会"有关的美食

（4）各小组制定活动计划，交流展示活动方案。在小组讨论交流后，各小组派组长汇报本组的活动方案。（表8-3）

表8-3　小组活动方案表

班级：＿＿＿＿＿＿＿

研究专题（问题）			
小组名称			
小组长			
小组成员			
探究内容			
具体分工	负责内容	负责人员	时间
成果展示形式			

4. 根据方案各小组分别进行实践活动，以小组为单位进行阶段性的资料整理和交流。

5. 总结评价。

（1）回顾前期活动，引入交流评价活动。对本小组的做法和感想进行总结，并对整个活动的过程进行评价。

教师：通过这次实践活动，同学们的收获可真不少，把自己收集到的资料与班内同学一起交流一下。

（教师要注意创设良好的氛围，利用各种机会，主动与学生交流，激发学生的活动兴趣，了解活动进展情况，检查学生收集的资料和所做的记录，同时要善于发现问题，及时帮助学生解决问题。）

（2）展开交流活动。

① 引入交流，明确要求。各小组讨论在活动中的心得体会和遇到的问题等。根据活动的体验和小组成员之间的交流取长补短，调整方法。

② 自主交流，谈谈收获。

③ 集体汇报，一起评价。

（3）单组评价：在每个小组汇报结束时，其他组要对汇报小组的汇报情况进行全面评价。（从形式到内容，组员参与情况、表现、声音及完成程度等进行评价）

（4）综合评价：评选出最佳活动小组，表现最佳的个人。

6. 小结：由于我们的课题是自己所选，小组是自由组合，小组内的成员又根据自己的长处和喜好各有分工，大多数学生都能在活动中找到自己乐于努力的事情，这样的设计能让学生在综合实践活动中发挥优势、找到自信。

7. 反思：综合实践活动，旨在通过组织学生观看视频、讨论交流、调查研究，亲身体验运用所学知识和方法解决一些实际问题，开展自主的、创造性的探究学习。在活动中，运用灵活多样的形式激发学生的探究兴趣，让学生在快乐中学习，训练小组合作能力。交流的目的不是评判探究成果的多少与优劣，而是创造一个真诚倾诉和思维碰撞的机会。通过表达、倾听、讨论、研究等方式，分享他人的成果和心得感受，培养学生自主探究能力，提高学生的语文素养。

三、第三阶段：成果展示

课题组经过一个月的综合实践活动，获取大量资料，各小组在交流、整理后，形成了各种形式的汇报成果。（以小组为单位评出一二三等奖）

1. 调查报告。（图 8-8）

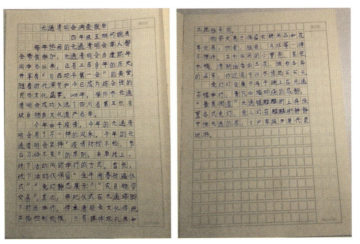

图 8-8　学生撰写的调查报告

2. 摄影作品。（图 8-9）

图 8-9　学生摄影作品

3. 绘画、手抄报。（图 8-10、图 8-11）

图 8-10　学生制作的"清明"主题手抄报

图 8-11　学生制作的"清明"主题手抄报

通过"走进'元通清明会'"这一综合实践活动，学生走出校园、走进自然、走向社会，走进了一个开放的时空；学生通过调查访问、整理研究、成果展示，激起了探究的兴趣，激活了探究的欲望。每个学生都全身心地参与，从而拥有了自己的所见、所闻、所思、所感、所得。学生在调查中，开阔了视野，汲取了丰富的营养，充分感受到家乡传统文化的魅力，增强了热爱家乡、热爱人民、热爱优秀传统文化的思想感情。

（本案例由崇州市学府小学　石莉红　蒲琳珂　许华夏　周欣　提供）

第四节　"推介民俗 ——忆清明　醉元通"活动案例

【活动对象】

小学高段学生。

【学情分析】

综合性学习主要体现为语文知识的综合运用，其设计体现了开放性、多元性。高段学生具备了一定的阅读能力，能通过浏览大量的文字扩大知识面，能根据需要提取信息。在学习中，他们已经初步了解查找资料、运用资料的基本方法。能够利用图书馆、网络等信息渠道获取资料，解决与学习和生活相关的问题。在综合性学习活动中，他们能够策划简单的活动，能够对所策划的主题进行讨论和分析，能够尝试写简单的研究报告等。因此，高段学生能在综合性学习中不断提高语文素养，拓展学习和创造的空间。

"元通清明会"虽然是崇州优秀传统民俗，但是其蕴含的文化对于小学高段的学生还是陌生的。因此，学生对"元通清明会"这样一个既熟悉又陌生的研究活动充满了兴趣。加之推介"元通清明会"这一活动的多元、开放性，势必引起学生强烈的关注。学生喜欢这种主人公式的学习体验，能积极投入"'元通清明会'推介会"的活动中来。

【活动目标】

1. 促使学生掌握综合性学习方法。

2. 培养学生综合性学习能力：学生发现与提出问题的能力得到提升；学生收集、分析、处理信息的能力得到提升；自主、合作、探究，多渠道解决问题的能力等得到提升。

3. 理解与传承地方优秀传统文化。

4. 形成语文综合性学习课程。

【活动类型】

主题式实施方式。

【活动主题】

推介民俗 ——忆清明 醉元通。

【活动流程】

第一阶段：确定主题。

第二阶段：完成调查报告。

第三阶段：推介"元通清明会"。

【活动实施】

一、第一阶段：确定主题

1. 充分利用教材资源，选择和确定活动主题。

在新课程理念的指导下，各种版本的语文实验教科书在板块设计中，都专门列项设置了"综合性学习"板块。教师要切实利用这一载体，培养学生的探究意识、语言能力、审美情趣、合作精神等。

2. 从学生的生活实践中选择和确定活动主题。

生活是语文学习的源头活水，生活有多丰富，语文学习的内容和形式就有多丰富。语文教师要引导学生在生活中联系语文，养成在生活中事事、时时、处处获取语文知识与运用语文知识的习惯，做到家庭生活语文化、学校生活语文化、社会生活语文化。确定主题时要考虑学段目标和学生的认知水平。

利用课余时间去元通古镇走一走，看一看，多与当地人聊一聊，收集与"元通清明会"相关的资料；也可以通过上网或到图书馆查阅，收集与"元通清明会"相关的资料（历史、规模、美食、农耕……），填写观察记录表（见表8-4）。

预设问题：①学生收集的资料都是同一方面的，内容重复单一。②有些学生没有参与到资料收集的活动中。

解决办法：①学生分组进行活动，每小组选择一个方面的内容收集资料，收集的方式多种多样，可以用照片、视频、文档等。②各小组长在活动前先进行分工，让同学们在收集资料的过程中各司其职。

表 8-4 "忆清明 醉元通"信息整理单"

> ### "忆清明 醉元通"信息整理单
>
> 姓名：_____
>
> 一、收集方面：_____ （历史、规模、美食、农耕……）
>
> 二、收集资料、整理分析、得出结论：
>
> 1._____
>
> 2._____
>
> 3._____

3. 利用语文课组织学生分组对自己收集的材料进行交流、讨论，互相补充。

要求：小组内人人都要发言。

激发兴趣、创造机会，让学生想交流、会交流、多交流，这样必将有效地培养学生思维的灵活性、逻辑性，学生的语文交流表达能力一定会有很大的提高。师生之间民主、愉悦、激励的氛围，以及生生之间合作与平等的关系是讨论有效开展的重要前提。正如爱因斯坦所说："兴趣是最好的老师。"在语言交流过程中，学生积极参与教学，既可以看到自己的长处，又可以发现自己的潜力，学生的自我认同感便会增强，从而更加努力、更有信心地投入学习。在这个过程中，教师要不断地给予积极的鼓励和肯定，给予价值取向的指导，使学生从教师信任和赞赏的评价中看到自己的潜力，产生学习的自信，从而敢于大胆地表达自己在学习中的思考、发现、疑问，充分地激发用语言进行交流的兴趣。

同时，允许学生出错，让学生敢于交流。"让每一个站起来发言的学生都能够体面地坐下来"应作为课堂教学原则来恪守。当学生发生错误时，教师不要急于评判，急于给一个标准答案是给学生"二次成功"的机会，多给学生一些类似于"你能够举手发言已经迈出成功的第一步了""你再深入地想一想，一定会找到答案"的鼓励性语言，让每一个学生在我们的课堂上都能找到自信，从而产生"要交流"的兴趣，"敢交流"的自信，达到"会交流"的效果。

预设问题：各小组只顾着准备自己要介绍的资料，活动过程中没有认真听别的小组在分享什么。

解决办法：提前设计资料记录单，让同学们在听汇报的过程中，记录下别的小组分享的信息，并在别人分享完以后进行讨论和补充。

4. 小结：学生通过走访、询问、实地考察等方式，充分了解了"元通清明会"。各小组通过对资料的搜集整理，选择其中一个方面通过实物、PPT 等方式进行汇报，这不仅锻炼了学生搜集整理资料、综合应用表达的能力，同时也启发了学生身体力行、知美审美的感悟，还通过了解文化习俗培养了学生知乡爱国的民族自豪感。

5. 反思："节日民俗文化"主题研究活动开展之后，教师和学生都越发感到祖国传统节日所承载的文化博大精深，学生对传统节日由"没意思，不知道，不如洋节日"到从心底里流露出对传统节日文化的喜爱和为自己的祖国拥有灿烂的文明而自豪。旨在让学生通过综合性学习活动，发自内心地热爱中国节日文化和中华民族古老文化，继承中华传统美德，正确认识和了解祖国的传统节日。

二、第二阶段：完成调查报告

学生根据搜集的"元通清明会"的资料进行整理，是写好调查报告最关键的一步。调查资料搜集的全面性、准确性是获得有效调查结果至关重要的前提。搜集资料要力求全面、系统，搜集的资料要具有典型性、客观性和真实性。

1. 学生用各种方法搜集到的材料，必须加以整理方能得出结果。整理时，分小组对每个研究对象的原始资料进行归类、评定和评分；把几个样本的统计结果合到一张统计表上，使调查结果集中而且一目了然，再对调查结果的可靠性做出判断。之后，在老师的指导下，根据自己收集整理的资料，完成关于"元通清明会"的调查报告。

2. 反思：语文实践活动课以课堂为主阵地，起于课堂，也可以跨出课堂。"语文是母语教育课程，学习资源和实践机会无处不在。"学生最关注什么问题，最想解决什么问题，就以这些问题为题，让学生在解决问题的过程中，学语文用语文。教师组织学生开展活动，进一步增强了学生关注社会、关注生活的意识，通过各种类型的活动促进学生实践能力的提升。

三、第三阶段：推介"元通清明会"

1. 综合美术学科，指导学生为"元通清明会"设计海报、绘制吉祥物。

（1）"宣传家乡我在行"——设计宣传海报。

设计意图：在活动中融合美术学科，指导学生设计、绘制"元通清明会"的宣传海报，学着用简练的语言概括重要信息。

（2）"我会设计吉祥物"——设计吉祥物。

设计意图："元通清明会"是重要的非物质文化遗产之一。为了我们崇州的"元通清明会"越办越好，我们有责任和义务将这份厚重的文化传承下去。给"元通清明会"设计可爱的吉祥物，表达我们期盼成功的愿望。

2. 以"元通清明会"为主题组织开展"我是小导游活动"，撰写导游词；开展"我是美食家"活动，写美食制作指南；开展"我是解说员"活动，写农耕用具使用说明。

（1）"我是小导游"——撰写导游词。

以课堂教学形式，组织学生讨论：如果你是导游，你会从哪些方面介绍"元通清明会"？准备如何介绍？

根据课堂讨论结果，撰写导游词。

设计意图：依托"元通清明会"进行语文综合性训练，重点在于引导学生把课文中的语言和资料中的语言，转化为学生自己的实用性语言。调动学生们学习的积极性，也丰富其所学。

（2）"我是美食家"——美食制作指南。

设计意图：以此为切入点，结合五年级学写说明文的教学任务，指导学生进行元通美食食谱的撰写，能更好地提高学生习作的积极性。

（3）"我是解说员"——农耕用具使用说明。

设计意图：随着科技和经济的发展，学生们对很多农耕用具都很陌生。在活动中，让学生通过查阅资料、实地调查等方法，了解农耕用具，并编写使用说明书，不仅增进学生对家乡传统民俗文化的了解，而且让学生的综合能力得到提升。

3. 汇报展示。

首先，明确活动主题，制订活动方案。

（1）创设情境，任务驱动。

执教教师先提出问题：上学期，我们一起走进了"元通清明会"，"元通清明会"哪方面给你留下了深刻印象，再将学生提出的问题进行归类（课件出示：美食、农耕、活动），然后小结并揭示主题：元通古镇准备到学校招募小导游，如何才能成为一名合格的小导游呢？揭示活动主题：我是""元通清明会""小导游竞选。

设计意图：利用多媒体，将理论知识与现实生活联系，在教学中适当补充一些图片文字和课外音像资料，引导学生切实感受传统文化的传承，树立对待传统文化的正确态度，使其具有初步继承传统文化的能力。

（2）确定方案，调查研究。

在这个环节中，先让学生分小组选择研究主题，制订切实可行的研究方案（确定目标、步骤），然后再引导小组合理分工，团结协作（针对个人特长合理分工），采用有效的研究途径（调查访问、上网、查阅书籍、亲身实践），再进行集体交流，交流、评价各组方案，相互学习、相互启发。（评价方向：方案是否具有可行性；小组组员是否全体参与，分工是否合理；研究途径是否科学、高效；时间安排是否合理、高效；方案是否全面细致，考虑周全。）最后，各小组根据交流情况讨论修改。

（3）根据方案，调查研究，准备竞选。

①各小组根据制订的研究方案，利用课余时间自主地搜集资料，进一步了解"元通清明会"的文化。②对搜集的资料进行筛选和整理，商议汇报形式，做好汇报准备。

（4）成果展示。

执教者先播放《中国地名大会·成都交子街》，谈话引入。再引导回顾上学期对"元通清明会"的研究材料（PPT出示图片农耕、美食、活动），然后出示"我是小导游"评价表，小组依次上台展示，进行竞选，各小组为其他组打分，教师汇总，宣布"最佳小组"（总分前两名）。

（5）执教者总结竞选情况。

①学生讨论交流最佳小组获胜原因；②教师总结本次活动的情况，以鼓励为主，根据不

同表现给各小组颁发各类小奖章。

设计意图：增强学生的合作和竞争意识。通过小组讨论、互相评价、互相反馈、互相激励、互帮互学、互为师生等合作互动的活动，最终达成思想上的共识。他们的合作意识潜移默化地得到了培养。

4. 成果展示。

高段学生学习成果主要由以下几个方面来呈现（图8-12~图8-16）分别为：（1）海报；（2）吉祥物；（3）导游词；（4）农耕用具简介；（5）创意绘画。

图8-12　学生制作的海报

图8-13　学生制作的吉祥物

图8-14　学生制作的手抄报

图8-16　学生撰写的导游文字介绍

图8-16　学生撰写的农耕工具文字介绍

5. 小结：语文综合性学习课程中，学习资源和实践机会无处不在，无时不有。在语文教学中，要让学生们明白，书本的知识与大自然、人类社会是紧密相关的。因而，在教学中让学生更多地直接接触语文材料，在社会实践中运用语文。

6. 反思：语文综合性学习突出强调学生的自主性，重视学生主动积极的参与精神，主要由学生自行设计和组织活动，注重探索和研究的过程，这就需要教师做好各个环节的指导。因此，每一次活动后，在实现语文学习目标的同时，无论是学生，还是教师，都提高了对自然、社会的认识，增强了学生在与自然、社会和他人互动中的应对能力，收获很多，成长很多。

（本案例由崇州市学府小学　王茜　骆德敏　彭利娟　刘坤　提供）

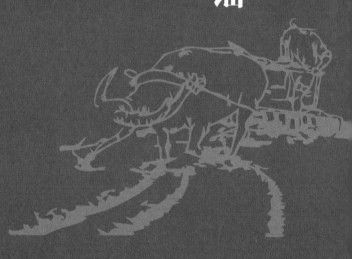

第九章

基于古诗词与童谣的课程案例

第一节　课程结构和内容

　　本课程是蜀南小学以崇州古诗词与童谣为载体构建的小学语文综合性学习课程。在崇州这片土地上辛勤劳作的崇州人和历史名人留下了许多口耳相传的童谣和经典诗词。崇州传统的地方童谣以及有关崇州的古诗词，是了解崇州历史人文，感受崇州传统文化，强化家乡认同感的重要载体。这些童谣和古诗词，以口头流传的方式和散落的文字记录流传下来。蜀南小学研究组通过两年的探索，将这些优秀的传统文化挖掘出来，形成小学语文综合性学习课程。研究组通过在实验班级收集、整理地方传统童谣、古诗词，形成课程资源；根据学生不同年段特点，结合大纲要求，梳理语文综合性学习的年段目标，确定年段课程内容；将综合性学习的特点融入课程之中，架构起基于古诗词与童谣的小学语文综合性学习课程。

　　课程目标：以童谣、诗词为载体，将课程标准中关于语文综合性学习的年段目标融入其中，同时注重以儿童为本，注重课后问题、课后实践任务的合理设置，体现项目化学习结果可见的特点。以"童谣诗词里的古蜀州"为主题开展语言探索、活动实践和社会探究。根据学生的年龄特点，在低、中、高段分别开展话题拓展阅读、主题学习活动和社会实践活动，并形成课程读本。

（一）课程结构框架

　　低、中、高段分别对应语文课程标准中的综合性学习目标，以螺旋进阶的方式让三个学段的课程既具有相对独立性，更有内在的关联性。课程结构框架图如图9-1所示。

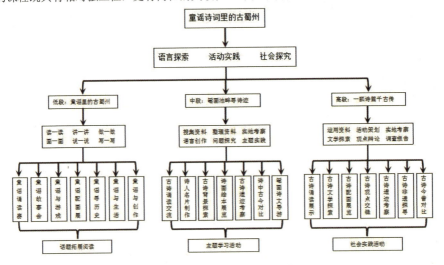

图9-1　童谣诗词课程结构框架图

（二）课程资源体系化

研究组在实验班级开展了关于资料收集和整理的教学，学生通过采访、查阅书籍、问卷调查、网络搜索和实地考察等多种途径，收集了地方传统童谣和与崇州有关的古诗词。共搜集了地方传统童谣34首，崇州籍诗人唐求诗36首，陆游、高适、杜甫和晏补之的诗歌86首。在汇总各班搜集的童谣和古诗词的基础上，课题组进行了认真的筛选，从文学性和思想性以及学生的兴趣和认知特点等方面综合考量，选出其中21首童谣，陆游的15篇古诗，唐求的13篇古诗，以及晏补之的《蜀州八景》，杜甫的4首诗和高适的《人日寄杜二拾遗》。

研究组根据学生的年段特点，将以上资源分为低、中、高段进行课程读本编写，使资源呈现体系化。研究组认真研究了所选取的传统文化资料的特点：相对而言，童谣比较浅显，适合低段学生的认知水平；陆游的诗较为易懂，适合中段的学生；唐求的诗歌有一种隐逸的思想，高段的学生接受起来更容易一些。在此基础上，研究组确定了课程资源的基本内容：低段为崇州传统童谣，中段为陆游诗词，高段为唐求诗词，选学内容为高适、杜甫等诗人吟咏崇州的诗。

低段课程读本的编写从搜集整理的童谣之中，根据不同童谣的语言特点，将童谣分为：童谣里的方言、童谣里的民俗、童谣里的乡村等。

中段课程读本的编写根据陆游到崇州的时间轴，将陆游诗歌进行排序。第一首就是被称为"罨画池畔第一诗"的《初到蜀州寄成都诸友》，中间部分为陆游在崇州写的反映崇州自然和社会风貌的诗歌，最后是陆游离开崇州后表达对崇州怀念之情的诗歌，如《雨夜怀唐安》《秋日怀东湖》。每一首古诗配有相应的引言，引导学生理解古诗内容。课后实践活动结合崇州的过去与现在，不仅着眼于对历史的探究，更注重于对现实的发掘。

高段课程读本的编写主要选取比较容易被小学生理解的唐求诗篇。在编写的过程中，着眼于对文学和文化的探索，例如依托《送友人至邛州》引导学生探索送别诗中所含的景物及其特殊含义；依托《题郑处士隐居》引导学生探索"隐士"文化，并查阅资料结合现实生活说说是否赞同这种文化，在班级开展辩论会。选学部分为晏补之的《蜀州八景》，杜甫在崇州白马河写的《送韩十四江东觐省》，在崇州羊马河观看造竹桥时所写的《陪李七司马皂江上观造竹桥即日成往来之简李公二首》，在羊马四安村写的《暮登四安寺钟楼寄裴十四》和在东亭所写的《和裴迪蜀州东亭逢早梅相忆见寄》以及高适任蜀州刺史时所写的《人日寄杜二拾遗》，这些诗记录了著名诗人与崇州的缘分。

读本内容可以单篇使用，也可以用同一个主题统整几篇内容共同使用，以最大程度发挥传统童谣、古诗词的教学价值，用丰富有趣的学习实践活动承载语文综合性学习，实现学生语文综合性学习能力提高的目标。

（三）课程实施年段化

在课程实施过程中，研究组根据学生年段特点，在低、中、高段确定不同的主题，通过开展不同的活动，促进学生语文综合性学习能力的提升。

　　低段以"童谣里的古蜀州"为主题，主要开展话题拓展阅读，以"读一读""说一说""画一画""讲一讲""写一写"和"做一做"等方式，开展童谣诵读会、童谣故事会、童谣与游戏、童谣配画展、童谣寻历史、童谣与生活和童谣与创作等语文综合性学习活动。以此激发学生对周围事物的好奇心，对感兴趣的内容提出问题，并结合课内外阅读共同讨论。结合语文学习，观察大自然，提高学生用口头或图文等方式表达自己的观察所得等语文综合性学习能力。

　　中段以"罨画池边寻诗迹"为主题，主要开展主题学习活动，以搜集资料、整理资料、实地考察、语言创作、问题探究和主题实践等方式开展古诗诵读交流、诗人名片制作、故事背景探索、诗画绘本展览、古诗遗迹考察、诗中古今对比和罨画诗文导游等语文综合性学习活动。以期达到提高学生提出问题、有目的地搜集资料、书面与口头结合表达自己的观察所得、在活动中学习语文、学会合作等语文综合性学习能力。

　　高段以"一瓢诗篇千古传"为主题，主要开展社会实践活动。以运用资料、活动策划、实地考察、文学探索、观点辩论、调查报告等方式，开展古诗文诵读展示、古诗文学探索、古诗配画展览、古诗观点交锋、古诗遗迹考察、古诗"非遗"探索和古诗今昔对比等语文综合性学习活动。以此提高学生解决问题、多渠道获取资料、尝试写简单的研究报告和组织策划等语文综合性学习能力。

（四）课程课时设置

　　教育部《义务教育课程设置实验方案》指出，综合实践活动的课时可与地方、学校自主使用的课时结合在一起使用，可以分散安排，也可以集中安排（小学语文综合性学习属于综合实践活动课）。参照教育部《义务教育课程设置实验方案》义务教育课程设置表和义务教育课程设置比例表，学校平均每周1节综合实践课，依据具体内容的不同，可以每周开展，也可以2～3周集中开展。

第二节　"童谣里的方言"活动案例

【活动对象】

小学低段学生。

【学情分析】

　　小学低段的学生通过一段时间的学习，已经会读、会背诵一些地方童谣，而且对于具有地方特色的童谣有很高的兴趣，但是由于现在普通话的普及，学生对于地方童谣里的一些方言不太了解。因此，本次活动旨在通过对童谣中方言的了解，激发学生对地方童谣的喜爱，培养学生从童谣中发现地方童谣的特点。

【活动设计背景】

童谣是儿童文学的组成部分，许多经典的童谣产生于过去的几百年间，地方童谣内容诙谐，以口耳相传的方式记载着民间流传的经典文化，具有地方特色。

【活动目标】

1. 通过对童谣中方言的了解，激发学生对地方童谣的喜爱。

2. 培养学生从童谣中发现地方童谣的特点。

3. 鼓励学生玩游戏说童谣，感受地方童谣的乐趣。

【活动类型】

主题式。

【活动主题】

童谣里的方言。

【活动流程】

第一阶段：读童谣，了解方言。

第二阶段：走街串户，懂方言。

第三阶段：崇州方言与普通话。

【活动实施】

第一阶段：读童谣，了解方言

一、活动导入

1. 学生平时喜欢玩什么？学生自由说一说。

2. 教师：小时候的课余生活虽然没有你们的丰富多彩，但我有童谣相伴。过年时，我有"红萝卜，蜜蜜甜，看到看到要过年"；下雨时，我说"天老爷，快下雨，保佑娃娃吃白米"。你们会背童谣吗？学生背一背童谣。

3. 教师：真棒！今天，老师要带大家一起走进童谣，去感受童谣里的方言。

二、读童谣，体会地方童谣里方言与普通话的不同

1. 读童谣前，学生先认识两种动物。

出示蜻蜓和癞蛤蟆图片，学生认一认，再猜一猜崇州话叫什么。

2. 出示带有这两种动物的童谣《丁丁猫儿穿红裙》《月亮月亮光光》，学生选择一首，采用不同形式来读。

3. 学生尝试用普通话来读，发现地方童谣里方言与普通话的不同。

4. 交流：学生知道童谣里哪些方言的意思？

学生："丁丁猫儿"就是蜻蜓，"癞疙宝"就是癞蛤蟆……

三、了解方言，了解调查表的使用

1. 学生读的童谣里还有好多事物有这样有趣的叫法，那学生可以用哪些方法来了解事物

的方言名称呢？学生：查资料、问大人、画一画……

2. 孩子们知道这么多的好方法，老师也有一个（出示调查表）。（表9-1）

表 9-1　有趣的崇州方言（事物名称）调查表

事物（绘画或贴图）	普通话名称（可用拼音）	方言名称（可用拼音）

3. 阅读调查表，看看你获取了哪些信息。

生：表上有的事物普通话和方言的叫法不同，事物可以用贴图或绘画记录，崇州方言写不出的字可用拼音代替。

四、布置任务

1. 孩子们，我知道大家一定迫不及待了。那就请手拿调查表，在大人们的帮助下，走近我们崇州的方言。温馨提示：①和大人一起走街串户，完成调查表；②调查时，要注意安全。

2. 反思：本阶段先由背诵地方童谣导入课堂，极大地激发了学生的学习兴趣。接着，采用不同形式读童谣，引导学生在对比中发现童谣里很多事物方言的有趣叫法，对童谣里的方言有了新的认识。观察调查表提炼关键信息，再借助调查表让学生有充分的时间进行调查了解，在调查过程中充分感受方言，了解祖国的语言文字。

第二阶段：走街串户，懂方言

一、背一背，进一步回顾童谣

1. 采用接龙的形式让学生背一背崇州童谣。

2. 学生选择自己喜欢的形式背童谣（游戏、唱歌……）。

二、分享调查收获

1. 学生将调查成果分享给大家。

2. 为学生提供语言支架，如"什么时间，我和谁去什么地方做什么，我知道了什么"，学生借助表格梳理收获，同桌先说一说。

3. 抽生投影自己图文并茂的调查表并汇报：如"蜻蜓"叫"叮叮猫儿"，"青蛙"叫"蟆猫儿"，"肉"叫"嘎嘎"等。

4. 全班交流，教师适时指导评价。

三、总结

1. 播放方言微课，学生认真观看了解。

引导学生思辨：在大力推广普通话的同时，我们该传承方言吗？出示关于崇州方言和普

通话的调查表。（表9-2）

表9-2　崇州方言普及调查表

问　题：在推广普通话的同时，你认为崇州方言还需要我们小朋友会说吗？为什么？
采访时间：
采访地点：
采访对象：
他的观点：

2. 阅读调查表，学生说说获取了哪些信息。教师强调采访可以用文字记录，不会的字写拼音，也可以用视频记录。

四、布置任务

1. 和家长一起完成调查表。

2. 反思：本阶段学生通过调查、访问等形式，了解方言和普通话中某些事物名称的不同，结合绘画或者贴画汇报，培养了学生收集资料的能力，也实现了跨学科的综合。然后，采用微课的形式让学生对童谣里的方言有了新的认识。最后，引出一个话题：我们该传承方言吗？

第三阶段：崇州方言与普通话

一、学生展示调查结果

出示调查表：关于崇州方言和普通话的调查。

1. 同桌先说一说：什么时间，谁在什么地方采访了谁，他对方言和普通话的看法是什么。

2. 抽生说一说。

二、辩论会

1. 课件出示：崇州方言还需要我们会说吗？

2. 正方坐到一二组，反方坐到三四组。班长主持，四个大组长当评委。出示评价表。（表9-3）

表9-3　辩论会评价表

评价标准	正　方	反　方
声音洪亮，仪态大方（2分）		
不随意打断别人，有补充应经主持人同意再发言（1分）		
能结合自己的调查表把观点说清楚（2分）		
总　评		

3. 辩论会开始。

4. 四个大组长借助评价表，对正方和反方做评价，说说给的分数及理由。

5. 总结：这个阶段利用调查表，切实训练了学生的交际能力以及收集整理信息的能力。

通过辩论会，学生明白在推广普通话的同时，也应保护好方言，发挥方言的趣味性和实用性。这样，才能让丰富多样的语言文化延续、繁荣下去。整堂课的设计层次清晰，很好地结合了语文性和综合性，充满了童趣。

三、教师总结：大家都发表了自己的观点

我国是一个多民族、多语言、多方言的国家，推广、普及普通话有利于增进各民族各地区的交流，维护国家统一，增强中华民族凝聚力。当然，在推广普通话的同时，也应采取相应的措施保护好方言，这样才能让丰富多样的语言文化延续、繁荣下去。（教师播放歌曲《崇州话》）让学生在歌声中下课。

（本案例由崇州市蜀南小学 高艳红 提供）

第三节 "陆游与蜀州的诗词情缘"活动案例

【活动对象】

小学中段学生。

【活动主题】

陆游与蜀州的诗词情缘。

【学情分析】

学生经过四年小学阶段的语文学习，已经具备了一定的古诗词学习能力、活动策划能力、沟通能力、应变能力。中央电视台"经典咏流传"深受观众喜爱，学生也每期必看。陆游与蜀州有割舍不断的渊源，学生吟诵陆游诗词，通过扮演小导游，让更多人了解陆游的诗词，也是学生们热爱家乡，热爱祖国的表现。

【活动总目标】

1. 通过活动，了解陆游曾在蜀州任职的历史，了解陆游在蜀州期间所写的诗词以及背后蕴含的诗情。

2. 培养学生搜集整理资料的能力，教会学生写导游词的方法。

3. 在活动中，继续培养学生的口头表达能力、社会实践能力，以及沟通、倾听、评价的能力。

【活动类型】

主题式

【活动流程】

第一阶段：前期资料搜集整理。

第二阶段：中期课堂推进展示（后文与此相同）。

第三阶段：后期宣传推广。

第四阶段：成果展示汇报。

【活动实施】

第一阶段：前期搜集整理资料

一、活动目标

1. 培养学生搜集，整理资料的能力，知道如何在众多文字资料中筛选对自己有用的资料，现场考察如何快速有效地进行记录。最后如何将自己的资料进行整理，小组汇总。

2. 通过活动，培养学生的社会实践能力。

二、活动设计

1. 情景导入：教师播放罨画池内陆游祠的图片，引导学生观察思考，激发学生对这位爱国诗人的探究欲望。

2. 学生之间互相交流：了解这位诗人以及他的诗词，方法有哪些？

3. 学生汇报：上网查找资料，去罨画池公园的陆游祠实地考察了解，采访一些有学识的人。

4. 教师分组安排任务：教师根据学生的汇报，将学生分为三个大组，一组负责网上查阅资料，了解陆游在蜀州任职的历史，搜集整理陆游所写与蜀州相关的诗词，二组负责实地考察，走进陆游祠，通过文字记录、拍摄照片或视频的方式搜集资料，三组负责采访记录。

三、小结反思

第一阶段，学生通过上网查找资料，去罨画池公园实地考察等方式，了解了陆游的生平，他与蜀州的两段情缘以及在任蜀州通判期间写下的诗篇。在这个过程中，学生收获满满：他们知道怎样百度关键词；怎样选择、取舍，摘录关键资料。在实地考察的过程中，自己组队，不仅自己要注意交通安全，还能叮嘱组员，满满的团队意识。进入公园，也能管理好自己的行为，轻声慢步，当文明游客。采访组的同学虽然有些小紧张，但是表现得还是大方得体，并且分工明确。

第二阶段：中期课堂汇报展示

一、活动目标

1. 通过活动，培养学生口头表达能力、倾听能力、评价沟通能力。

2. 教会学生写导游词的方法。

二、活动设计

1. 课前准备：学生带上课前整理的资料，以小组为单位围坐。

2. 诗词热身。

（1）教师导入：在中国几千年的历史文化长河里，有一颗璀璨的明珠一直以它独特的魅力，闪烁着耀眼的、永不泯灭的光芒，它就是中国的古诗词。说到古诗词，人们就会想到央视一套的"诗词大会"，里面的一个环节——飞花令，我尤其喜欢。上课前，我们也来一个飞花令吧。

（2）教师出示第一轮抢答题目："月""花""风"。学生分组答，记分员在黑板上记下各组得分。

（3）教师出示第二轮必答题目：大屏幕出示诗句，学生填空补充。分组回答，答对加10分。

3. 走近陆游。

（1）教师由诗词引入陆游。

（2）六位学生评委坐到第一排。

（3）三个组的同学分别以自己的方式介绍陆游以及他在蜀州所写下的诗词。

（4）评委点评，打分。

4. 学写导游词。

（1）师生互动。

教师：在我们崇州罨画池公园里，有一座专门为纪念陆游而修筑的祠堂。平时我们出去旅游的时候，是不是特别羡慕那些导游，觉得他们又会说又会唱。今天我们一起来过一把导游瘾，给在座的老师们介绍崇州的陆游祠吧。其实，别看那些导游那么厉害，他们私底下是下了工夫的。要介绍一个景点，首先得写导游词。导游词该怎么写呢？

学生A：要写出这个景点的特点在哪里。

学生B：还要讲一些传说啊，典故啊，吸引游客。

学生C：还要自我介绍。

……

教师：同学们说得不错，但还不够。接下来我们来看一段视频，了解一下导游词由哪几部分组成，一个合格的导游应该具备哪些素质。

（2）教师出示视频，学生观看思考。

（3）学生交流汇报。

（4）各组开始写导游词。要求一人执笔，一人主诉，其余补充。

（5）教师巡视指导。

5. 过把导游瘾。

填写评价表（表9-4）。

表9-4　评价表

小组	仪容仪表1分	语言流畅3分	条理清晰3分	讲解有趣3分	总分
一组					
二组					
三组					

（2）各组事先选出的导游，以陆游的诗词为线索进行介绍，评委点评打分。

6. 活动总结：

教师：孩子们，你们都是良心导游，全程无推销无购物。这次的活动，你有什么感受与收获呢？

学生 1：要当导游，心理素质很重要。

学生 2：要做好一件事，必须做好充分的准备。

学生 3：我对陆游又多了一份崇敬，对我的家乡更热爱了。

7. 各组得分统计，表彰优秀小组。

三、小结反思

这次活动，学生差不多准备了一个月的时间。搜集资料、课后排练、写稿子、背古诗、前前后后去了三次陆游祠实地考察、拍摄视频，看得出来，学生对活动的热情很高。他们乐意走进社会，敢于与人交流，遇到问题自己解决。这应该是他们成长的一个重要里程碑吧！但是，毕竟学生第一次接触导游词，在展示阶段还显得比较拘谨，故事不够有趣，气氛不够活跃。因此，多开展这样的活动，多给学生展示的舞台，他们一定会做得更好。

第三阶段：陆游诗词推广

一、活动目标

1. 让学生学会用表格的方法来制订活动计划。

2. 在活动中培养学生合作、评价等方面的综合学习能力。

3. 通过活动，激发学生热爱家乡，热爱家乡文化的情感。

二、活动设计

1. 活动准备。

（1）课前布置采访调查任务：身边有多少人了解陆游和他的诗词？

（2）按照上期分好的小组，再次确定小组长以及成员名单，回顾上期的研究收获。

2. 课堂推进。

（1）各组轮流上台播放自己的采访视频。

（2）师生互动。

教师：看来，很多人只知道崇州有陆游祠，但对陆游的诗词了解却不多。如此优秀的地方文化，怎样让更多人知道呢？

学生 A：可以利用每周一国旗下经典诵读的机会，诵读陆游的诗词，向全校同学宣传。

学生 B：可以去大街上教路人背诵。

学生 C：可以开展家庭古诗朗诵会，向爸爸妈妈、爷爷奶奶宣传。

学生 D：可以在小区贴一些海报，向小区里的人们宣传。

学生 E：我们学了导游词，还可以去公园给游客当导游。

3. 选定方案。

教师和学生共同选定其中三个操作性比较强的方案：

（1）用张贴海报的方式宣传，别忘了要先经过小区物管的同意。

（2）开展家庭古诗朗诵会。

（3）在学校开展经典诵读。

4. 教师总结。

今天的综合实践活动课，你们有哪些收获？在活动过程中要多收集图片、影音、文字等资料，利用假期开展一次实践活动，将文字或者影像资料上交。

三、小结反思

这一阶段的活动还是以学生为主体。从这堂课来看，实现了三个突破：突破了传统的座位方式，让学生分小组坐在一起，增加了小组的凝聚力，有助于增强学生的团队精神，在交流中碰撞出思维的火花；突破了以往的语文课堂教学模式，以活动带动课堂，整堂课学生说、学生做、学生评，教师只是起旁敲侧击的辅助和引导作用；突破了课内课外衔接延伸，把课外的探索实践带到课堂，又把课堂所学用到课外，真正实现了学生综合能力的培养，综合素质的提高。

第四阶段：收尾总结汇报

一、活动准备

PPT，照片，视频。

二、活动目标

1. 通过展示自己关于"陆游与蜀州的诗词情缘"推广过程的照片、视频、文章等，培养学生们大胆表达的能力，展现他们积极向上的精神风貌。

2. 总结在活动中的得失，培养学生爱思考、爱总结的习惯。

三、活动设计

1. 学生分组展示。

第一组：罨画池导游组。（照片、视频）

第二组：小区海报推广组。（PPT）

第三组：校园经典诵读组。（照片、视频）

2. 畅所欲言：互相评价，谈感想。

3. 教师总结发言，为活动中表现突出的同学颁奖。

四、总结反思

学生们经过近三年的课题研究，以挖掘地方优秀传统文化为载体，培养了自己的语文综合性学习能力。一路走来，有欢笑有泪水，学生的成长也让教师感动不已。查阅资料，实地考察；自己制作视频，PPT汇报；壮起胆子给游客当导游；在国旗下翩翩起舞，诵读经典；有自己的独立思考，有小组的分工与合作……这些都是"陆游与蜀州的诗词情缘"这粒种子在学生们成长过程中开出的绚丽多彩的花。希望这粒种子继续生长，把根牢牢地伸进"语文"这片肥沃的土壤，长出茂密的枝，结出丰硕的果。

（本案例由崇州市蜀南小学 周玉梅 提供）

第四节 "古蜀州 今崇州"活动案例

【活动对象】

小学高段学生。

【学情分析】

高年级的学生能初步了解查找资料、运用资料的基本方法，能策划简单的校园活动和社会活动，对所策划的主题进行讨论和分析，学写活动计划和活动总结，但是还不能写简单的研究报告。

【活动目标】

1. 通过实地调查并撰写研究报告，提高学生的综合实践能力。

2. 培养学生的团队合作意识。

3. 激发学生对地方优秀传统文化的热爱之情。

【活动主题】

古蜀州 今崇州

【活动类型】

融合型

【活动流程】

第一阶段：搜集诗歌，了解陆游诗歌中的崇州。

第二阶段：实地探访，撰写研究报告。

第三阶段：小组研究报告汇报。

【活动实施】

一、第一阶段：搜集诗歌并分享，了解古蜀州

1. 谈话导入。

教师：同学们，老师给大家带来了一段视频，请欣赏（播放崇州宣传片）。欣赏完视频你有什么想说的？请大家交流分享感受。

2. 诗歌资料分享。

教师：老师和大家的感受一样，今天的崇州真是美不胜收。还有位诗人的感受也和我们相同呢！几百年前伟大的爱国诗人陆游曾写下这样的诗句，请同学们一起诵读"江湖四十余年梦，岂信人间有蜀州"，诗人笔下的古蜀州梦幻唯美。课前，我们对描写蜀州的诗歌进行了搜集和整理，哪个小组先来和大家分享？分小组分享搜集的诗歌，并点明诗歌中的古迹。

3. "古迹重现"小报要点。

教师：老师看到每个小组都在搜集的诗歌中选择一处地点，完成"古迹重现"的小报活动，一份美观的小报需要注意什么？

学生交流分享，教师总结：组织内容（诗歌、景物），布局合理、标题醒目，书写工整大方，尽量避免错别字，补缺与延伸。编办过程中，合理的分工以及注意五个方面，你们一定会设计一份美观大方的小报。现在让我们比比看，谁的小手最灵巧，哪个小组办的小报最漂亮。

（1）动手设计小报（学生动手设计，教师巡回指导）。

（2）小组交流展示小报（诗配画）。

（3）评选最美小报。

4. 阶段小结：本阶段由"大美崇州"视频导入课堂，激发了学生的学习兴趣。接着，采用不同形式分享搜集的诗歌，营造诗歌诵读的氛围。紧接着，教师和学生一起总结"诗配画"需要注意的要点，通过小组合作有效整合组员间的能力，同时将语文与美术学科相融合，提升学生的综合实践能力。比起单纯对文字的解读，学生更喜欢文字与图片的结合，因此兴趣满满，最后呈现的效果也不错。

二、第二阶段：实地探访，拍摄照片、视频，撰写研究报告

1. 诵诗歌，猜地点。

（1）小组轮流分享诗歌。

（2）学生从诵读诗歌中找出探访地点。

2. 实地探访，寻诗迹。

（1）小组要去这些地方实地探访的话，需要注意些什么呢？

（2）各个小组准备去哪里？打算怎样分工？用活动计划模板让学生学会制定计划。

（3）各小组制定实地探访计划，注意合理分工。（图9-2）

（4）小组之间交流活动计划，互相提出建议。抽小组全班汇报。

（5）周末各小组走出校门探访诗歌中的地点。（周末完成）

图9-2　学生在实地考察

3. 分享实地探访过程。

（1）我们已经搜集了很多有关蜀州的诗歌，周末，大家和小组成员以及家长代表又进行了实地探访，哪个小组愿意来分享你们的调查过程呢？

（2）小组上台汇报调查过程，有的用照片，也有的用视频展示。

（3）总结：各个小组都分享了调查过程，组员间分工明确，表现很精彩。但是也暴露出一些问题，比如，不能准确掌握古迹的开放时间等。所以，这个过程有快乐也有困难，也告诉我们一定要做好事前准备，这样才能事半功倍。

（4）布置任务：请各小组根据搜集的资料，运用在语文课学过的方法，完成研究报告的撰写。

4. 阶段小结：本阶段旨在让学生走出校园，提高学生的综合实践能力。高段的学生已具备一定的社交能力，因此在实地探访、采访他人获取资料方面，可视为口语交际在生活中的运用。加上信息化的运用，学生可采取多形式记录下自己的调查过程，如拍照、录音、拍视频等，都能有效提升学生的综合能力。

三、第三阶段：小组研究报告汇报

1. 出示研究报告评价标准。

（1）在这一首首的诗歌中，古蜀州是那样美轮美奂，难怪陆游会说"江湖四十余年梦，岂信人家有蜀州"。今天的崇州，这样的美景是否依然存在？结合本学期教学的语文要素，我们开展了"古蜀州 今崇州"的研究调查活动并撰写了研究报告，接下来各个小组分享自己的研究成果。其他学生一起来做评委，评出展示的"最佳研究小组"，评价标准如下。（出示评价表，表 9-7）

表 9-5 评价标准表

内容		表达	
格式正确	★	体态大方	★
表述清楚	★	声音洪亮	★
分析得当	★	语言流畅	★
语言准确	★	分工合理	★
结论合理	★	合作有效	★

（2）学生拿出抽屉里的星级评价表，教师告知学生两项最高得分是五颗星。

2. 小组轮流汇报。

（1）第一小组。（第一小组选择用 PPT 形式）

（2）接下来请第二小组。（第二小组纯文字表格汇报）

（3）第二小组分享完毕，第三小组继续分享。（第三小组用照片形式展示研究报告）

（4）现在三个小组都完成了分享，请小评委们来评价吧！学生交流分享。

（5）学生根据评价表将 1、2、3 组进行对比评价，用掌声祝贺最佳小组。小组一一汇报

各自的研究结论。（剩余小组代表简单交流汇报）

3. 提出思辨问题。

（1）描写蜀州美景的诗歌还有很多，教师也为学生们带来了一首诗，学生们伴着音乐有感情地朗诵：

蜀州八景

清　晏补之

惟爱西湖夜月圆，前村牧笛响悠然。

市桥官柳依依绿，东阁红梅朵朵鲜。

天目晓钟声八百，西江晚渡客三千。

岷山晴雪无今古，白塔斜阳照九川。

（2）诵读的这些诗歌中提到的蜀州美景，只有少部分保存完好，大部分已经消失不见了。就古迹是否有修复价值进行讨论。

（3）学生正方反方初步辩论交锋。

4. 教师总结。

学生发表了自己的意见，并在课后搜集资料，参照其他城市的做法，下节课进行一场辩论会（图9-3）。

图9-3　学生开展课堂辩论

5. 阶段小结：此次综合实践活动的尾声，以学生的研究报告汇报为主，给予学生们展示的平台。通过小组间不同形式的汇报（如PPT展示、照片展示、传统表格展示等），引导学生多角度进行汇报，避免固定汇报方式，增强学生的创造力和表现力，让研究报告枯燥的表格活起来。最后抛出问题让学生们进行思辨，激发学生对地方优秀传统文化的热爱之情，情感得以升华。

（本案例由崇州市蜀南小学　陈瑶　提供）

第十章

基于地名文化
的课程案例

第一节　课程结构与内容

本课程是实验三小基于崇州地名文化构建的小学语文综合性学习课程。本课程结构经历了"挖掘—研究—实践—构建"的过程。实验三小从众多地名中选取了与学生有密切关系的"朱氏街""道明镇"来研究。实验三小的旧址就在朱氏街，选择研究"朱氏街"地名文化是为了让学生了解学校的历史。选择研究"道明镇"的地名文化，是基于道明镇的往昔和现在都有厚重的历史文化，特别是现在道明的竹艺村，成为网红打卡地，为崇州的经济发展起到不可小觑的作用，体现了对传统文化的传承与创新，值得研究。此外，崇州的广场众多，其名字也具有丰厚的历史积淀，能从中洞悉崇州历史，也具有研究价值。实验三小从地名的由来、与之相关的历史传说故事、积累与地名相关的诗词歌赋和当地的美食文化等方面开展研究。在总课程研究组的指导和培训下，实验三小的研究团队通过一次次实践，充分发挥主观能动性，构建了基于地名文化构建的小学语文综合性学习课程结构。在这个过程中，教师和学生一起成长。师生经历了从身为地道的崇州人，不知崇州历史，不晓崇州地名由来的惭愧；到通过对崇州地名文化的研究，了解朱氏街、道明地名的由来，知晓崇州各广场名字的文化内涵而感到自豪的心路历程。

一、课程结构图

课程结构图示例如图 10-1 所示。

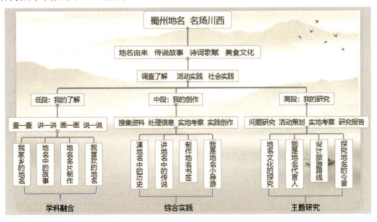

图 10-1　蜀州地名文化课程结构框架图

二、课程主题

研究组以"蜀州地名，名扬川西"为课程大主题。"蜀州"之名由来已久，在中国历史上唯一的一位女皇帝武则天当政的时候，就将此地命名为"蜀州"，其历史源远流长。在清朝嘉庆和光绪年间的《崇庆州志》上称："崇庆州，故蜀国也。"这是"蜀州"之"蜀"的历史依据。从地理位置来说，四川原辖"东巴西蜀"地区，而崇州正处于"西蜀"的腹心地带，故以"蜀"为名恰如其分。从历史上著名诗人王勃的《送杜少府之任蜀州》和陆游的"江湖四十余年梦，岂信人间有蜀州"，可以知道"蜀州"就是今天的崇州。所以，研究组一致认为以"蜀州地名，名扬川西"为研究大主题更为恰当，也更显示出这座城市的历史厚重感。

三、课程内容与活动类型

本课程内容主要是与地名相关的"地名由来""传说故事""诗词歌赋""美食文化"等。课程实施以"调查了解、活动实践、社会实践"等活动方式进行地名的研究，突出实践性。根据学生年段特点、认知规律分低、中、高不同的年段开展活动。

（一）低段：我的了解

低段学生知识积累有限，动手能力差，大多是形象思维，所以确定低段以了解为主，通过查一查、讲一讲、画一画、说一说等学习方式，来开展与地名文化有关的活动。活动内容指向："我家乡的地名"——了解地名，"地名中的故事"——讲地名，"地名名片制作"——画地名，"我喜欢的地名"——说地名等。例如，一年级开展的以"认识家乡地名"为主题的活动中，教师课前布置学生和家长一起收集崇州的地名，并学会认地名。在认地名过程中，学生的识字量增多了，同时还知道了崇州的很多地名，有些地名连家长都不知道。二年级开展的以"家乡的朱氏街"为主题的活动中，课前教师通过提问引导学生思考："你们知道我们学校原来的地理位置吗？""为什么这里叫'朱氏街'？"学生通过查一查，在家长的帮助下了解了朱氏街的得名。学生在查找资料时，教师要及时指导查阅资料的途径。如可以从网上查找，可以去图书馆翻阅相关书籍，也可以去社区调查、询问等。通过这些方式将学生的学习场所扩展到了家庭、社会，构建了育人共同体。在这个过程中，学生可以借助家长的力量，主动与家长沟通获取自己想要的信息。学生在与家长的沟通中，不仅提升了自己的口语交际能力，而且能够比较高效地获取信息，促进家校共育。在展示学习成果时，学生分组汇报，有的讲蜀王杜宇的故事，有的推荐朱氏街的美食，有的展示到实地考察的视频、照片，还有的为朱氏街制作名片。

在低段开展的活动中，将学生美术方面的审美能力、绘画能力与语文学科的语言处理能力有机结合，真正体现语文综合性学习中学科融合的特点。

（二）中段：我的创作

中段学生有了一定的知识积累，掌握了一定的语文学习方法，由形象思维逐渐向逻辑思维发展，所以确定中段以创作为主。通过调查了解、处理信息、实地考察、实践创作等活动方式来研究地名文化。活动内容指向："演地名中的历史""讲地名中的传说""制作地名书签""我是地名小导游"等。在这一系列的活动中，学生搜集处理信息能力、口语表达能力、创新能力等得到了提升。如学生会搜集到许多关于朱氏街的资料，对于"朱氏街的地名"众说纷纭。教师要指导学生将自己搜集到的信息根据需要和不同性质进行分类汇总。而后，学生通过自己喜欢的方式来创作，并且展示。可以分组演一演、讲一讲，可以根据自己的喜好设计一张地名卡片，还可以写一写导游词，为来崇州游玩的客人作介绍，借此机会宣传家乡。在研究过程中，学生也可以实地考察，亲自走进朱氏街街道，感受古街的历史；漫游滨江路西河边的绿草地，从那块"福从天降"的石碑，感受到此地厚重的历史。

（三）高段：我的研究

高段学生已经掌握了一定的语文综合性学习方法，具备了一定的语文综合性学习能力，由逻辑思维逐步向批判性思维和创造性思维发展，所以确定高段学生以研究为主。通过问题研究、活动策划、实地考察、撰写研究报告等活动方式来研究地名文化。活动内容指向："地名文化的探究""我是地名代言人""设计旅游路线""探究地名的今夕"等。在活动中，学生首先查找、搜集、整理信息，接着从对地名的了解中提出问题、策划活动、实地考察，最后得出结论。如在研究朱氏街地名时，学生通过搜集整理资料，了解了这个地方的历史文化。但学生产生了疑问：既然这个地名的历史如此悠久，为什么现在没有沿用这个地名，甚至它所处的西江乡也随之更名，隶属崇庆街道辖区？有了问题，就要解决问题，怎么解决呢？这时候，教师组织学生策划活动方案，通过活动去调查、研究、解决问题。根据调查结果，学生撰写研究报告。通过这些活动，学生进一步提高了发现问题、分析问题、解决问题和组织策划等语文综合性学习能力。

四、课时设置

课程设置以内容板块为单位，利用课后服务时间，以选修课的方式开展，小学1—3年级一周1课时，4—6年级一周2课时。

第二节 "朱氏街地名故事"活动案例

【活动对象】

小学低段学生。

【学情分析】

二年级学生因仍处于形象思维的发展阶段，自主搜集资料和对资料进行加工的能力有待培养，实践的能力较弱，所以教师指导学生把所了解和实践的内容，设计成表格形式便于记录和展示。活动前期的准备活动中，学生在家长的帮助下，通过网络查找、询问朱氏街老一辈的居民等形式，收集整理了有关朱氏街的地名传说，再将收集到的资料在家长的帮助下了解、熟记。活动开始后，班级开展"讲朱氏街的地名故事"为小主题的故事会，学生由此体会富有历史文化内蕴的地名不仅仅潜藏于城市乡村，不仅仅显现于历史传说中，还可以通过稚嫩的语言讲述出来，并不断收集关于朱氏街的相关故事，积极参与到讲地名故事的活动中来，从而形成一种文化自觉，积淀更多的乡土文化气息。这样不仅拓宽了学生的文化视野，更是让语文学习方式从封闭走向了开放。

【活动目标】

1. 通过调查，学生了解朱氏街地名的来历及其背后的故事。

2. 通过讲故事，学生的口头表达能力、倾听能力、互动交流的能力得以培养。

3. 学生通过讲朱氏街的地名故事，了解自己家乡的历史、文化等，激发学生对家乡和家乡优秀传统文化的热爱，并积极向他人介绍自己的家乡。

【活动类型】

主题式活动。

【活动流程】

第一阶段：明确活动任务，确定本次活动的内容；讨论活动的方法和步骤，小组合理分工。

第二阶段：分小组在家长和教师的带领下学会如何简单地搜集、整理资料。

第三阶段：分小组设计讲故事的汇报方式，在家长和教师的帮助下准备资料，设计成表格形式便于记录和展示，最后再进行小组合作讲故事汇报。

【活动实施】

一、第一阶段：明确任务，确定内容

1. 欣赏照片，激发兴趣。

教师通过大屏幕展示"醪糟店、西江晚渡广场、西江桥、朱氏街老街"等照片。

教师：你们知道这些是什么地方吗？

学生1：西江晚渡广场。

学生2：西江桥。

学生3：朱氏街。

教师：是的。有些照片都是我们家乡很多年前的老照片了，你们知道这些地方相关的故

图10-2 西江晚渡　　　图10-3 旧西江桥　　　图10-4 朱氏街街景

事或传说吗？（图10-2~图10-4）

2. 出示主题，搜集资料。

教师：我们学校所在的朱氏街就有许多美丽的传说。

出示活动主题：搜集朱氏街地名故事。

出示活动主题后，教师引导学生质疑：朱氏街的地名故事有哪些呢？你想了解哪些故事？你最想讲哪一个故事？

教师布置活动前的任务：

回家请家长帮助查找关于西江的地名故事（可以通过网络查找，也可以去向长辈请教调查），并打印成电子文档。

3. 整理资料，练讲故事。

温馨提示：对故事中不认识的字可以查字典或是请教家长识记，熟知地名故事的内容。

练习有条理地讲故事内容，做到普通话标准，表达流畅。

4. 第一阶段小结。

通过本阶段的活动，引发学生对传说中的人物杜宇和朱利有关的朱氏街地名文化的兴趣，以各类图片拓展学生思路，再布置活动任务，让学生明确要完成的任务。从第一阶段的情况来看，学生积极参与完成得比较好。

二、第二阶段：搜集资料、调查访问

1. 回顾方法、选择方法。

教师：还记得我们在"找春天"中学到的搜集资料的方法吗？谁来说一说？

学生1：可以通过网络搜索。

学生2：可以查阅书籍资料。

学生3：可以询问他人。

教师：是的，还可以到实地考察。

2. 交流方法、解决问题。

学生交流调查中遇到困难如何处理：

①朱氏街老街、西江桥的样子：可实地采访。

②杜宇和朱利等人物的故事传说：可网络查询或者去社区查阅资料。

③醪糟店名字的来历：可问长辈或是查找崇州地名故事。

④美食：实地调查。

（重点提示：怎样在家长的带领下和同组的学生合作，通过拍照、简单的文字记录等方式调查，同时一定注意安全。）

3. 整理资料，准备讲故事。

教师组织学生分小组交流资料搜集情况。

（提示：可以通过制作表格的形式来整理资料，同时也需要注意以下问题：一要注意用简洁、容易熟记的语言来填写表格；二要注意归类，同一类的资料，根据需要进行归类删减；三要注意补充没有的资料。）

学生根据提示，初步整理资料。

4. 第二阶段小结：首先，通过回顾"找春天"中学到的收集资料的方法，开展研究调查，选择适合的方法，做好资料记录，将收集的资料整理汇报，为完成讲故事做准备。通过教师和家长的引导，学生从自己和小组内的同学收集到的资料中发现问题，保证了讲故事内容的真实性和准确性。

三、第三阶段：汇报展示，合作交流

1. 回顾方法，学习讲故事。

（1）回顾《老鼠嫁女》的故事，说一说讲故事要注意的地方。

（2）教师出示西江晚渡和西江桥的照片，引导学生看图。（图10-5~图10-7）

图 10-5　西江晚渡　　　　图 10-6　西江桥旧貌　　　　图 10-7　西江桥新貌

（3）在教师的引导下，学生学会按一定的顺序观察图片，边看边思考：图上的这座桥在什么地方？它叫什么名字？是谁修的这座桥呢？这座桥有多少岁了呢？

（4）学生交流。

（5）教师质疑：根据同学们刚才的疑问，这座桥有着怎样的故事呢？接下来，就请同学们认真听这个故事，故事的名字叫"西江桥的传说"。

（6）学生观看微课，听故事，并从中提取关键信息。

（7）提取关键信息：学生根据微课中的讲述，提取故事中的关键信息（朱氏街、码头、涨水、黄贡生等）

（8）学生按照大屏幕中"西江晚渡"和"老西江桥"图画的顺序进行交流，教师根据学生的交流适当作引导。

2. 小组内练习讲故事。

（1）各小组开展组内讲故事。

出示要求：①讲的同学用心讲，听的同学认真听；②如果同学讲的时候遇到困难，请帮一帮；③如果讲得好，请夸一夸，从内容到语言等方面进行自评与互评。

（2）教师巡视各小组讲故事的情况，指导学生讲故事中的语言表达。

（3）各小组选出一名准备充分、声音洪亮、情绪饱满的代表在全班进行展示。

3. 全班展示交流。

（1）教师提出听故事的要求：

认真倾听，记住故事的内容；看谁听得认真，记得准确。

（2）请各组代表上台讲关于朱氏街地名的故事。

教师引导：我们在讲故事的时候应注意什么呢？

根据学生的回答，提出"讲"的三个要求：声音洪亮，记住内容，适当增加表情和动作。

（3）争当"故事大王"：鼓励学生上台讲故事，争当"故事大王"。教师发放奖励贴纸。

4. 小结拓展。

小结：这节课我们尝试了大声讲家乡的地名故事。回家之后，我们还可以把今天听到的美丽、有趣的故事讲给爸爸妈妈听。

5. 第三阶段小结：本阶段让学生整理资料后分小组讲故事，选出优胜者进行比赛，鼓励学生争当"故事大王"。教师发放故事大王的奖励贴纸，激发学生讲故事的热情。在讲故事中，学生更深入了解朱氏街及背后的文化、历史和相关故事，激发了他们热爱家乡的情感。

（本案例由崇州市实验三小 艾艳红 刘艳红 提供）

第三节 "走进崇州广场"活动案例

【活动对象】

小学中段学生。

【学情分析】

学生们之前参加了家乡朱氏街地名文化和道明地名文化的研究，及相关故事的语文综合实践活动。学生有一定的实践能力，能够在家长的陪伴下完成调查问卷，写简单的调查报告，能够通过图书馆或者网络等方式搜集资料，并分小组整理资料，能够通过手抄报等形式在课堂上进行汇报。但由于认知水平限制，学生搜集的语文素材价值有限，需要在教师和家长的指导下完成任务。学生有表达的热情，但绘画、小品剧等方面的艺术水平需要提升。

【活动目标】

1. 学生通过实地走访、调查、查询资料等形式搜集崇州市区广场名，重点研究人物命名的广场文化。

2. 了解广场的名字由来，以及人物的简介、丰功伟绩、背后的故事、古诗文、时代背景等。

3. 培养学生收集整理资料的能力，提升学生的语文素养。

4. 通过地名研究，学生了解其中蕴藏的文化，感受崇州广场的特点，激发学生热爱家乡、建设家乡的情感。

【活动主题】

前期师生研究了朱氏街和道明镇的地名由来，从中发现，如果只是研究这些乡镇太单一，于是就想到了从街道、公园和广场的命名来教学。崇州有许多的广场，广场的命名很有研究价值，这样既切合地名研究的主题，又可以让学生了解到当地优秀的传统文化知识。结合教师给学生讲解崇州广场名字的来历和故事，本活动以地方地名文化为大主题，设计了这次走进崇州广场的地名文化研究活动。

【活动类型】

主题式和学科融合式学习

【活动流程】

第一阶段：课前准备、确定主题。明确本次活动的任务和主要内容。确定主题和研究方向。讨论研究、调查的方法和具体步骤。

第二阶段：搜集资料、实地调查。各小组开展研究调查，了解崇州各广场，拍摄、搜集相关资料，形成语文素材；学习搜集、整理资料，形成成果，为汇报交流做准备。在过程中培养学生的实践能力、独立思考能力和交流合作能力。

第三阶段：资料定稿，练习汇报。

第四阶段：汇报交流、合作分享。在课堂中交流学生搜集的素材，带领学生深入了解崇州广场的由来，培养学生的探究精神和创新意识。尊重和保护学生学习的自主性和积极性，鼓励学生运用多种方法，从不同的角度，进行多样化的探究。

【活动实施】

一、第一阶段：课前准备，确定主题

1. 明确本次活动的任务和主要内容。

（1）教师出示活动建议：崇州广场众多，每一个广场的名字都有独特的含义，那么这些广场的名字是怎样来的？它们的命名又有什么特点？名字的背后又有怎样的文化？

（2）学生思考并交流课前搜集到的资料。

（3）教师出示本次综合性学习活动的主题：走进崇州广场。

（4）可以从哪些方面去研究？

学生讨论并交流，教师归纳总结并明确：崇州广场名的由来、地理位置与作用、广场建筑的特点、广场背后相关的故事和文化、人们对广场的评价等。

2. 讨论研究、明确方法。

（1）学生回顾学过的调查方法。

实地调查、查阅书籍、查阅网络资料……

（2）让学生借助前次活动的经验分组。

① 学生根据自己初步确定的活动任务，确定小组成员。

② 教师进行协调，确保每组都能顺利完成活动任务。

③ 教师分配各个小组的调查对象（一个小组调查研究一个广场）。

3. 引导学生明确本次活动的步骤和方法。

提示：这次活动的最终任务是向其他小组交流自己小组调查的广场相关文化，可以用研究报告的方式汇报，也可以用 PPT 的方式汇报。

4. 指导学生制订活动计划。

（1）回顾上次的活动计划，商议确定本次活动的各项内容，制订活动计划。

（2）各组结合活动内容制订活动计划，商讨确定活动时间、地点、内容、过程、分工等。

（3）提示学生注意活动过程中的细节问题，如调查中的安全问题、实地调查要有家长陪伴、带上手机和纸笔做好拍照与记录等。

5. 小结：学生在讨论时能够做到抓住主题、有针对性地进行回答，学习能力变强了，但是由于资料的搜集较为笼统，以至于学生在表达自己观点的时候，语言不够准确。

6. 反思：在实践活动前，教师只注重对资料的搜集，而没有具体的指导内容，学生只是简单堆砌搜集到的材料，没有具体深入的研究。学生搜集的资料素材太少，活动前教师需要与学生进行互动交流，明确目标。

二、第二阶段：搜集资料、实地调查

1. 各小组开展研究调查。

（1）引导学生回顾搜集资料的方法，选择适合本次活动的研究方法。（网络搜索、实地调查、查阅书籍资料、询问他人，等等）

（2）交流调查中遇到困难如何处理。

广场的地理位置、建筑时间、目前的状况、广场相关人物故事和文化等，可实地采访，可网络查询，等等。

2. 整理研究成果，为汇报交流做准备。

（1）组织学生交流资料搜集情况。

（2）根据汇报方式整理搜集到的资料。

教师提示：注意资料的筛选、归类，搜集得不够丰富或过于简单时，要进一步调查、搜集，为写汇报做准备。

①以研究报告方式汇报的，要注意研究报告的格式。

②以 PPT 方式汇报的，要注意图文搭配，PPT 尽量精简文字，出示关键词。

③以朗诵诗文或讲故事方式汇报的，要提前训练。

（3）学生根据提示，初步整理资料。

设计意图：教师要引导学生预想调查中可能出现的问题，并提前想好解决方法，保证调查更好地进行。同时，给学生一些调查的方法指导，指导学生整理资料，要注意资料来源的准确性，确保报告的真实准确。

3. 小结：在教学过程中，教师重在引导学生回顾搜集资料的方法，选择适合本次活动的研究方法。除此之外，还应注意资料的筛选、归类，搜集的资料不够丰富或过于简单时，要让学生进一步调查、搜集、补充，为汇报做准备。

4. 反思：这一环节旨在激发学生对此次活动的浓厚兴趣，因此要求形式较为丰富，不仅有图片、视频，也要有师生的交流分享，让学生在互动中完善崇州广场的资料，为后续的汇报做好准备。

三、第三阶段：汇报定稿，分组练习

1. 检查、定稿。

教师检查小组的汇报资料，包括研究报告和PPT等，指出存在的问题，让学生进一步完善，从格式到内容进行修订后定稿。

2. 汇报资料定稿后，学生小组内自由分工进行汇报练习。

3. 小结：学生小结、提升，针对整理好的资料进一步完善，形成初稿，反复研讨。汇报资料定稿后，学生小组内自由分工进行汇报练习。为汇报课的展示做准备。

4. 反思：学生制作出的汇报成果，存在图文不够精美，PPT的设计不够精巧等问题。教师在本阶段的教学主要是提醒各组汇报的方式以及汇报过程中的注意事项。

四、阶段：汇报交流，个性展示

1. 课堂导入。

教师：同学们，你知道崇州城区有哪些广场吗？请你来说一说。

学生：晚渡广场、蜀州广场、陆游广场……

2. 学生汇报。

（1）蜀州广场。

教师：真能干，说了那么多的广场，今天这节课我们就一起走进崇州的广场，请看大屏幕，这是哪个广场？（图10-8）

图 10-8　崇州中心广场孺子牛雕塑

学生 1：中心广场

学生 2：蜀州广场

教师：是的，蜀州广场也叫中心广场，因为它地处崇州的中心地带。

教师：那你们知道蜀州广场的名字由来吗？

学生交流搜集到的相关资料。

教师：说到蜀州广场的由来，那得从崇州的历史说起，崇州是一座传承了两千多年文明的历史文化名城，崇州的地名，经历了多次变迁，我们一起来听一段语音介绍。

教师播放微课视频：（崇州命名演变的微课）

汉高祖元年公元前 206 年，置江源县，江源即古人以为这一带位于"江之源头"而名，唐武则天垂拱二年（686 年）置蜀州，即因其位于天府之国的腹心地带，素有"蜀中之蜀"之称。到南宋绍兴十四年（1144 年）升为崇庆军，淳熙四年（1177 年），又升为崇庆府，崇庆即因宋高宗赵构称帝，以示"尊崇庆幸"而得名。元至元二十年（1283 年）降为崇庆州，民国二年（1913 年）废州改为崇庆县，1994 年撤销崇庆县设立崇州市至今，"崇州"即"崇庆州"的简称。

教师总结：同学们，听了这段介绍，你知道蜀州广场的由来了吧。广场中央还有一尊雕塑，你们知道是什么吗？

学生：这是"孺子牛"。

教师：是的。这是引自鲁迅的诗句"俯首甘为孺子牛"。

教师总结：相信通过刚才的学习，大家对蜀州广场有了更深入的了解吧。前期，同学们分组对崇州的广场进行了调查研究，那现在我们就请各小组的同学来汇报一下他们的研究成果吧。不过，汇报前老师有要求，请同学们认真听汇报，汇报完成后，各小组要当小评委，

对各小组的汇报情况进行评价和打分。（表10-1）

表 10-1 小组汇报评价表

评价类别	要求	得分（3，2，1）
小组分工	小组合作：分工明确，成员配合默契。	
解说内容	内容丰富，解说详细。	
声音、仪态	语言表达：语言表达流畅，讲解自然大方。 有手势动作，与观众有互动。	
汇报形式	汇报形式：汇报形式多样（有图片、文字、视频或PPT等，制作精美）。	

3. 分组展示交流。

（1）第一小组汇报：孔子广场。

①小组成员分别介绍了孔子广场的地理位置、建筑风格、孔子的生平及著作。

②教师：同学们还知道《论语》的哪些名句？

③学生答："三人行，必有我师焉。"

教师总结：这个广场是以人名命名的，我们一定要查找与人物相关的信息，以及它给崇州人民带来的影响。那么，崇州还有哪些广场是以人名命名的呢？

（2）第二小组汇报：陆游广场。

①欣赏陆游广场美图。（图10-9）

图 10-9　崇州陆游广场陆游雕塑

②小组成员介绍陆游的生平、他在蜀州的境遇、广场的地理位置等。

③学生代表出示历代名人对陆游的评价：

（杨慎）纤丽处似淮海，雄慨处似东坡。

（朱熹）放翁老笔尤健，在当今推为第一流。

（杨万里）君诗如精金，入手知价重。

（周恩来）宋诗陆游第一，不是苏东坡第一。

④学生齐读：

夏日湖上

（宋）陆游

乌帽筇枝散客愁，不妨胥史杂沙鸥。

迎风枕簟平欺暑，近水帘栊探借秋。

茶灶远从林下见，钓筒常向月中收。

江湖四十余年梦，岂信人间有蜀州。

⑤教师小结：陆游在蜀州的时间虽短，却留下了很多不朽的诗篇。蜀州美景让陆游痴迷，而陆游的那句"江湖四十余年梦，岂信人间有蜀州"也让蜀州声名大振。因此，崇州的陆游广场也引来了不少的游客游览。

（3）第三小组汇报：常璩广场。

①学生分别介绍常璩广场的地理位置、常璩的主要作品、历史影响等。

②学生重点介绍代表著作《华阳国志》：全书约九万字，在当时，可谓地方史一鸿篇巨制。《华阳国志》是中国现存最早的以"志"为名的地方志，被誉为"方志之祖"。

学生：《华阳国志》全书十二卷，记述了从远古传说时代直至东晋成汉政权灭亡这一大段历史时期西南地区的史事。自它问世至今 1600 多年以来，凡研究先秦、秦汉、三国、两晋这一时期四川、云南、贵州以至陕西、湖北部分地区的历史、地理、人物及政治经济、科学文化、物质资源等，都将其作为极其重要的史料依据。如鉴如衡千秋笔，求真求是百代师！这就是常璩及其《华阳国志》留给后人的最可贵的精神财富。

③学生展示：小组共同绘制了一幅手抄报来展示他的美！

④教师总结：同学们除了用 PPT、手抄报、人物卡片的形式展示崇州的广场，有些小组还用研究报告的形式对广场进行了深入调查。

（4）第四组汇报：唐慎微广场。（图 10-10）

图 10-10　唐慎微雕塑

学生1：我们组研究报告的内容是"唐慎微广场"，我们主要从问题的提出、研究方法、资料整理和研究结论来汇报。

组内成员合作交流。

教师小结：回顾研究报告的步骤。

4. 了解广场命名的特点。

教师：刚才听了同学们的汇报，相信大家对我们崇州的广场已经有了更深入的了解，大家看看今天我们小组汇报的广场都有什么特点呢？（以人物名字命名的）

教师：崇州还有用其他形式命名的广场吗？

学生2：西游广场是以四大古典名著命名的。

学生3：八仙广场是神话故事命名的……

5. 教师总结：听完了各小组的介绍，相信大家已经对各小组的表现有自己的评价和认识了吧。现在我们就分组来对各小组刚才的汇报情况进行评分，请大家看着大屏幕的评分标准。（表10-12）

表10-2 评分标准表

评价类别	要求	得分（3，2，1）
小组分工	小组合作：分工明确，成员配合默契	
解说内容	内容丰富，解说详细。	
声音、仪态	语言表达：语言表达流畅，讲解自然大方 有手势动作，与观众有互动。	
汇报形式	汇报形式：汇报形式多样（有图片、文字、视频或PPT等制作精美。）	

教师出示评价表格和要求：老师有一个建议，在小组评价的时候，说一下各组的优点、缺点或者建议，以及你为什么这样打分的理由。

学生说各小组的优缺点和打分理由。

教师总结：第一小组获胜。

教师：崇州有这么多的广场值得大家去研究。作为崇州人，你能为这些广场写一句宣传语吗？要求每位同学选1个广场，用一两句简洁的话来写。

学生分享写的宣传语。

教师：崇州是一座美丽的城市，也是旅游城市，有许多的美景，除了写宣传语，你觉得还可以通过哪些方式来宣传咱们的家乡呢？

学生：我们可以用征文、绘画、网络、微信公众号……来做宣传。

教师总结：还记得这学期第七单元的口语交际内容吗？

学生：我是小小讲解员。

教师：是的。我们也可以用这样的方式来宣传咱们美丽的崇州。假如你就是一名小小讲解员，你会怎样来宣传我们的崇州呢？我们下节课再来进行研讨吧。

6. 小结。

教师通过出示蜀州广场的图片，打开学生的思路；播放微课视频（崇州命名演变的微课），让学生进一步了解崇州。通过小组不同形式的汇报交流，全班成员之间的相互借鉴与学习，拓展了学生的视野，拓宽了学生的思维。同时，紧随其后的评价机制也为小组今后的研究活动提供了明确的要求和发展方向。

7. 反思。

在小组交流与班级交流中，学生不光向他人解说了自己调查的广场的相关文化，同时也了解到了其他广场的相关文化，培养了学生对家乡的自豪感，激发了学生对传统文化的热爱之情。引导学生交流宣传广场的方式，也为后期的活动指明了方向。

（本案例由崇州市实验三小　何敏　冯佳敏　提供）

第四节　"畅谈道明地名文化"活动案例

【活动对象】

小学高段学生。

【学情分析】

《语文课程标准（2011）》在第三学段的语文综合性学习中要求学生能通过图书馆、网络、实地考察等信息渠道获取资料，尝试写简单的研究报告，初步理解、查找资料、运用资料的基本方法等。结合学校道明地名文化研究课，针对前期学生收集的资料，在汇报课前，教师要求学生对收集得来的资料进行整理，分组进行资料的整合。五六年级的学生对于资料的收集与整理已经有一定的基础，但是缺乏整合资料的经验，需要教师的引导和提醒。因此，在整合的过程中，教师对学生进行分组，优等生与后进生组合，这样有利于工作的开展。发挥学生各自的特长，并让学生清楚通过什么样的方式去整合资料，这样整合的资料才会更准确、更精炼。在活动展示汇报阶段，也由各小组自行分工安排汇报方式和汇报人员。

【活动目标】

1. 通过调查研究道明的地名文化，了解道明辖区内地名的来历及其背后的故事。

2. 培养学生调查研究、搜集整理资料、口语表达、合作学习的能力。

3. 学生通过有重点、有条理地向别人介绍相关的地名文化，提高评价与自我评价能力。

4. 通过调查、研究、汇报，学生深入了解自己的家乡，培养学生对家乡和家乡的优秀传统文化的热爱，并乐于向他人介绍自己的家乡。

【活动主题】

畅谈道明地名文化。

【活动类型】

主题式学科研究活动。本次活动是在"地方地名文化"这一主题下的小主题研究，即"畅谈道明地名文化"。

【活动过程】

第一阶段：明确活动任务，确定研究内容；讨论研究方法和步骤，小组合理分工。

第二阶段：小组研究调查，搜集整理资料。

第三阶段：小组设计汇报方式，制作汇报资料，教师审核定稿。

第四阶段：小组合作汇报。

【活动实施】

第一阶段：准备

一、明确活动任务，确定研究内容

1. 出示有关竹艺村的一段视频，学生欣赏，谈谈竹艺村所在的乡镇。

2. 教师提出疑问：

关于道明，你了解或听说过哪些有趣的地名？

3. 学生自由说：白塔湖、竹里、白塔山、娘娘岗、樱桃沟……

教师：是呀，道明不仅有许多有名的景区，还有中国竹编文化，这里也因此有很多有趣的地名。咱们本次活动的任务就是研究道明的地名文化。

4. 教师提示本次活动的主题：畅谈道明地名文化。

5. 教师出示道明的相关照片，打开活动思路。（图 10-11、图 10-12）

图 10-11　道明竹艺村

图 10-12　娘娘岗

教师：研究道明的地名文化，可以从哪些方面去研究？

学生交流。（娘娘岗、长马沟、血塘沟、樱桃沟，以及白塔湖景区的很多地名、竹艺村

很多景点的地名）

教师再根据学生的交流补充一些遗漏的地名。

二、讨论研究、调查的方法和步骤

1. 学生回顾上学期"朱氏街的地名文化"的活动过程。

了解任务，打开思路，制定活动计划，搜集材料，撰写报告，展示交流与评价。

2. 学生自由建组。

学生根据自己初步确定的活动任务，自由组成小组，每组研究一处地名文化（白塔湖、白塔寺、竹编文化、竹艺村、娘娘岗、长马沟、血塘和樱桃沟）。

3. 教师适当协调分组，确保每组都能顺利完成活动任务。

4. 学生再次明确本次活动的步骤和方法。

提示：这次活动的最终任务是搜集相关地名文化，以自己喜欢的方式汇报（研究报告、PPT、朗诵、手抄报、绘画、讲故事等）。

5. 指导学生制订活动计划。

（1）回顾上次的活动计划，商议确定本次活动计划的各项内容，再把活动计划写下来。

（2）各组结合本组活动内容制订活动计划，商讨确定活动时间、地点、内容、过程、分工等。

（3）温馨提示：注意活动过程中的细节问题，如调查中的安全问题，实地调查要有家长陪伴，带上手机和纸笔做好拍照与记录等。如果有同学遇到困难，组内成员要相互帮助、支持等。

6. 发放活动参与互评表，指导活动的开展。（表10-3）

表10-3 组内活动参与个人互评表

项 目	评价标准	组内同学评价
小组活动	积极参与小组活动，和同学密切配合	
搜集、撰写	愿意使用学到的方法搜集资料、制作展示内容	
展示交流	积极进行展示交流，与其他同学互动良好	

7. 小结：明确活动任务，确定研究内容，引发学生对道明地名文化的兴趣。以各类图片拓展学生思路，再通过讨论研究，确定调查的方法和步骤，引导学生制定活动计划。最后通过评价表为本次活动作评价，可以让学生更快进入学习活动，更有效地完成学习任务。

8. 反思：从第一阶段的情况来看，学生由道明图片等资料引发的探究兴趣比较浓厚；同时通过回顾之前"朱氏街地名文化的探究"学习方法，各小组学生积极参与完成得比较好。在自由建组中，需要教师适当调整，否则学生的能力搭配会有不均衡现象。

第二阶段：搜集资料、调查

一、研究、调查

1. 引导学生回顾《朱氏街的地名文化》中学到的搜集资料的方法，选择适合本次活动的

研究方法。（网络、实地调查、查阅书籍资料、询问他人等）

2. 处理学生调查中遇到的问题。

第一小组通过实地采访、网络查阅资料等方式了解地名的来历、白塔湖景区的风光、故事传说以及设计景区的参观路线；第二小组去社区查阅资料了解道明的竹编文化的发展与经济效益；第三小组通过网上查询、实地采访，了解与地名相关的人物故事；第四小组通过实地调查，了解当地的美食文化……（重点提示资料的记录、注意安全。）

二、整理成果，准备汇报

1. 组织学生交流资料搜集情况。

2. 按照小组的汇报方式整理搜集到的资料。

3. 教师提示。

整理资料：一要注意资料的筛选，对于内容上有冲突的资料，要以专业的书籍或正规的网站为准；二要注意归类，同一类资料，根据需要进行归类筛选；三要注意搜集的不够丰富或过于简单的资料，要进一步调查、搜集，为写研究报告作准备；四要注意网络搜集资料，检索词语要精准。

4. 学生根据提示，初步整理资料。

5. 小结：通过回顾《朱氏街地名文化》中学到的收集资料的方法，开展研究调查，选择适合的方法，做好资料记录，将收集的资料整理研究，为完成汇报资料做准备。通过教师的引导，学生从自己整理的资料中发现问题，保证汇报资料的真实性和准确性。

6. 反思：学生搜集的资料依然存在资料的真伪问题等，教师在引导学生搜索方法和鉴别上还要有更多的方法指导。

第三阶段：按小组汇报方式整理资料

一、汇报准备，指导方法

1. 以研究报告方式汇报的，注意研究报告的格式与内容。

2. 以手抄报方式汇报的，组内同学注意资料的不重复与多样性，注意手抄报的排版与设计。

3. 以PPT方式汇报的，注意图文兼顾，文字精练，展示关键词。

4. 以讲故事的形式汇报的，要注意讲故事的要求。

5. 以朗诵形式汇报的，引导学生选择配乐。

二、学生准备汇报

学生完成资料后，教师审核，引导修改、定稿。

1. 小结：主要是让学生整理自己搜集的资料，并交教师审核、修改、定稿。

2. 反思：学生制作的汇报成果，在表现形式的美观等方面还有欠缺，教师在本阶段的教学中，主要是多提醒各组汇报的注意事项，如 PPT 方式汇报，应注意图文兼顾，文字精练等。

第四阶段：汇报展示

一、谈话导入

由图片谈话导入（板书主题）。

二、汇报交流

1. 学生汇报"道明"这两个字的来历。

2. 介绍白塔湖。（图 10-13）

教师：一提到道明，就有一个非常有名的风景区，还是蜀州八景之一，这就是"白塔斜阳"，这个景区就是白塔湖风景区。有请调查白塔湖景区地名文化的小组为大家作解说员，带领大家游览白塔湖景区。

图 10-13　学生制作的手抄报

引导学生思考：如何做一名优秀的解说员。

出示评价表：（表 10-4）

表 10-4　小小解说员评价表

项目	评价标准	小组评价（优、良、差）
内容	讲解清楚，内容丰富。	
态度	大方自然，声音洪亮，有手势、动作、表情等辅助演讲。	

解说员根据课件展示的景区地图，带领大家游览并解说各景点地名的由来。

生生、师生互评。

教师小结：景区地名的来源方式有源自诗文、纪念名人、记录古迹、描述地貌、介绍功用等。

3. 了解白塔湖周围的山沟：藏马沟、血塘沟、樱桃沟。

教师：藏马沟、血塘沟名字的来历都与张献忠的故事有关，有请同学为大家讲与两条沟的地名有关的故事。

回顾讲故事的要求。（表 10-5）

总结、整理出评价要求。

表 10-5　讲故事评价表

项　目	评　价　标　准	小组评价（优、良、差）
内　容	讲解清晰、有序、流畅、完整。	
声　音	声音洪亮，语气语调有变化。	
情　感	有表情变化、手势、动作等辅助表现。	

请学生讲有关樱桃沟的地名来历。

教师小结三个地名的来源方式：记载历史、宣传特产。

4. 介绍重庆路。

教师：在道明镇有一条非常有名的公路，它的名字叫重庆路，你知道重庆路的来历吗？

学生利用 PPT 为大家介绍。

教师小结地名的来源方式：铭记恩情。

5. 讲娘娘岗的故事。

教师：在重庆路上有段隧道叫娘娘岗隧道，而那里的那片山岗就叫做娘娘岗。这个地名又是怎么得来的呢？它是得名于一个故事传说。

学生根据要求评价讲故事的三个同学。

教师小结地名来源方式：来自传说。

6. 竹艺村。

教师：说到道明，还有一个不得不提，如今，它的闻名程度已经远远超过了白塔湖，成了人们的网红打卡地，那就是白塔山脚下，重庆路边的一个小村子——竹艺村。

学生 1 用 PPT 交流道明竹编的相关资料。

学生2用手抄报交流竹艺村的相关景点地名的来历。（图10-14）

图10-14　学生制作的手抄报

教师小结地名来源方式：彰显文化。

教师总结：道明，天道下济而光明，在这片光明的土地上，有这么多有趣的地名（总结它们的来历）。我们的大美崇州还有很多有趣的地名，其背后的文化等着我们去调查研究。

7. 小结：学生在小组的汇报中更深入地了解道明及背后的文化、历史和相关故事，更激发了他们热爱家乡的情感。

8. 反思：学生的汇报交流采用分组汇报的形式，分类汇报、出示评价表，让学生在评价前有依据，最后优秀解说员的评比才更公正公平。学生在互评中也可以学习他人的长处，认识到自己的不足。

（本案例由崇州市实验三小　袁晓蓉　陈晓霞 提供）

后记
HOU JI

  中华文化有五千多年的历史，这些文化不仅存在于书本里，还存在于人们的生活中，不论物质文化遗产还是非物质文化遗产，都时刻影响着我们的生活。正因为有它们的影响，我们在对外交流中，才能依然保留着中华文化的本色。

  同时，由于我国幅员辽阔，各地风土人情不同，故而中华文化不仅具有共性，还具有地域性。众多富有地域性的文化，汇成了丰富多彩的中华文化。党的十八大以来，习近平总书记多次提到"文化自信"。对于小学生来说，如何让他们树立文化自信呢？或许，我们把他们身边司空见惯的、具有优秀传统文化的因素"挖掘"出来，让他们切身感受到优秀传统文化的魅力，更有利于他们树立文化自信，更有利于他们热爱家乡，热爱祖国，进而热爱中华文化。

  于是，我们结合崇州市教培中心申报的成都市级课题——"基于地方优秀传统文化的小学语文综合性学习课程开发"成果，汇编成《文化育人的学科实践——基于在地文化的语文综合性学习课程构建》一书。

  "基于地方优秀传统文化的小学语文综合性学习课程开发"课题，由崇州市教培中心小学语文科领衔成立总课题组，城区六所学校分别成立六个子课题组，从崇州市地方优秀传统文化的"非遗"、名人、古建筑、民俗、童谣与古诗词、地名六个方面开展研究。六个子课题在总课题组的指导下，根据总课题组设计的研究框架，结合各自研究的与课题文化特色，开展了形式多样且具有实效的研究活动。

  在有关专家和领导的指导下，课题研究不仅提高了教师的课程开发能力，而且提高了学生的语文综合性学习能力，更为重要的是，让学生发现了崇州优秀传统文化的魅力。

  对于本书的编写及课题研究，所有参研教师都付出了汗水与智慧，所有参研单位都给予了极大的支持。在此，我们要特别感谢如下单位和教师：

  崇州市七一实验小学：龚学泰、杨险、高宇、宋丽娟、王艳君、杨秋；崇州市辰居小学：秦世松、周宇、吴涛、李素萍、尹秀娟、陈春利、牟鑫、唐珊、叶蓉、陈霞、刘清秀；崇州市学府小学：朱向东、王耀宗、谢敏、郑宵怡、刘坤、骆德敏、石莉红、许华夏、杨枚；崇州市蜀南小学：张帆、李迎春、徐晓、罗蓝、刘智、季杰、陈瑶；崇州市第二实验小学：杨华智、邓春梅、任瑶、许文思、余秋蓉、张贞、蔡忆、黄晓娟；崇州市第三实验小学：陈刚、袁晓蓉、艾艳红、陈晓霞、何敏、邹柯焱。

正是你们的付出，才有本书的出版；正是你们的付出，才让学生们感受到崇州优秀传统文化的魅力。通过对本书的学习，学生们会从热爱身边的优秀文化开始，进而爱上中华文化。从这个角度来说，你们为他们的人生打下了中华优秀传统文化的底色，让他们为做一名中国人而自豪。

刘伏元

2022 年 10 月 28 日

图书在版编目（CIP）数据

文化育人的学科实践 ： 基于在地文化的语文综合性学习课程构建 / 刘伏元，王智勇，程燕主编 . — 成都 ： 四川大学出版社，2024.3
（大成陶书 / 姚文忠主编）
ISBN 978-7-5690-6364-6

Ⅰ．①文… Ⅱ．①刘… ②王… ③程… Ⅲ．①语文课－教学研究－中小学 Ⅳ．① G633.302

中国国家版本馆 CIP 数据核字 (2023) 第 188359 号

书　　名：文化育人的学科实践：基于在地文化的语文综合性学习课程构建
Wenhua Yuren de Xueke Shijian : Jiyu Zaidiwenhua de Yuwen Zonghexing Xuexi Kecheng Goujian
主　　编：刘伏元　王智勇　程　燕
丛 书 名：大成陶书
丛书主编：姚文忠

丛书策划：曾　鑫
选题策划：曾　鑫
责任编辑：曾　鑫
责任校对：蒋姗姗
装帧设计：墨创文化
责任印制：王　炜

出版发行：四川大学出版社有限责任公司
　　　　　地址：成都市一环路南一段 24 号（610065）
　　　　　电话：(028) 85408311（发行部）、85400276（总编室）
　　　　　电子邮箱：scupress@vip.163.com
　　　　　网址：https://press.scu.edu.cn
印前制作：成都墨之创文化传播有限公司
印刷装订：四川盛图彩色印刷有限公司

成品尺寸：170 mm×240 mm
印　　张：14.5
字　　数：350 千字

版　　次：2024 年 3 月 第 1 版
印　　次：2024 年 3 月 第 1 次印刷
定　　价：89.00 元

扫码获取数字资源

四川大学出版社
微信公众号

N